中国现代作家青春剪影丛书

陈迎宪——著

时代出版传媒股份有限公司
安徽教育出版社

图书在版编目（CIP）数据

海上惊雷：曹禺 / 陈迎宪著．—修订本．—合肥：安徽教育出版社，2022.5
（中国现代作家青春剪影丛书）
ISBN 978-7-5336-9619-1

Ⅰ.①海… Ⅱ.①陈… Ⅲ.①曹禺(1910-1996)—生平事迹 Ⅳ.①K825.6

中国版本图书馆 CIP 数据核字（2022）第 004021 号

海上惊雷　曹禺
HAISHANG JINGLEI　CAOYU

出 版 人：费世平
统筹编辑：周　佳
责任编辑：金　雯
装帧设计：王莉娟
美术编辑：吴亢宗
责任印制：陈善军

出版发行：安徽教育出版社
地　　址：合肥市经开区繁华大道西路 398 号　邮编：230601
网　　址：http://www.ahep.com.cn
营销电话：(0551)63683012,63683013
排　　版：安徽时代华印出版服务有限责任公司
印　　刷：安徽联众印刷有限公司

开　　本：880 mm×1230 mm　1/32
印　　张：11
字　　数：210 千字
版　　次：2022 年 5 月第 1 版　2022 年 5 月第 1 次印刷
定　　价：32.00 元

（如发现印装质量问题，影响阅读，请与本社营销部联系调换）

青春剪影出一首首梦的歌（代序）

傅光明

鲁迅《呐喊·自序》的开篇第一段话是："我在年青时候也曾经做过许多梦，后来大半忘却了，但自己也并不以为可惜。……这不能全忘的一部分，到现在便成了《呐喊》的来由。"紧接着，他回忆起儿时家庭从小康坠入困顿，这样的苦涩经历使他从中得以看见世人的真面目，继而要"走异路，逃异地，去寻求别样的人们"。

从他睁开眼看世界，他便有了梦，很美满的一个梦——到日本，学医，救治像他父亲一样"被误的病人的疾苦，战争时候便去当军医，一面又促进了国人对于维新的信仰"。直到课堂上放映关于日俄战事的画片，"忽然会见我久违的许多中国人了，一个绑在中间，许多站在左右，一样是强壮的体格，而显出麻木的神情。据解说，则绑着的是替俄国做了军事上的侦探，正要被日军砍下头颅来示众，而围着的便是来赏鉴这示众的盛举的人们"。

这个故事本身已具有经典性，不仅如此，相信凡熟悉鲁迅的读者更喜欢咀嚼接下来的这一小段文字，因为它是鲁迅作家梦开始的地方："医学并非一件紧要事，凡是愚弱的国民，即使体格如何健全，如何茁壮，也只能做毫无意义的示众的材料和看客，病死多少是不必以为不幸的。所以我们的第一要著，是在改变他们的精神，而善于改变精神的是，我那时以为当然要推文艺，于是想提倡文艺运动了。"

这时，他又开始做好梦了。从仙台辍学回到东京，他邀几位朋友一起办杂志，以期迈出文学的第一步。但这本取"新的生命"的意思而叫《新生》的杂志，在策划中便胎死腹中，梦也随之转瞬即逝了。

因梦无法实现而带来的寂寞，一天天地长大起来，"如大毒蛇，缠住了我的灵魂了"。然后是无端的悲哀和驱除不尽的痛苦，而麻醉的最好办法是"使我沉入于国民中，使我回到古代去"，让生命黯然销魂，直销到"再没有青年时候的慷慨激昂的意思了"。

就这样，在蚊子多的一个夏夜，已蛰居北京，在绍兴会馆里百无聊赖抄古碑的鲁迅，迎来了一个老朋友。这位"偶或来谈"的老朋友金心异，便是正协助陈独秀编辑《新青年》杂志的钱玄同。聊天中，一段石破天惊的对话呱呱坠地，并成为中国现代文学史上经典的里程碑式的思想意象：

假如一间铁屋子，是绝无窗户而万难破毁的，里面有许多熟睡的人们，不久都要闷死了，然而是从昏睡入死灭,并不感到就死的悲哀。现在你大嚷起来,惊起了较为清醒的几个人,使这不幸的少数者来受无可挽救的临终的苦楚,你倒以为对得起他们么?

然而几个人既然起来,你不能说决没有毁坏这铁屋的希望。

由此,鲁迅发出"狂人"的呐喊,《狂人日记》不仅成为小说家鲁迅的起点,更成为中国现代白话小说的源头和丰碑。

可以说,鲁迅是在生命日渐消沉的时候才做起小说来!显然,是五四精神孕育出了鲁迅的新生,而鲁迅又给五四精神注入了别样的新鲜活力和深邃的思想光芒。那本在东京未出世就夭折了的《新生》雪藏起鲁迅的摩罗诗力,而一本在北京崭新的《新青年》却真的赋予了鲁迅新的生命——文学的、艺术的、精神的、思想的不朽生命。

简言之,一篇短短的《呐喊·自序》,已大致可以为鲁迅,同时也可把这样的梦影当参照,为许多现代作家,甚至为读者自己画一幅青春剪影了。

像鲁迅一样,世上所有的人,年轻时候都会做许多梦。醒来一个梦,再做下一个梦,有梦便有希望在,人生的过程就是在不断做梦寻梦。当然,悲哀时,又会感觉一如鲁迅所说,"人生最苦痛的是梦醒了无路可以走"。如果真的无路可走了,还是要做梦,回忆青春的梦。没有了梦,便只剩下了绝望。

这套书里的作家们，年轻时几乎无不是有着一个又一个的梦。郭沫若和鲁迅一样，早年赴日本留学时，学的是医学，后因受到荷兰哲学家斯宾诺莎和美国诗人惠特曼思想的影响，决心弃医从文；与郭沫若等一同发起成立"创造社"的郁达夫，留日之初，考入的是东京第一高等学校医部预科，后又改学过政治学、经济学；冰心在写她的《繁星》《春水》以前，就读于协和女子大学理科，向往的也是日后成为一名医生。

然而，任何一个梦想的实现，都需要付出巨大的艰辛、努力。一个人的青春岁月，时常是苦恼与快乐相伴、信心与茫然相随。正是在这个时候，已经长大了的青少年，会突然惊奇地发现，原来世间的事情是如此的复杂，连黑与白的界线都有可能变得不明晰和不确定起来，无法一下子认定的事情越来越多。这些对于作家来说，却又是不可或缺的人生经历和体验。

无论他们在年轻时做过怎样的梦，有一点是共同的，即读书、求知。他们大都有过在海外或留学，或进修，甚或流亡的经历；他们中的许多人至少懂得一门外语，像巴金、郁达夫、钱锺书、杨绛等，通晓的外语都在两门或两门以上。茅盾是在大革命失败后，流亡日本时，深度创作他的小说处女作《蚀》三部曲的。巴金的小说处女作《灭亡》写于巴黎，这之后，他的写作一发不可收。朱自清在出任清华大学中国文学系主任的前一年，曾在英国进修过语言学和英国文学，后漫游欧洲五国，才有后来写作的

《欧游杂记》《伦敦杂记》。艾青最初读的是艺术学院绘画系，后在赴法国勤工俭学时，边学绘画，边接触欧洲现代派诗人，最终成为诗人，而不是画家。在南开中学就开始参与戏剧活动的曹禺，初入南开大学，读的是政治系，转至清华大学西洋文学系才真正开始钻研戏剧，从古希腊剧作家到莎士比亚、契诃夫、易卜生、奥尼尔，孕育出了他的《雷雨》《日出》。

每个作家都有藏在他的文学梦背后的故事，这些故事对于启迪我们的人生智慧和精神思想，都是难得的知识营养。通过这些故事，我们知道，徐志摩最早没想过要成为诗人，他留学美国时，学的是经济，转去英国，是为了追随罗素，搞政治。当丁玲陷在生活的困惑之中，她做过画家梦，更做过电影明星梦。各自已有深厚的人生体验的川籍作家艾芜、沙汀，是在他俩相遇后，才一起走上文学路的。从湘西走出来的"乡下人"沈从文，学历只到小学，经过人生的许多坎坷沧桑，矢志不渝，最终成就了自己的文学梦。

对于今天的读者，已经成为历史的他们，在这个"剪影"里构成了一组混着一个又一个青春生命泪与笑的梦的合唱。如果能够从他们一串串的梦里找到自己，相信你的未来不是梦！

曹 禺

(1910年9月24日—1996年12月13日)

《海上惊雷》序

刘厚生

迎宪同志送来的书稿，大略地翻了一下，直到最近，才稍又细读。很高兴，对第一稿中我提出的一些错处，她都认真地重新查找资料，予以核实纠正，还去了四川江安小城和湖北潜江，实地探访考察调研，求教相关人员（还给我带回了江安红佛寺的苹果）。这都体现了作者严谨求实的治学态度。这种态度，无论治学还是做人，都是一种基本素质和基本原则，无此，难以获得成就。在今天，尤为重要，这让我感到十分欣慰。

曹禺是我 1937 年至 1940 年在国立剧校学习时的老师。他那时二十八九岁，有的学生比他还大，但是他受到所有的同学从心底里发出的热爱与尊敬。他给我们讲"剧本选读"等课程，精彩极了。他还辅导学生写作，精力充沛，认真负责，无论走到哪里，做什么事，都显得乐观爽朗、光彩照人。做他几年学生，不管是谁都会觉得是一生的幸福。到现在六十多年了，就在此刻，我是多么想还能再按当时的习惯叫他一声

"万先生"啊!

话剧是外来戏剧样式,要让它在中国落地生根,当然要使其民族化。这是一个复杂的问题,需要实践和深刻的反思。例如在上世纪初我们最早的新剧(文明戏),由于没有自己的优秀剧本和舞台艺术,搞了十几年就垮了下来。20世纪二三十年代,人们认识到这个问题,经过多年努力,出现了一批优秀的剧作家和舞台艺术家,加上外部因素,话剧的民族化才有了较大的发展。而曹禺的作品,独树一帜,起到了巨大的奠基和推动作用。

曹禺作品的突出贡献是,使用了精炼的中国语言,写出了中国人、中国事、中国的生活。这是使话剧走向民族化的决定性环节。正因为写出了中国的环境和人物,写得生动而深刻,也就写出了中国的美。这种美包括两个方面:美的人物形象、美的人物心灵。这都是中国话剧了不起的成就,也是话剧民族化进程中最重要的支柱。曹禺以他的作品向世界戏剧画廊贡献了中国人物形象,填补了世界戏剧中中国人物形象的空白。

曹禺是中国人民的儿子,他已经为他深深眷恋的祖国奉献了七大卷文集,将近三百万字熠熠闪亮的传世大作。他是我们文化天空中一颗光芒四射的巨星。

迎宪同志把她对中国话剧艺术发展的理解,把对前辈先贤的敬仰倾注于笔端。书中所写,特别是后半部分提到的人、戏和活动,我比较熟悉,有很多是我亲身经历的,因此倍感亲切。回首往事，几十年倏忽过去，许多事记不清了，但是忘不了那时的兴奋激动和投身解放运动的幸福感。那时，我们一方面跟许多名师刻苦学习专业课程，另一方面，怀着对反动派的无比愤恨，怀着对未来社会主义理想社会的憧憬，在艰苦的战乱环境中，追随进步力量，不怕牺牲，忘我地工作。我想起了 1938 年 10 月，在重庆上清寺路口一家菜场破旧的地下室里，就在嘉陵江边上，在方琯德同志的主持下，在昏黄的桐油灯光中，面对墙上挂着的一面小红旗，举行了庄严的入党宣誓仪式。我也想起了我们几个学生在曹禺老师家中听他讲美国哲学家桑塔雅那的故事。这些情景，历历在目，好像就发生在昨天。

而今天，我敬爱的余上沅校长、曹禺老师、陈白尘老师、黄佐临老师、张骏祥老师和耿震、沈扬、方琯德、许绥曾（梅朵）等等战友都已先我而去，这些师友大都墓木已拱，我永远怀念他们。因此，看到这本书，我很是感慨，应当让我们的孩子知道前辈先贤的执着追求和不懈奋斗，并以此缅怀他们的灵魂：告慰他们，我们还在为理想而奋斗！

我觉得作者写得确实很有特点，显示了才华，有不少段落写得相当精彩，如写张伯苓、南开、郁达夫、访日、访美几段。凡是写到有关重要人物，都岔开去把该人物作较详细介绍，这很必要；引用的一些诗都是全文（如张伯苓生日贺诗），也比仅摘录几段好得多。为青少年读者写书，这样做，是恰当的、有益的。

这几天，我还看到了作者的新作《三星晌午》，书中收录了她在三十多年中写下的艺术评论和随笔等，可以感受到她的用功、用心。当我认识她的时候，她还是一个清纯的女孩子，而现在，真的感觉她成熟了。

希望作者继续研究，写书。还希望本书出版后广泛听取各方读者意见，以便为今后再版或写作新书积累经验。

刘厚生

（中国戏剧家协会原副主席、戏剧理论家，时年81岁）

序言

1996年12月13日，一个像往日一样的静悄悄的冬日的黎明。

安谧静寂而又漆黑之中，一位老者悄悄地远行。这是一位富有、儒雅、美丽的行者，他在人间行走了86年，以自己的聪慧、睿智，以自己对社会的美好向往，对生活、对人类的无限激情，为中国的话剧艺术、为中华文明留下了难以衡量的、比金子还要宝贵的精神财富。

就在此10年之前，中国为纪念莎士比亚诞生422周年、逝世370周年而隆重举办"首届中国莎士比亚戏剧节"。在闭幕式上，这位已经76岁高龄的老人深情地说道：

"4月23日，莎士比亚诞生了。同样又是4月23日，莎士比亚离开了人世。他作为人的生命逝去了，但是他的思想与艺术的生命是永生的。我们永远听得见他的声音、他的语言。他的思想的翅膀在我们头上翱翔，他的激情的火焰在我们心里燃烧。"

现在，在这个洁白的洁净的冬日，

当老人静悄悄地告别这个他曾经无限眷恋、充满无限深情的世界，当老人终于放下他的痛苦、他的心里的宝贝，他的"要成为托尔斯泰"的追寻，在他的生命回到那样一个永远回响着银笛一般的圣洁的音乐的天堂的时候，在我们的耳畔，又响起他的这些深情的话语。

是的，他就是中国的莎士比亚、中国的托尔斯泰——中国话剧艺术大师、人民艺术家曹禺。他的《雷雨》《日出》《北京人》是我国话剧文学创作的典范，对我国新兴的话剧文学样式的成熟起了决定性的作用，奠定了五四以来话剧这一新兴的文学样式在我国现代文学中的地位，使这一从西方引入中国的"舶来品"在中华民族文化的土壤中扎根成长并且成熟壮大，使中国戏剧文化从古典形态向现代形态发生了历史性的重大转变，成为世界戏剧艺术在东方的一个不可忽视的极富民族特色的重要分支。是的，曹禺的名字和他的剧作，是中华民族的骄傲！

就在一个多月前，他用颤抖的手，在他的病房里，郑重地为中国话剧艺术研究会写下了"热爱话剧"四个庄重的大字。这是他最后的嘱托，还是他一生的写照？在这生命的最后时刻，老人长久地坐在阳光下，目光投向高远的蔚蓝的天空，他的心是否随着那悠悠的白云，回到了他生于斯长于斯的那辽阔浩瀚而又宁静深邃的渤海湾，那曾经哺育、培养了他的海河之滨的南开校园？他是否回到了首都剧场——舞台的大幕拉开了，巍峨的剧场忽然间变成了一座圣殿，那骤然拓展的台阶，宛若苍穹的屋顶，大理石圆柱的大厅，广大而深邃的一方舞台！置身在观众之中，听着他们的如海潮般的笑声、掌声、叹息声？还有什么比这更神圣？此刻，黄金陡然失色，权势是那么卑微！是的，他一定是记起了新中国成立之初，为把北京人民艺术剧院建成和莫斯科艺术剧院一样的具有中国特色又有世界声誉的一流剧院，他和焦菊隐、欧阳山尊、赵起扬的那十几个小时的彻夜长谈；他一定是又听见了他们正值壮年的"四巨头"的朗朗笑声和那豪迈的誓言："让我们四个人在这座剧院里干一辈子吧！"那声音，是多么年轻！他一定想起了在《雷雨》重新演出时，茅盾先生的贺诗"当年海上惊雷雨……"，想起了吴祖光的贺诗"万家宝笔有惊雷……"，想起了亲如兄长的巴金，想起了当年的那三座门大街……

是的，老人的一生犹如一座高山，又如浩瀚的大海。他说过："海是装不满的，人的路是走不尽的，感情的长河是流不完的。"

亲爱的青少年朋友，当你们看到以上这些的时候，是不是会很奇怪："曹禺是谁？"你们是不是还会问："他是干吗的？"

该怎么跟你们说呢？对了，让我也问问你们，你们看过话剧吗？啊，看过。太好了！那么，你们看过话剧《雷雨》《日出》《北京人》吗？你们知道不知道，话剧艺术对于中国来说,是一种"舶来品"?

啊,真糟糕,你们怎么总是疑惑地摇头呢?

不怪你们。对于你们这些娃娃们来说,那些八九十年前甚至上世纪初的事情,似乎是太遥远了。可是,你们这些未来的主人公们,应该知道祖国的历史,应该知道中国文化的发展,应该知道中国的话剧艺术所走过的曲折道路,应该知道曹禺对中国话剧的发展所作出的贡献……应该知道"当年海上惊雷雨",应该知道"中国人是这样的聪明"!

那么,请你们随着我的笔,一起穿过时间隧道,走向上世纪之初,走向那辽阔深邃、无边无际的渤海之滨……

目 录

第一章　天子之津/001

第二章　万家之宝/009

第三章　小小戏迷/015

第四章　少年才气/027

第五章　窭人之子/038

第六章　巍巍南开/055

第七章　《玄背》试笔/068

第八章　青春放歌/082

第九章　新剧团里/100

第十章　除夕之夜/118

第十一章　大学生涯/129

第十二章　水木清华/144

第十三章　我要写戏/163

第十四章　海上惊雷/171

第十五章　高山仰止/179

第十六章　日出东来/193

第十七章　原野呐喊/210

第十八章　鸡鸣欲曙/223

第十九章　桐油灯下——江安岁月（一）/244

第二十章　桐油灯下——江安岁月（二）/262

第二十一章　春秋鼎盛——雾之重庆（一）/281

第二十二章　春秋鼎盛——雾之重庆（二）/294

第二十三章　大洋彼岸/303

第二十四章　扬帆归航/321

第一章
天子之津

哗——哗——哗——

远古时期,混沌一片的泱泱大水覆盖着整个地球,也覆盖着渤海湾。

这是一片不平静的大海,潮涨潮落,昼夜不息。一簇簇、一朵朵的浪花,像一个个淘气的小精灵,不知疲倦地追逐着,喧闹着,嬉戏着。沧海良田!鬼斧神工的大自然!就在这无休无止的海浪的喧嚣和拍岸声中,就在这亿万年的潮起潮落之间,随着青藏高原的崛起,海底在不断扩张,地幔物质在不断涌出,在这一片浩瀚的大海的尽头,逐渐形成了一片浅海,不知在什么时候,大海的潮汐远去了,一片陆地在这里隆起。

水和水相亲。

智者乐水。黄河,我们的母亲河向着大海奔来了,它要在这里入海。考古研究表明,黄河,这条发源于青海巴颜喀拉山脉雅达拉泽山东麓约古宗列盆地的我国第二条大河,曾经在西周、西汉和宋代三次从渤海湾入海。带着由雪山的雪水融化汇成的清澈凛冽的河水,从青藏高原奔流而下,历经五千多公里的长途跋涉,在浇灌滋养了四川、甘肃、宁夏、内蒙古、陕西、河南等省区广袤的大地之后，我们的母亲河，已经变得浑浊不堪，疲惫不堪。然而，就在它入海之前，它将沿途携带裹挟着的大量泥沙，淤积覆盖在这片隆起的地面。母亲河离去了，却没有忘记为儿女们留下一块富庶的土地——我国三大冲积平原之一——华北平原。母亲河远去了，不再回头，还为儿女们在这里留下了潮白河、永定河、大清河、子牙河、卫河五条支脉，构成了横亘在华北平原的五大水系。像五个兄弟一样，它们分别从燕山、太行山、五台山、恒山和黄土高原流淌而来，亲亲热热地汇聚为海河，再从大沽口东流入海。它们的汇聚之处犹如一个巨大的手掌，母亲河没有忘记，在那手掌心留下了一颗明珠——母亲河将它精心镶嵌在华北平原上——濒临渤海湾的天津城。

这是一块底蕴深厚的土地。1974年，在天津刘家码头出土了新石器时期的石斧等物品，上面还覆盖着黄河第一次入海时所形成的黄土层。早在西周时期，我们的先民就在这里休养生息、辛勤劳作。这里还发现并出土过众多的战国遗址、墓葬和多种铁制工具。自春秋末年至战国时期，即在黄河结束了第一次在渤海湾入海的历史后，这里已经进入了开发期。东汉末年，曹操北攻乌桓，为运送军需物资，征调民夫于建安十一年（206年）开凿了平房渠和泉州渠。之后，又从泉州渠的北端向东开凿了一条名叫新河的渠道，连接滦河。7世纪初，为加强对南北各地的控制，隋炀帝在旧有渠道和天然河流的基础上，开凿了贯穿南北的大运河。其中，于608年开凿的永济渠就流经这个地区。独特的地理位置使此地成为贯穿南北交通运输的中心枢纽。辽宋时期，这里已成为军事、交通要地直沽寨。1316年，元朝在直沽寨设海津镇，从此这里成为行政管辖中设立治所的重镇。

这是一块兵家必争的土地。1398年，明太祖朱元璋驾崩。为争夺帝位，明成祖朱棣于1399年从北平起兵，以"清君侧"为名，发兵南下，挑起了"靖难之役"。建文二年（1400年），朱棣在海津一带渡河，开始了他的南下亲征。经过长达四年的征战之后，他终于夺得帝位，改年号为永乐。为庆祝成功，明成祖朱棣将他挥鞭南渡之地命名为"天津"，意为天子渡河之要津。他还派出大将于永乐二年（1404年）在这里筑城，设立了天津三卫，即天津卫、天津左卫、天津右卫。从此，"天津卫"就取代了"直沽""海津"的旧称。作为京城的南大门，天津由此进入了急剧发展繁荣的时期。

这是一块饱经屈辱的土地。18世纪末，英国在我国大量倾销鸦片，导致中国白银大量外流。不堪"国日贫，民日弱"，"家事国事天下事事事关心"的湖广总督林则徐，于1839年6月奉命查办鸦片事务。他会同两广总督邓廷桢和广东水师提督关天培，点燃了虎门销烟的火把，237万余斤鸦片化为滚滚浓烟。以"保护通商"为名，

1840年英国侵略者从好望角派出"东方远征军",于6月28日封锁了珠江口。中国近代史上的第一次鸦片战争就此爆发。英军在广东、福建受到林则徐、邓廷桢组织的爱国军民的坚决抵抗后,转而北上,7月,攻陷了厦门、定海;8月,把战舰开到了天津大沽口,以胁迫清政府谈判。在得到软弱腐朽的清政府查办林则徐等人的保证后,英国战舰于9月"起碇南旋",退回广东。1842年8月,清政府与英方签订了中国近代史上第一个不平等条约《南京条约》,同意赔款2100万银圆,割让香港岛,开放广州、福州、厦门、宁波、上海等五处为通商口岸。中国的主权、领土被破坏,中国自此沦为半殖民地半封建社会。

为维护和扩大在华利益,1856年,英国和法国勾结起来,组成英法联军,挑起了第二次鸦片战争。他们在攻陷广州之后,于1858年5月攻占了天津大沽口炮台,直逼北京。清政府被迫与英、美、法、俄四国签订了屈辱的《天津条约》。中国的主权和领土进一步遭到破坏。然而,帝国主义者并不满足于此,又借机寻事,于1860年8月21日攻陷大沽口,24日占领天津;9月下旬逼近北京;10月中旬攻入北京,火烧圆明园。清文宗咸丰被逼奔逃热河(今河北承德),清政府于10月下旬被迫签订了不平等的《北京条约》。在这个条约中,天津被迫开放为商埠。侵略者实现了他们立足渤海滩头,控制中国首都南大门的企图。

1900年,面对中国人民如火如荼的反帝爱国斗争,帝国主义者组成了八国联军，又是从天津对我国进行武装入侵。就在这一年的7月14日，八国联军攻入天津，烧杀抢掠，无恶不作。天津城内，尸横遍地，垣残壁断。8月，他们进犯北京，迫使清政府签订了丧权辱国的《辛丑条约》。条约答应4.5亿两白银的巨额赔款，允许帝国主义在北京—天津—山海关的铁路沿线驻军，拆毁大沽口炮台，保证天津周围20里内不驻守中国军队……天津，它哪里还是"京畿门户"？它已经是个不设防的城市！

这是一块英雄洒血的土地。16世纪，明代抗倭名将、民族英雄戚继光曾在此任蓟州总兵。戚继光一上任就上疏朝廷，建议重修长城，并且提出了修筑敌台的具体建议。意见为朝廷采纳后，从1569年到1571年，仅仅3年，戚继光调配士卒，将镇守范围内的长城建筑工程全部完成。东起山海关，西到镇边，两千里防线上，矗立起1017座雄伟的敌台，突兀参差，蔚为奇观。其中，尤以黄崖关长城为最。戚继光为每座台上配置了固定的台军，并著有《哨守条约》，令各台官兵传习，还规定了传烽之法。为了便于记忆，他又把各种敌情信号，编成通俗顺口的《传烽歌》，让守军铭记。一有警报，3个时辰之内，即可传遍整个蓟州防线。

大沽口炮台，是矗立在渤海岸边海河入海口南岸"拱卫神京，东接陪都，形势紧要"的海防重隘，被誉为"天下第一海防"。明代就修建了这个镇守炮台。1859年6

月，在抗击英法联军的第二次大沽口之战中面对英帝国主义侵略者的坚船利炮，炮台官兵奋起抵抗。直隶提督史荣椿、大沽协副将龙汝元身先士卒，浴血奋战一昼夜，重创英军，使之无力再战，狼狈撤走。激战中，史荣椿、龙汝元等30多名官兵英勇殉国。

1900年6月，八国联军2万多名侵略军，水陆兼程，进逼大沽口。八国联军这次入侵，敲响了第四次大沽口之战的钟声。各国军舰20多艘集结大沽口外，联军向大沽口炮台守将、天津镇总兵罗荣光发出最后通牒，限令他在17日之前交出炮台。

罗荣光已经镇守京津门户之大沽口炮台长达24年。此时，他已调升新疆喀什噶尔提督，但他深感过去外敌三犯大沽，两破国门，山河破碎，生灵涂炭，他毅然奏请留任，镇守大沽口，并立即在南岸主炮台的议事厅，召开五营六哨会议，慷慨激昂，誓死抵抗帝国主义侵略军："人在大沽在，地失血祭天！"

罗荣光以67岁高龄率领三千兵勇，身先士卒，誓死保卫大沽口炮台。

战斗中，他亲自操炮，打得被大家怒为"虎狼"沙俄主力舰"机略克"号舰沉入海底。至今，塘沽一带还传颂着罗荣光炮打"虎狼"的战绩。

由于清政府采取不抵抗政策，不发援兵，守台将士虽浴血奋战，终因兵力悬殊，弹尽援绝，近千名将士在战斗中英勇牺牲。罗荣光在率部下冲杀中壮烈殉国，保持了中华民族的崇高气节，谱写了一曲气壮山河的正气之歌！

　　天子之津！在中国近代史上，天津占据着举足轻重的地位。这不仅是因为它重要的政治地位和地理位置，也由于其独特的津门文化。这里，有着充满乡土气息的著名的杨柳青版画，有着远近闻名的"泥人张"彩塑。这里，不仅是我国著名的戏曲之乡、曲艺之乡，还是我国新文化的发祥地。这里，孕育了"中国语言学之父"赵元任；孕育了风流倜傥、才华过人的李叔同，他和曾孝谷创办的春柳社是中国最早的话剧艺术团体，他参与的《茶花女》《黑奴吁天录》是中国最早的话剧演出。这里，有我国最早的现代铁路、现代海军、现代邮政——19世纪末，清朝统治阶级中力图通过兴办洋务，"自强求富"的洋务派首领李鸿章等人在这里兴办了一批军事工业和民用工业：天津电报局、北洋舰队、1885年至1893年修通的天津至山海关的铁路。这里，有中国人创办的最早的报纸——1902年由英敛之创办的《大公报》。这里，有严修、张伯苓创办的南开小学、南开中学和南开大学。近代中国著名的民主主义启蒙思想家、教育家，北京大学第一任校长严复，曾长期在天津寓居。就是在这里，他翻译了赫胥黎的《天演论》，以"物竞天择，适者生存"的进化论观点唤醒国内民众，救亡图存，在当时引起了极大的震动。梁启超，这位中国近代史上的风云人物——光绪二十一年，他曾和康有为等发动震惊朝野的"公车上书"，变法失败后他亡命海外——辛亥革命后，他从日本回国，定居天津。就在这里，他修建了"饮冰室"书斋，写下了大量学术著作，汇集为《饮冰室文集》。

时间来到了20世纪初，这是一个风云际会的时代，也是一个人才辈出的时代。而在天津，在这个人文荟萃之地，1910年，曹禺出生了。这一年，恰又是俄国大文豪托尔斯泰去世之年。

第二章
万家之宝

1910年的秋天,正是中国的多事之秋。

地处天津小白楼的万公馆,正沉浸在一片喜气中。一年一度的中秋节刚刚过去,全家人却依然步履匆匆,一片忙碌。原来,年轻的女主人即将分娩,万公馆将要诞生一个小生命。

小白楼,是天津地区达官贵人聚居的地方。万公馆,是一座清水砖墙结构的二层小洋楼。这里,居住着直隶总督的总督卫队标统万德尊一家。

标统,是清末新的军队编制的名称。标,相当于团,统辖一标的长官称为标统,也称统带。标统的职位虽然不高,但作为总督卫队标统,其地位十分重要。

几天来,万德尊一直处于兴奋和焦急之中。将要出生的孩子,是弄璋还是弄瓦?虽然,在湖北老家,他已有了一儿一女,但是,受中国传统的传宗接代思想的影响,他在心里暗暗期盼着是一个儿子。

9月24日,农历的8月21日,也就是中秋节之后的第六天,万公馆的灯火彻夜通明。伴随着响亮的婴儿的啼哭声,一个白白胖胖的男婴踢腾着小腿,平安降生了。

中年得子，万德尊无比高兴。万公馆那虎头门环的大门上，高高地悬起了一对大红的"喜"庆灯笼；一连串的鞭炮，在这里炸响。他派人连夜给远在湖北潜江的母亲拍了报喜电报，并请老人为新生的孩子起个名字。

忙完了这些，万德尊来到妻子身边，望着疲惫的妻子，握着妻子的手，他心里充满了感激。刚刚出生的婴儿，躺在妻子的身边，他的小脸红红的，眼睛闭得紧紧的，小嘴还在蠕动着。多么招人喜爱的娃娃呀！他忍不住俯下身去，把脸贴在孩子的襁褓上……

万家有后！他为老母亲又添了孙子！此刻，万德尊万分感慨，他想起了远在长江岸边的年迈的母亲。万家家境贫寒，母亲又聋又哑，她把自己养育成人是多么不容易。一时间，许许多多的往事涌上他的心头……

潜江并不是万家的祖籍，万家的祖籍在江西南昌府。听老人们说，大约在明万历年间，万家出了个武官万邦。那时，朝廷腐败，灾荒连年，民不聊生。熟读诗书，有着一身好武艺的万邦却因家道中落，空有报国之志，难有赏识之人。不得已，他四方宦游，直到不惑之年才在鱼米之乡的潜江定居下来。不久，经人说合，他娶了杨氏女子为妻，一代一代地开始生息繁衍。

科考入仕、光宗耀祖是每一个封建家庭的最大荣耀。但万家，直到清乾隆四十三年（1778年）万邦的八世孙万廷绣出生，一直未见有发家的迹象。清嘉庆二十三年

(1818年），年已四旬的万廷绣在多年赶考落第之后，终于金榜题名，但也只是候选州判，没有做成什么大事。他的长子时叙，还不如其父，虽熟读诗书，但只考上了个郡廪生，其职务只是具结保证参加科举考试的童生没有身家不清及冒名顶替之弊，大约相当于今天的教育局里的小办事员。县里给的一点微薄的补贴难以养家，时叙又当了私塾先生，并因自己也略懂医道，在乡里给人开方行医。不幸，因为一次诊治有误，病人身亡，年仅32岁的时叙羞愧难当，自缢而亡。这时，时叙的儿子只有9岁。这孩子出生时，时叙给他取名际云，榜名骏，字橘乡，号祥五。所有的名、字和号都在希冀着孩子能够祥云笼罩，驰骋云际。没想到，现在这孩子却成了孤儿。

际云虽然只有9岁，却是个有志气的孩子。父亲死后，他和母亲在悲痛、羞惭和贫困中度日。小小的际云刻苦读书，一心要为父母和万家祖辈争气。果然，咸丰九年（1859年），36岁的际云终于考取本省乡试举人，接着，他又在同治元年（1862年）的会试中考取觉罗官学汉教习，敕受文林郎，被任命为甘肃知县。虽然只是一个小小的七品知县，但对万家来说已是无上的荣耀。际云踌躇满志，雄心勃勃，告别妻儿老小，启程西行。但是，不幸又一次降临到了万家。就在西行途中，或许是由于水土不服，或许是由于鞍马劳累导致体力下降，一位同行的伙伴生了眼疾，际云受了传染，竟突然双目失明。无奈之下，际云只能回到家乡，重操祖业，当起了私塾先生。

万家重新陷入了贫寒。际云的长子名启，又名启文，字紫邮。因为家贫，从小只能随着盲父学习诗文。穷人的孩子早当家。他很小就帮着盲父抄录授课讲义，长大了就承续父业，以教授私塾为生。因为家贫，他娶了一位姓杨的聋哑姑娘为妻。他们，就是万德尊的父母。

万德尊出生于同治十二年（1873年），自幼天资过人，聪颖异常，是十里八乡闻名的"神童"。从小，看着满腹经纶的祖父和父亲辛勤授课，却两袖清风，家徒四壁，看着聋哑母亲的艰辛操劳，万德尊发愤苦读，15岁就中了秀才，在当地传为佳话。不久，他考入由张之洞主办的两湖书院。他虽然年纪轻，但已经知道体恤父母。在书院读书，每月发有四两银子的官费津贴。他省吃俭用，每月都要拿出一半接济父母。在书院读书期间，他由父母做主，娶妻燕氏，生下了一儿一女。女儿起名家瑛，又名珍珠；儿子起名家修，字少石。可惜，贤惠的燕氏没能见到儿女长大就因病撒手西去了。

这时，自鸦片战争之后日益颓败的清政府已经走到了覆灭的前夜。封建统治阶级中的一些有识之士开始兴起洋务运动，希望借西方列强先进的"坚船利炮"来挽救这种颓势。就是在这种背景下，清政府开始派留学生出国学习。在清贫中长大的万德尊，一心想要光宗耀祖，但是，在他面前只有两条路：一是"学而优则仕"，就是读书应试，求取功名，这是万家的祖辈们一直在走的路，也是万家目前没有一个人走通了的路；二是攀亲附友，靠他们的举荐去当学徒、经商、做幕僚，可是万家并没有什么有地位、有权势的亲友，自然，这条路也是走不通的。现在，出国留学这条路似乎给他带来了新的希望。尽管在当时看来，出国留洋是一件很不光彩的将灵魂出卖给洋人的丑事情，万德尊还是毅然决定到国外去闯荡一番。光绪十年（1904年），万德尊和舅舅同时考取了官费留日生，于当年6月赴日本振武学校学习，毕业后又入日本陆军士官学校学习。这是一所日本有名的陆军学校，和万德尊同期赴日学习的还有后来成为军阀的阎锡山。

经过整整六年的严格训练和学习，万德尊于宣统元年（1909年）初学成回国。留洋之路，使万德尊的生活道路完全改变了。回国不久，他报考陆军步兵科武举人并高中榜首，为直隶总督端方看重，任命他为直隶总督卫队标统，万德尊从此成为军界官僚。在此前不久，他又娶了一位姓薛的新夫人。委任状一下，万德尊就携妻子从湖北潜江迁居到了天津，就在当时大户人家聚居的小白楼买了一个小院落，定居在了万公馆。

奋斗了大半生，漂泊了几十年，现在终于到了出头之日。万德尊格外珍惜、看重自己的新家。他的新夫人，是武昌一位商人的女儿，十分端庄贤惠，虽然小万德尊十几岁，但他们相敬如宾，十分和谐。现在夫人又为他生了这么个白胖胖、肉乎乎的小公子，万德尊的心里真有说不出的高兴。

很快，潜江老家就来了回信。祖母得知添了小孙孙，高兴得不得了，她把对孙子的无限希望和宠爱都融入了一个大吉大利、大富大贵的名字——万家宝，即万家之宝。她还为这孩子取了个小名，叫添甲。甲者，为我国传统的计算时序方法的"天干"中的第一位；添甲，暗寓着独占鳌头之意。

捧着母亲的来信，万德尊好像看到了聋哑母亲那高兴的神情。他又一次体会着母亲对这个小孙孙的宠爱与希冀！

万家之宝！

就在这一片喜气之中，一团阴云悄悄地出现在万家。万德尊的心头开始变得沉甸甸的，他的眉头，一天比一天锁得紧，一天比一天皱得厉害——小添甲的母亲，在孩子出生以后一直高烧不退，令他十分不安。在高烧昏迷整整三天之后，小添甲的母亲就因为产褥热而撒手人寰。

在啼哭中，小添甲的襁褓上扎上了黑纱和白绫。小添甲，是母亲的第一个孩子，却没能吃上母亲的一口奶。而小添甲的母亲，当她告别人世的时候，只有19岁！

第三章
小小戏迷

　　小添甲出生的这一年，正是中国社会的多事之秋，中国的封建王朝已经走到了尽头。由于清政府的腐败无能和卖国行径，全国各地的抗粮、抗捐和抢米风潮汹涌澎湃，要求收回我国主权和抵制洋货的反帝爱国运动也日益高涨。孙中山组织了中国同盟会，确定了"驱除鞑虏，恢复中华，创立民国，平均地权"的资产阶级革命纲领。宣统三年（1911年）4月27日，同盟会在广州发动黄花岗起义，黄兴率敢死队攻入了两广总督府，清王朝的统治受到了沉重打击；5月，为保住摇摇欲坠的封建统治，清政府竟然冒天下之大不韪，将6年前各地人民争得的粤汉、川汉铁路筑路权"收归国有"，转而拱手拍卖给英、法、德、美等帝国主义银行。清政府的倒行逆施，激起了全国人民的义愤。川、鄂、湘、粤等地都爆发了保路运动，成为辛亥革命的导火索。9月25日，四川锦江下游的容县宣布独立，由吴玉章等人成立了由同盟会领导的第一个县政权；10月10日，湖北武昌爆发了震惊中外的武昌起义。在湖北军政府成立后的两个月内，鄂、湘、陕、赣、晋、滇、黔、苏、桂、皖、粤、闽、川等省纷纷响应，先后宣布独立，与席卷全国的群众的自发斗争，汇聚成中国资产阶级民主革命的大潮。1912年1月1日，中华民国临时政府在南京宣布成立，孙中山就任临时大总统，并颁布《中华民国临时约法》。2月12日，清宣统皇帝溥仪被迫宣布退位，延续了2000多年的中国封建专制制度从此寿终正寝。紫禁城里的皇帝被赶下了龙椅，那些原本甩着马蹄袖、戴顶戴花翎官帽的官员，换上了宽袖的长袍马褂，戴上了黑缎红绸的瓜皮帽。京城内外老老少少的男人们，他们头上的辫子都不见了。

天津，也是一片欢腾。津门大街上，各个报馆前都高高地张挂起大幅横标，上书：革命成功万岁！

在这次巨大的历史变革中，万公馆没有受到冲击，万德尊没有像许多前清的那些遗老遗少那样如丧考妣，惶惶不可终日，他反而因此得到升迁。辛亥革命是一次不彻底的资产阶级民主革命，在这次改朝换代中，很多清朝的文官武将摇身一变，又成了民国的要员。加之像万德尊这样留学去过日本，受过正规的新式军事训练又有一手好文笔的，在当时实在是不多。于是，他就成了中华民国的武将，还被授予了陆军中将军衔。官饷、军饷日渐增多，家境更富裕了。万家的公馆也随之迁到了意大利租借区的二马路28号。

所有这些，对于小添甲来说，都是浑然无知。他只知道，拍着胖胖的小手，去抓那些大人不让、他却以为好玩的东西；他只知道，摇摇晃晃地，去抓飞过院子里的蜻蜓、蝴蝶；他只知道，快快活活地，跟父亲、母亲淘气；他还知道，咧开小嘴，蹬着小腿，跟大人们撒娇耍赖……

小添甲在幸福中成长。

母亲去世了。小添甲不能没有母亲。怕小添甲受委屈，父亲特地从武昌请来了薛泳南，由她来照看小添甲。不久，她就成了小添甲的新母亲。

薛泳南是小添甲母亲的孪生姐妹，长得和小添甲的母亲十分相似，连脾气性格都差不多。她刚满20岁，她把对姐姐的怀念都放到了小添甲的身上，对小添甲特别好。她照料着小添甲，从他只能躺在床上踢蹬小腿、哇哇哭叫到学会了翻身，到能够抬起头来，好奇地四处张望，新母亲是那么操心。小添甲的每一点进步，对新母亲来说，都是一个欢乐的节日。看着在自己的精心照料下，小添甲会爬了，会说话了，又会走路了，新母亲有着说不出的高兴。

小添甲长大了，他长得圆头圆脑的。一双明亮的眼睛，特别招人喜欢。

很快就到了小添甲2岁的生日，这是新母亲来后小添甲的第一个生日。新母亲十分看重，特地去给小添甲买了个瓷马玩具，还请了一个瓷马观音，作为守护神，送给小添甲当做生日礼物。新母亲没有生育自己的孩子，她早已把小添甲当作了自己的亲生骨肉。

对于父亲来说，小添甲更是他的掌上明珠。甚至可以说，小添甲是在父亲的背上长大的。不知是否因为在姐姐、哥哥出生的时候，父亲正忙于自己的前程，根本就顾不上孩子们，他也不知道孩子们是怎样长大的。而现在，在领略了生活的艰辛坎坷之后，在功成名就之时，父亲格外地珍惜生命，珍惜这个晚来的幼子。他把当年没有能够给予姐姐、哥哥的爱全都给了小添甲。父亲是那么喜欢他，尽管他常常因忙于军务、公务，把家里的事情都交给了母亲，但只要他一回到家里，将笔挺的军装换过，穿上家常的舒适的长衫，坐到沙发上之后，他总会抱过小添甲，问这问那，听小添甲奶声奶气地说这说那。父亲总是逗他，哄他，还给他讲有趣的故事。当小添甲要睡觉的时候，父亲就搂着他，亲着他，还轻轻地哼起催眠小调，哄他入睡。父亲还常常把他背在背上，身体轻轻地摇晃着，在房间里来回地踱步，直到他完全入睡才把他放到床上。

带小添甲去洗澡，这对于父亲来说，是一件让他特别喜欢的事。他总是带小添甲去最好的澡堂。看着白白胖胖的小添甲泡在澡盆里，看着他在水池里扑腾扑腾地玩耍嬉戏，水花溅得高高的，听着小添甲发出的快乐的笑声，万德尊的心里别提有多美。他轻轻地给小添甲涂抹肥皂，轻轻地给他搓洗脏泥，看着小添甲伸出小手去捉那最大的肥皂泡，看着小添甲鼓起小嘴去吹那肥皂泡泡飘飘飞飞……洗完了澡，小添甲累了，躺在那里就睡着了。万德尊会轻轻地给小添甲穿好衣服，然后背着小添甲回家。小添甲长大了，体重已经不轻了，可年过四旬的万德尊还是乐此不疲。对他来说，这是一种享受，是一种天伦之乐！

江汉平原，是我国有名的戏曲之乡。在江汉平原长大的母亲，对悠扬婉转的戏曲艺术有着深深的迷恋。到了天津，她又把这种喜好带到了万家，并且把这种喜好也传染给了小添甲。

大约从3岁起，小添甲就开始看戏了。开始是偎在母亲的怀里看，后来长大了，就随母亲站在凳子上看。

戏院子里可真热闹，有那么多的人，还有卖瓜子的，卖糖果的，卖五香豆、茶叶蛋的，还有那肩上搭着毛巾、拎着大茶壶，吆喝着给你冲茶、扔过毛巾让你擦汗的。可是这一切都不能吸引小添甲。他的眼睛紧紧地盯着前面，那里有一块空空的长方形的小台子。"呛……呛……呛……"只听一阵锣鼓声响起，一段或悠扬或凄婉的京胡响起，不一会儿，就会出现各种人物。有俊美的青衣，有拄着拐杖、留着长髯的老生，有那涂着满脸油彩的大花脸，还有那俏皮的小花旦。他们穿着五彩的戏服，头上戴着的冠帽上或是珠宝，或是那会摇动的花翎，在灯光的照耀下，煞是好看。他们有的轻歌曼舞，有的引吭悲歌，不时地引得人们落下泪来，或大声地叫出声来："好！"这声音，真可说是天摇地动，震耳欲聋。小添甲并不明白好在哪里，他只是觉得台上的人演得有趣，台下的人这么叫也十分有趣。他最喜欢的,是那拿着刀,舞着棍棒,一连串地翻着跟头的时刻。尤其是那刀枪剑戟的对打,银光闪烁,惊险无比,直看得小添甲眼花缭乱、目瞪口呆。

就这样跟着母亲,小添甲几乎看遍了当时在天津所能看到的所有的戏。民国初年,正是我国戏曲艺术发展的鼎盛时期,天津又是我国有名的戏窝子,各种戏曲都在这里轮番上演,几乎所有的演员,要想走红,都要在这里登台亮相。京剧、评剧、河北梆子、山西梆子、唐山落子、文明戏等剧种,还有京韵大鼓,小添甲都看过;著名京剧表演艺术家谭鑫培、龚云浦、杨小楼、余叔岩,还有文明戏丑角秦哈哈等人的精湛演出,小添甲也都是座中常客。那时的添甲虽然还小,但是,他已经看了很多的戏。像谭鑫培谭家的戏,从谭鑫培到谭富英等,他都看过。还有余叔岩的《打渔杀家》、龚云浦的《钓金龟》、刘鸿声的《孔明》、杨小楼的《黄天霸》、韩士昌的昆曲《夜奔》等,都使他受到了良好的关于中国传统戏曲最初的启蒙教育。

母亲不光爱看戏,还时常聊戏。她时常和幕僚的太太们在一起议论演员的特色和轶事。1917年,一代名伶、著名老生演员谭鑫培因病去世,母亲极为惋惜,很长时间都在议论着。母亲告诉他,谭鑫培的唱腔里有一种感伤,抒情动人,他演的孔明有儒家气派,演黄忠有老将风度。小添甲也依稀记得,谭鑫培在《李陵碑》中所扮演的杨继业的那苍凉悲愤的声腔。后来,他才知道,谭鑫培是被反动军阀害死的。北洋军阀为了招待来京的广西军阀，硬逼着年近七旬的谭鑫培唱堂会。谭鑫培在屈辱无奈中演完《洪洋洞》后，心情一直郁闷难过，不久含恨而亡。

渐渐地，小添甲开始入迷了。他也会随着人们一起高声叫好。看完戏回到家，他还会拉着小伙伴们一起演。有时找个棍子当枪使，学着戏中的人物耍弄起来；或是用纸叠个高高的官帽，戴在头上，学着戏中的老爷审案，拍起了惊堂木。偶尔，他也会自己编演个小故事，拉个身架，唱上一段，更是不在话下。别看他个头小，却有板有眼、像模像样，惹得家里人放声大笑。

渐渐地，小添甲居然看出了一些门道。他喜欢看杨小楼演的黄天霸。黄天霸忠于朝廷，武艺高强，既狡猾又凶狠。杨小楼把他对权势的那副奴才相演得活灵活现。还有刘鸿声，他在《辕门斩子》中演杨延昭，在《四郎探母》中演杨延辉，尤其是他演的《失空斩》，把诸葛亮都演活了。韩世昌的《林冲夜奔》也是小添甲最喜欢看的。整整40分钟，韩世昌一个人在台上，无论是唱腔还是做工，都是那么出色。还有一个刘宝全，是唱京韵大鼓的，小添甲也特别爱听。小添甲爱看三国戏，尤其是曹操戏，小添甲几乎都看过了。他特别欣赏诸葛亮的机智、黄忠的忠勇、曹操的奸诈，也为周瑜的器量狭小惋惜。

母亲还常常带小添甲去看文明新戏。《洪承畴》《新茶花女》等，他都看过。小添甲不知道什么是文明新戏，但他觉得这种戏挺有趣。有个叫秦哈哈的演员,是小添甲最熟悉的。他长得怪模怪样的,可说起话来声音洪亮,小添甲看见他就想笑。文明新戏里,还有一种叫作"言论正生"或"言论小旦""言论小生",他们专门在台上发表激昂慷慨、愤世嫉俗的言论,都是即兴的言论,一套一套的。常常在演说完了的时候,观众报以热烈的掌声。比如,一个女孩子喜欢上了一个书生,但她却被贪图钱财的父亲卖了,或是被迫嫁给一个有钱人。过了若干年,她又和这个书生见面了,两人又喜又悲,台上就上演了一段凄艳哀婉的戏,惹得台下的观众都热泪涟涟。可是很快,父亲发现了,大骂起来。这时,就会有一个人出来,他是那位书生的朋友,只听他义愤填膺、滔滔不绝:当今正值天下大乱,国家正处在风雨飘摇之中,大丈夫要以天下为己任,一个血性男儿岂能迷恋于儿女私情,要抛头颅、洒热血,救万民于水火之中……慷慨激昂的演讲说得台上台下热血沸腾,台下是一片唏嘘,台上的这位书生则幡然猛醒,毅然和女子作别。然而,女子仍然割舍不下,流着眼泪哭诉一番:怎样的想念,怎样的在富人家里受苦,怎样的被别人欺负……这时,台下已是一片唏嘘,母亲也抽噎不止,连手帕都湿透了。

这些文明新戏里,还会有许多插科打诨的地方,这是剧作者在巧妙地抨击现实。例如,在《官场现形记》中,一个留学生花钱买了一个官后衣锦还乡。农民看他头戴红顶花翎，身穿圆领宽袖大袍，脚蹬皮鞋，便问他捐的是什么官。他洋洋自得地回答："我的身子是明家的，做的是清家的官，吃的是外国的饭，我这是头戴大清，身穿大明，脚蹬大英。"每到这时，观众都会哄堂大笑，台上的那几个农民，也都笑得前仰后合，台上台下的气氛，十分融洽热烈。这样的时候，小添甲虽然没有完全看懂，可他也会受到感染，会随着母亲流下眼泪，或和其他观众一起哈哈大笑；而当观众热烈鼓掌的时候，小添甲也会把手拍得啪啪响。

在走出戏院的时候，小添甲的心思似乎还在台上，他很奇怪：这些演员究竟是靠什么，竟能有这么大的力量，让观众一会儿哭，一会儿笑，一会儿又愤恨不已？

小添甲还太小，他还不知道，文明新戏在中国现代戏剧发展中曾经起过重要的作用。它是在引进西方近代戏剧的基础上逐步发展的一种新的戏剧样式，是中国话剧的早期形态。它没有唱，没有锣鼓点，没有五彩斑斓的演出行头，与融歌、舞、表演于一体的中国传统戏曲是不同的。在它刚刚出现的时候，台下的观众都看得目瞪口呆，十分惊异。在当时，凡是新的东西，都被冠以"文明"二字。当时，文明新戏是中国的志士仁人探索救国图存、唤起民众的一种有力的宣传武器。在辛亥革命前后，文明新戏受到革命党人和革命政府的欢迎与支持。著名革命党领袖黄兴曾在文明新戏《爱国妇女》演出时，"躬登舞台，现身说法"。孙中山先生也曾出席观看了借欧洲"时事"编演的鼓吹"非团结,用铁血主义,不足以自存"的洋装戏《波兰亡国惨》;孙中山先生曾经为文明新戏题词,赞曰:"是亦学校也!"

小添甲太小了,他还不知道,曾经有许多文明新戏的创始人,用自己的鲜血和生命,在中国现代戏剧历史上写下了可歌可泣的一页。王钟声就是其中最为突出的一个。王钟声,原名王照普,字熙普,浙江绍兴人,和女革命家秋瑾是同乡。他早年留学日本,寻求强国之路,受明治维新的影响很深。这个热血青年,立志要改变社会畸形腐败的现实,使祖国强盛起来。他认为,中国首先应当摆脱列强的控制,争得一个泱泱大国在世界上应有的地位。为此,必须使民众树立起富国图强之志。要通过办报,宣传爱国思想,唤醒民众。王钟声酷爱戏剧,他就选择了一条"戏剧救国"的道路。为此,他创办了中国第一所戏剧学校——通鉴戏剧学校。仅仅两个月,就因倡导戏剧革命为当局所不容而被迫停办。他又办起了新剧团春阳社,继续抨击时弊,宣传革命思想,上演了《官场现形记》《秋瑾与徐锡麟》《黑奴恨》《宦海潮》《孽海花》《波兰亡国惨》等剧目。这些都是充满了抨击腐败现实,洋溢着爱国反帝激情,带有强烈的宣传革命色彩的新剧。然而,春阳社在成立后不到一年就被官方取缔,王钟声也被遣送回绍兴。辛亥革命爆发后,王钟声告别粉墨生涯,投笔从戎。革命军在上海攻打高昌庙的那一天，深夜12点，他到演戏的戏院后台借了一身军装和一把指挥刀，穿着一身戎装出发到南市作战。上海光复后，他又受革命军之托，去光复天津。他从绍兴潜入天津，找到他的亲戚，也就是著名的演员汪笑侬。他拿出随身携带的手枪、子弹给汪笑侬看，告知自己的来意。可是他疏忽了，他怎么也没有想到，就在此刻，有一个大烟鬼正躺在汪笑侬家里，而这个大烟鬼，就是窃国大盗袁世凯的次子袁克文。就在这天夜里，王钟声就被以秘密联络戏剧界同仁闹事、反对政府的罪名被逮捕。几经严刑拷打，虽无任何罪证，但还是被判处了死刑，真是无天理、无公道、无王法！刑场设在天津李七庄的疙瘩洼。临刑前，王钟声面对屠刀毫无畏惧，他高声提出，现在已是民国了，为什么还延用封建王朝的斩首刑法？斩首是野蛮的，不人道的。他是为宣传科学、进步、革命而死，并不惧死，但不能接受斩首，只能是枪决。"革命党人非畏死者，但斩首野蛮，请以枪击易之。"王钟声大义凛然，慷慨赴死。行刑最终改为枪决。他中弹后身体不倒。刽子手连续射击了13枪，最后，将他的尸首投入了一口深井。

是的，小添甲不知道，这血腥残酷而英勇的事件，就发生在天津，发生在他出生的第二年。

不知从什么时候起，小添甲已经开始喜欢上舞台了，而且，他是那样地迷恋舞台。家里的那套《戏考》，一本一本地，他不知从哪里都找了出来，翻了一遍又一遍。那发黄的毛边纸，都让他翻烂了。那大段大段的唱词，他不仅能背出来，还能有滋有味地唱出来。除了去戏院看戏，在家里他还常常打开父亲的那架老式但在当时也不多见的留声机，反复地听父亲收藏的当时仅有的几张戏曲的唱片。小小年纪的他，沉醉在那张弛有致的鼓点节奏中，沉醉在那里的喜怒哀乐、抑扬顿挫之中。他开始知道，古往今来有着多少英雄豪杰，历史上又有着多少忠奸善恶！

小添甲还不知道，从此，他这一生和舞台结下了不解之缘。中华民族的文化血脉，中华民族的审美理想、审美精神、审美品位、审美情趣，都由此一点一滴地渗入了小添甲的骨髓和灵魂。而现在，他这个"小小戏迷"，正沉醉在一片迷恋之中：戏原来是这样一个美妙迷人的东西！

第四章
少年才气

不知不觉中，咿咿呀呀学语、摇摇晃晃走路的小添甲长大了。快5岁了，望子成龙的父亲决定让小添甲读书识字。当时，社会上既有洋学堂，也有那些老式的私塾。但是，父亲不放心，他不放心小添甲离开家。因此，他决定开设家塾，特地从潜江老家聘请自己的外甥刘其珂为家庭教师，给小添甲和他的哥哥、姐姐授课。刘其珂的学问并不渊博，但是万德尊觉得他是近亲，也知道他的旧学功底比较扎实，为人忠厚刻苦，把孩子交给他心里踏实。

其实，在此之前，小添甲已经认了不少的字了。

是母亲教他的，也是父亲教他的。

父亲的旧学功底也是相当好的，虽说他现在当的是武官，但是总忘不了舞文弄墨。家里有一间书房，书桌上专门铺了块毡子，一有空，父亲就在上面铺开宣纸写诗作赋，龙飞凤舞一番。父亲的字，虽说不是特别棒，但在母亲眼里，却是最出色的。因此，每当这时，母亲总要抱着小添甲在一旁观看。说来也怪，每当这时，小添甲就特别乖，偎在母亲的怀里，一点声也不出，只是瞪着两只大眼睛，眼珠不动地看。碰到笔画简单的字，母亲就会抓住小添甲胖胖的小手比画起来。一边比画，一边告诉小添甲，这念什么，那念什么。时间长了，小添甲就都记住了。有时，没等父亲的一副对联写完，小添甲就会完整地说出来，还带着抑扬顿挫的声调呢！欢喜的父亲扔下手中的笔，从母亲的怀里抱过孩子，用自己的胡须使劲地扎着小添甲的嫩脸蛋，倒让母亲心疼得不得了："别，看弄疼了孩子！"

大约在小添甲4岁的时候，一天，小添甲随母亲看戏回来，一进院子，就觉得似乎比平常有些不同，他连忙就往客厅跑，见父亲正迎着他们出来。平时这时候，父亲总是不在家的。可现在，不光父亲在，父亲跟前还有比小添甲高了许多的一男一女两个孩子。原来，这是姐姐家瑛和哥哥家修。潜江老家连年遭灾，祖父、祖母相继去世。母亲就提出，要把父亲留在老家的这两个孩子接到天津来，让一家骨肉团圆。父亲欣然同意。从湖北老家潜江来天津，一路上，他们走了好几天，可现在，他们的眼睛都是亮晶晶的，里面，既有高兴又有紧张，还有一点怯生生的感觉。

父亲一手拉着姐姐，一手拉着哥哥，对小添甲说："来，叫姐姐、哥哥！"父亲的声音有些兴奋。

小添甲停住了脚步，他愣愣地望着眼前的一切。其实，父亲、母亲早就告诉了他，在老家，他还有姐姐和哥哥，要把他们接到天津来。其实，小添甲也一直在盼望着哥哥、姐姐的到来，这个家里只有他一个小孩子，他是多么希望能有哥哥、姐姐和他一起玩啊！可他毕竟是小孩子，一碰到新的高兴的事情，就把原来的事忘记了。

不过，小添甲只愣了一愣，小嘴就咧开了："姐姐！哥哥！"他甜甜地叫着，扑过去，两只小手拉住了哥哥、姐姐的手。

家瑛、家修的嘴也咧开了，他们也伸出了手。虽然三姐弟从未见过面，虽然他们从小是在完全不同的环境里长大，可他们毕竟是骨肉同胞。现在一见面，他们就觉得早就认识并且熟悉，他们的手紧紧地拉在了一起。

姐姐比小添甲大十多岁，她差不多已经是个懂事的大姑娘了。在潜江的时候，母亲病逝得早，父亲又远在他乡，她在祖父、祖母身边照料老人，处理家务，什么事情都抢着做，什么委屈都搁在心里，从不让祖父、祖母操心。现在，来到父亲身边，来到这个可爱的小弟弟身边，自己不再是个孤女，她是多么高兴啊！

姐姐很疼爱小添甲，总是抱他、逗他，形影不离地带着他玩。母亲知道姐姐从小在乡下，很少吃水果糖，就买了许多糖给姐姐吃。可是，姐姐总是把最好吃的留给了弟弟。

哥哥比小添甲要大七八岁，是个倔强的孩子，再者又是个男孩，心粗了许多。他们其实已经玩不到一起了。不过，哥哥从乡下来，知道许多小添甲从未听说过的事情，他自己也需要一个小伙伴,这个小弟弟又是这么天真可爱,什么都听他的。因此,哥哥平时没事的时候,也总是想着小添甲。和哥哥一起做游戏,当然总是哥哥让着他了。小添甲十分开心!

姐姐虽说是个女孩,但她在饱读诗书的祖父身边长大,耳濡目染,加上自己聪明好学,练就了一手好书法。现在,玩着玩着,姐姐就教弟弟识字。

姐姐像小时候祖父教自己那样,剪了许多方块的硬纸片,在上面端端正正地用楷书写上字:

人、手、口、刀……

猪、马、牛、羊……

姐姐一遍一遍地教,弟弟一遍一遍地学,教厌了,学烦了,姐姐就给弟弟讲起了许许多多的湖北乡下的有趣故事和民间传说,还给他哼唱起民间小调。小添甲听得入迷了。

现在,小添甲和姐姐、哥哥认真地拜过老师,开始了正规的学习。

刘其珂教孩子,还是按照自己在老家的习惯,从《三字经》《百家姓》开始教起。渐渐地,他又开始教《论语》《孟子》《大学》《中庸》《诗经》《左传》《史记》。后来,等孩子们有了一定的诗学基础后,他又增加了老子的《道德经》和非常难懂的《易经》。像所有的旧学先生一样,刘其珂早就忘记了自己幼年时读书的情景,他严格地要求孩子们读熟、背熟。

成天的"子曰诗云",成天的"关关雎鸠,在河之洲",对于一个不谙世事的孩子来说,难免枯燥。不过,有父亲、母亲和姐姐教他的那些垫底,小添甲现在学起来倒也不觉得太费劲。

就在这枯燥乏味的死记硬背中,小添甲的知识一天天变得扎实起来,他的眼界也一天天变得开阔起来。甚至,他还喜欢上了这些。他觉得,这些文字读起来是那样得朗朗上口、铿锵有力,里面的故事又是那样得曲折动人。读《论语》《孟子》,他记住了"为富,不仁矣;为仁,不富矣",记住了"富贵不能淫,威武不能屈,贫贱不能移"。他好像看见了孔子那么喜欢的颜回走在陋巷:"贤哉回也!一箪食,一瓢饮,在陋巷,人不堪其忧,回也不改其乐。贤哉回也!"读《古文观止》,他真想去结识"不为五斗米折腰"的五柳先生,走进不知有魏晋的桃花源。他捧着《左传》《史记》,一读起来就忘记了吃饭和玩耍。鸿门宴、窃符救赵、赵氏孤儿这样的故事,他久久不能忘记,里面的情节是那么曲折,而人物性格又是那么鲜明突出、栩栩如生。这里的有些故事,是他曾经在舞台上看过了的,现在读起来,他既感到亲切又多了几分理解。

小添甲可以自己看书了。在授课时读书和闲暇时随着母亲看戏之外,小添甲最喜欢的还是读书。不过,是读那些"闲书"。父亲有着深厚的旧学功底,又出国留过洋,因此,家里古今中外的藏书很多。而且,父亲十分开明,他允许小添甲在他的书房里随便挑选他喜欢的书去读。那里，有许多中国古典名著：《三国演义》《水浒传》《聊斋志异》《镜花缘》《西游记》《红楼梦》等等。

一本一本，小添甲都读过了；一本一本，让小添甲很入迷。像他小时候随着母亲看戏，像他小时候偷偷在家里翻阅《戏考》。读《水浒》，他好像看到了鲁智深倒拔垂杨柳，看到了黑旋风李逵的那两把板斧，看到了那打虎的英雄武松……他们一个个都是铁打的硬汉子，疾恶如仇，抱打不平。读《镜花缘》，他在希冀着，就在现在，在眼前，也能有人人平等、处处鲜花的美好世界。看《聊斋》，他是多么喜欢那狐仙，它们比人更善良、更富有同情心，没有一点污浊的俗气。读《红楼梦》，小添甲从心底里憎恶那些倚仗权势作威作福的贾琏之辈；看到黛玉焚稿、晴雯补裘，看到那么多的丫鬟、女孩儿的惨死，小添甲不知不觉地就流下了眼泪；他喜欢倪二，他是那么义气；还有焦大，他酒后的怒骂是那么痛快。

有意思的是，父亲、母亲都喜欢古诗词。父亲、母亲兴致高的时候，会把小添甲叫来，让添甲和他们一起背古诗词，看谁背得多、背得好。母亲特别喜欢《红楼梦》，里面很多的篇章她都能背下来。她常常会情不自禁地念起黛玉的《葬花词》："侬今笑人人笑痴，他年葬侬知是谁？……一朝春尽红颜老，花落人亡两不知。"这时，母亲那浓重的湖北口音里面已经含有了哭腔。而小添甲，也沉浸在那悲凉凄惨的意境之中了。

父亲的书房里，还有许多当时出版的外国小说。它们大多是"林译小说丛书"中的，如《巴黎茶花女遗事》《萨克逊劫后英雄略》《伽茵小传》《块肉余生记》等。这些书，在当时是非常流行的。这些小说的译者，叫林纾，字琴南，他是中国近代文化史上一位重要的人物。就像希腊神话中盗火的普罗米修斯一样，他是在中国旧文化的营垒中，为新文化运动打开瞭望口和大门的元勋巨擘，也是近代中国放眼世界的一位哲士。他"恣肆于西学，一彼新理，助我行文，则异日学界中定更有光明之一日"。就是这样一位前清举人，竟用古文翻译了170余种外国小说，并且称这些小说家可以与太史公比肩。他的翻译作品，打破了中国旧小说的格局和传统，这在当时是非常大胆的举动。他将西方的创作方法、写作技巧、文学观念引进了中国文学，这在当时也是非常勇敢的举动。当时中国许多的知识分子，都是通过"林译小说丛书"才知道欧美，才了解欧美人的家庭情形、社会内部结构及他们的国民性；才知道中国的不及人之处，不仅在于物质文明，也不仅在于政治组织。原本以为高于一切的最美丽的中国道德、文化，却也有着欧美文化可以与之匹敌。胡适曾经这样评价林琴南："古文不曾做过长篇的小说，林纾居然用古文译了一百多种长篇小说……古文里很少滑稽的风味，林纾居然用古文译了欧文与迭更司的作品。古文不长于写情，林纾居然用古文译了《茶花女》和《伽茵小传》等书。古文的应用，自司马迁以来，从没有这种大的成绩……"还有人这样称赞他："中国文学界由他才开放文学的世界眼光，所以他于新文化的功绩就像哥伦布的发现新大陆……"

就是这些"林译小说"，使小添甲知道了许多中国以外的事情，大大地开阔了他的眼界。他知道了西方文学作品文笔的简洁、优美，知道了西方的历史、文化和民族奋争精神和浪漫主义精神。《伽茵小传》中女主人公伽茵的遭遇，使小添甲流了许多同情的眼泪；《萨克逊劫后英雄略》，那其中的民族反抗和浪漫主义精神让小添甲为之振奋神往；读法国作家都德的《最后一课》，面对即将沦为异族统治的痛苦，他好像看见哈迈尔先生惨白着脸，对孩子们轻轻地说："下课了……"；读《黑奴吁天录》，他好像听见了译者林纾的大声疾呼："因之黄人受虐，或加甚于黑人。而国力既弱，为使者复餂愞，不敢与争。又无通人纪载其事，余无从知之。而可据为前谶者，独《黑奴吁天录》耳。录本名《黑奴受逼记》，又名《汤姆家事》，为美女士斯土活著。余恶其名不典，易以今名。其中累述黑奴惨状，非巧于叙悲，亦就其原书所著录者，触黄种之将亡，因而愈生其悲怀耳。""纾已年老，报国无日，故日为叫旦之鸡，冀吾同胞警醒，恒于小说序中摅其胸臆，非敢妄肆嗥吠，尚祈鉴我血诚。"

父亲的书房里，还有当时开明书店最新出版的《少年》杂志。这是父亲专门为他买的。在《少年》里面,有以当时最新的知识、观点和手法写的童话、故事、科学小品、散文等各类文章,既有知识又有趣味,小添甲可喜欢了。它为小添甲又打开了一扇科学之门。每次父亲一买来,他一拿到手,就会饭不吃、觉不睡一口气读完。常常,小添甲看着看着,心思就会随着书里的人物和故事飞远了……

小添甲喜欢看的书,还有《鲁滨孙漂流记》。喜欢冒险是孩子的天性,他也幻想着像鲁滨孙那样漂洋过海,去冒险、去闯荡。

就在母亲送给他的瓷娃娃的肚子里面,藏着一张小添甲自己设计绘制的快艇设计蓝图,这是他花了很多时间苦思冥想琢磨出来的。不过,他还准备继续进行加工修改。终有那么一天,他要实现这张蓝图,他要当一个航海家,当一个探险家,在那浩瀚的、湛蓝的、无边无垠的大海上,乘风破浪,遨游驰骋。

1916年6月,窃国大盗袁世凯在全国人民的一片讨袁声中忧愤而死,黎元洪接任大总统,大概是因为有同乡举荐,父亲万德尊当上了他的秘书,全家随之来到北京城。

这一段时间,是父亲一生中最风光的时候。家里常常贵客盈门,宾朋满座。父亲与黎元洪的部下屈映光交往甚密。屈映光专门请了一位老先生来教儿子。这是一位前清的拔贡。拔贡,是封建科举制度中贡入国子监的生员的一种。在清朝，大约6年或12年一次，名额很少，各府两名，州、县只有1名，由各省学政从生员中考选，保送入京。这位老先生，尤其在数学上有很深的造诣，这在当时是很难得的。小添甲也住到了屈家，随之就学。有这样一位老先生教授儿子，父亲当然特别高兴，他总是对小添甲说："这可不容易，你可要好好学！"而这位老先生似乎也很喜欢小添甲，总是捋着下巴上的山羊胡子乐呵呵地夸他，说他有悟性、爱读书。每当这时，小添甲既得意又暗暗好笑，他哪儿是爱读书？他那是在读小说、看闲书。

"双十节"到了，刚刚当上大总统的黎元洪特别高兴，决定在这一天开放中南海，文武百官和各界人士及其幕僚们都请到了。小添甲也随父亲来到了中南海。

这么大、这么气派的皇家园林，这么一大片湖水，还有留杯亭，这就是中南海？小添甲还是第一次看到。他好奇地东瞧瞧西望望，真想乘父亲不注意，跑到那边的石台阶上去玩耍。留杯亭也是第一次看到，他站在那里，好半天没动。他想起了《兰亭集序》……

在北面的花园里养着一只小海豹。小添甲走到水池边，再也不肯离开。海豹那圆溜溜的眼睛、发亮的毛皮，小添甲越看越喜欢。它吃什么？它咬不咬人？小添甲的心里充满了疑问。

在熙熙攘攘的长袍马褂的大人群里，小添甲特别引人注目。黎元洪走了过来，问了小添甲许多问题。听说小添甲学过诗赋，黎元洪的兴致更高了，他指着那只海豹："就以海豹为上联，你能对出下联吗？"

小添甲闭紧嘴唇，觉得稍稍有些为难。突然，他想起来了，是在《聊斋》上或是在《少年》中看到的一种动物。他小脸一仰，响亮地回答："水獭。"

黎元洪大喜，他没有想到，这个小小的孩子居然回答了出来，而且还这样工整！当即，他从自己的胸前摘下了正在滴答作响的金怀表，挂到了小添甲的胸前。

一时间，小添甲成了闻名总统府的小神童。

和父亲交往的有一位方先生，是专门被父亲请来当家庭教师的，他是远近闻名的才子和名士。方先生是扬州人，曾经当过袁世凯大儿子袁克定的老师。这是一位十分有趣的人，小添甲也很喜欢他。他喜欢收藏各个朝代的各种古钱币，还把它们用绳子串起来，围在腰中。他的身体特别好，北方的冬天那么冷，可他家里从来不生火。他教小添甲念书，和别的老师不大一样，他不大要求小添甲死记硬背，而是常常和小添甲谈古论今，教他自己写的东西。常常，他会十分激愤地高声吟诵他自己的诗文，如《项羽论》等。他特别欣赏小添甲的聪慧，还特地赋诗一首，赞曰："少年才气不可当，双目炯炯使人狂。相逢每欲加诸膝，默祝他年姓字香。"

第五章
窭人之子

好景不长，第二年黎元洪就从大总统的位置上下台了。父亲也随即退职回到了天津，赋闲在家，从此一蹶不振，一直到他离开这个世界。

家里的气氛变了，变得十分沉闷压抑，甚至可怕。父亲成天抑郁不乐，脾气也变了，大了，坏了。他常常发脾气，摔东西，打骂仆人，看什么都不顺眼。父亲还抽起了大烟，成天泡在烟雾缭绕的烟灯前，要不就是饮酒作乐。

其实，这也怪不得父亲。民国初年，正是军阀混战、战乱频繁的时候，各派军阀各霸一方，凭借手中的军事实力，犹如走马灯一般，他们轮番登台又轮番下台，成者为王败者贼。父亲不是不能继续做官，凭着自己留洋的经历，凭着正规军事院校毕业的资格，找个一官半职并不是很困难。父亲在日本留学期间的老同学，现在是山西军阀首领的阎锡山就请他出山，可是父亲不愿为虎作伥，更不愿与官场里那些混混们为伍，他宁愿赋闲在家。

有时，父亲也和他旧时那些说得来的同僚们在一起举杯把盏，赋诗填词，以抒愤懑。后来，他还把这些辞赋汇集成册，并取了一个挺有意思的名字——《杂货铺》。每当这时，父亲还常常会把小添甲叫来，让他在一旁听着，或让他念自己得意的诗作，偶尔还会让小添甲也一起对对联。看着小添甲认真应对的神情，父亲会特别高兴。而到人们散去之后，父亲会把小添甲搂在自己的膝前，抚着这个满脸稚气的幼子，半天不说话。每到这时，父亲在小添甲的心里，就会变得跟往日不一样，变得可亲起来。父亲显得忧郁而感伤，在这个时候，他总是会对着小添甲长长地嘘出一口气，用他那浓重的湖北乡音对小添甲嘱咐："好孩子！可要记住，咱们是窭人之子！"

窭人，是湖北老家对于穷人的说法。小添甲很有些奇怪，自己这样的家，还算是穷人吗？

对于父亲的苦恼，小添甲并不是很理解。不过，小添甲也不再仅仅是个小小的顽童，他也开始有了自己的苦恼。

说不清从什么时候起，小添甲开始变得不爱说话了，变得喜欢一个人沉思默想了。虽然，他还是父亲、母亲的掌上明珠，父亲、母亲仍然待他一如既往，可是，无论遇到什么高兴的或不高兴的事情，小添甲不会再像以前那样，会主动地、毫无保留地向父亲、母亲诉说了。

或许，这一切是从那一天开始的。

那几天，母亲一直很不高兴。自从父亲回到天津，家里明显比以前拮据多了。更糟糕的是，父亲成天萎靡不振，甚至还抽起了鸦片烟。母亲说过父亲好多次，可父亲根本不听，甚至还和母亲吵闹。而奶妈刘氏，还是像往常一样总是向母亲要这要那。在这个家庭里，刘氏的地位可不一般，小添甲出生后没奶吃，全靠喝她的奶长大。因此，父亲、母亲对奶妈总是特别客气，并不完全拿她当用人看待。尤其是母亲，有时候，奶妈说什么就是什么。可这一次，大概是母亲没有答应奶妈的要求，奶妈就和母亲大吵起来。吵完之后，大概奶妈觉得还不解气。当天晚上，奶妈把小添甲叫了过来，神神秘秘地低声对着小添甲，把他出生仅有三天亲生母亲就病故的往事都说了出来。小添甲是奶妈一手拉扯大的，奶妈也特别疼爱他，奶妈是小添甲在家里的又一位保护神。奶妈平时虽然总是忙忙叨叨的，但是她总是记着小添甲，怕他冷了，怕他热了，怕他磕着了，又怕他闷着了，总是想着法儿让他高兴。每次奶妈回家或出门，总要给他带回来许多好吃的或好玩的东西。奶妈还给他讲过许多有趣的故事，平时小添甲和奶妈可亲了。奶妈说什么，小添甲就信什么。可现在，听到奶妈说的这一切，小添甲简直就像挨了当头一棒。他不相信，可奶妈说的又是那么真切，不由得他不信。

小添甲还小，还不到 7 岁。他幼小的心灵，实在难以承受这样的事实：那么疼爱他、不曾对他动过一个手指头的母亲，从小就以他的欢乐为欢乐、以他的痛苦为痛苦的母亲竟然不是自己的亲生母亲。

将近7岁，正是一个幼小的孩子从自然人向社会人过渡的关键时刻，正是他们的接受能力、思维能力、理解能力发生巨大飞跃的黄金时刻，更何况小添甲又是这样一个聪慧的孩子，是这样一个读过许多中国古典诗文的孩子，是这样一个看过许多中国古典戏曲演出的孩子。那诗文中描述、舞台上表演的那些悲欢离合，那些小添甲曾经为之流下过多少同情、感伤泪水的人情冷暖，此刻竟然就发生在自己的身上！自己的亲生母亲如果活着，该是什么样？又会怎样对待自己？

小添甲是个聪慧的孩子，也是个早熟的孩子；他是个敏感的孩子，更是个懂事的孩子。他依然爱他的父母，不管他们是不是他的亲生父母，他不愿让他们难过。他把所有的疑问、痛苦和思念，都藏在了心里。然而，它又像是一颗种子，随着小添甲一天一天长大。那失去亲生母亲的悲哀和难以向人诉说的孤独，也在他的心灵中一天一天地渗透、晕染，再也挥之不去……

或许，这一切也不完全是因为奶妈告诉他了这件事。

小小的添甲，早已知道了什么是灾荒。还是4岁的时候，他就朦朦胧胧地知道，姐姐、哥哥的到来有一半多的原因是因为老家连年灾荒。这次随着父母回到天津的一路上，他亲眼看到了什么是逃荒要饭，什么叫饥殍遍野、哀鸿一片。

从北京到天津，那时的路高低不平，颠得人们昏昏欲睡。突然，一阵悲哀的哭声，惊醒了车上昏睡的人们。打开车帘，一片黑压压的人群挤在了车的两旁，车都无法通过了。正是华北大水灾，要成熟的庄稼全遭水害，地里颗粒无收，老百姓流离失所，只好以乞讨为生。他们个个面黄肌瘦，衣衫褴褛，满面灰尘。面带菜色的男人在前面挑着担子，担子的一头是嗷嗷待哺、瘦弱啼哭的婴儿，另一头是破烂衣被、锅碗瓢盆。那同样是满脸菜色的女人拉着刚刚学会走路的孩子，无力地跟在后面。现在，他们看见有马车过来，就都涌了上来，伸出脏兮兮的手，苦苦地哀求着。

母亲的脸上露出同情，她赶紧掏出钱，抛撒给这些穷苦的人们……

车子好不容易才从人群中通过，可是再走一段，又会碰到这样的人群，母亲又有多少钱财能够普救众生？

回到天津，天津的大街小巷也都是这种凄凉的景象。街头上，到处可见灾民的窝棚，还有那头上插着草标要被卖出的孩子。那些孩子和小添甲差不多大呀！晚上，很晚了还能听见灾民们行乞的声音，听见孩子凄厉的哭声……

就在这大荒年中，段妈来到了万家。这是个朴实的中年农村妇女，手脚麻利，勤快能干。每天从早忙到晚，她一点也不闲着。她长得不好看，脸黑黑的、粗粗的，嘴还有些豁着，露出两只龅牙。母亲却挺中意她，把小添甲完全交给她，晚上睡觉也由段妈来照料。

段妈平时不多说话,但小添甲能感觉到,她对自己特别好,不管小添甲怎么淘气,段妈从不责怪他。不管自己说什么,她听得都是那么专注,从来不像别的大人那么打断过他,还耐心地回答着他的各种奇怪的问题。晚上,该睡觉了,段妈给小添甲把床铺好,又给小添甲把小手小脚丫洗干净。段妈的手上满是厚厚的老茧,当她轻轻地托着小添甲的小脚丫给他擦脚的时候,那感觉又痒痒又舒服,小添甲忍不住咯咯地笑起来,可开心了。

看到小添甲高兴,段妈脸上的眉眼也会舒展开来,情不自禁地露出笑容。可是,有时候笑着笑着,小添甲会发现,一颗泪珠悄悄地出现在段妈的眼角。

段妈给小添甲脱好了衣服,盖好了被子,她轻轻地拍打着小添甲,哼起小调,哄他入睡。

段妈哼的小调低沉又绵长,像是在叙说着一个故事:

> 小白菜呀,地里黄呀,三两岁上,没了娘啊;
> 跟着爹爹,还好过呀,只怕爹爹,娶后娘呀;
> 娶了后娘,三年半呀,生个弟弟,比我强呀;
> 弟弟穿衣,绫罗缎呀,我只穿上,粗布衣呀;
> 弟弟吃面,我喝汤呀,端起碗来,泪汪汪呀;
> 亲娘想我,谁知道呀,我想亲娘,在梦中呀;
> 桃花开呀,杏花落呀,想起亲娘,一阵哭呀;
> 亲娘呀,亲娘呀……

小添甲不知道，段妈哼的是一首在河北地区流传很广的民歌。可是，在段妈低低的声音里，小添甲总感觉到有一种说不出来的凄凉。听着听着，他就睡着了。

有时，小添甲睡不着，就躺在被窝里，看着段妈在灯下做针线。

刺啦刺啦的，段妈扯着一根长长的麻线，在纳鞋底。段妈说，要给小添甲做双新鞋，过年的时候穿。

乘着段妈不注意，小添甲翻过身去，爬到床里面的那一头。

那里，有一个土布小包袱。

小包袱里面，有一双小小的黑布鞋，那鞋面上用花线绣着一个虎头虎脑的小虎头，可漂亮了。

小添甲可喜欢这双鞋了。虽然那鞋已经旧了，鞋面已经洗得发白了。

没等段妈发现，小添甲就抽出了那双鞋，他没穿衣服，就坐在那儿晃着手中的鞋："是这样的吗？这是谁的呀？"

段妈慌忙扔下手中的针线："哎呀，快躺下，别冻着了！"

可小添甲还是晃着那双鞋，在那里撒娇："这是谁的呀？"

段妈不回答，可她的脸色有些变了。

"快，乖孩子，快躺下，别冻着了！"

"不，你快告诉我呀！告诉我就躺下！"小添甲拿着鞋，把手放到背后，直朝后退。

"听话！"段妈的声音有些变了，但随即就又柔声说，"快，躺下，好孩子，乖！"

"不！偏不！"

"唉，真是个犟孩子！好了，快躺下，躺下就告诉你！"

小添甲乖乖地躺下了，他其实是个听话的乖孩子。

小添甲的身体躺得直直的，眼睛睁得大大的，用期待而又淘气的目光望着段妈："那您快说呀！"

段妈给他把被子盖上，又把被角轻轻地掖好。她的手轻轻地抚摸着小添甲的脸庞，半天没有说话。一会儿，她轻轻叹了口气，转过身，拿起了针线。但是，她的手哆嗦着，那针半天扎不准眼，更扎不下去。

小添甲叫起来："我要尿尿！"说着就又要爬起来。

段妈赶紧又放下针线，转过身来，要给小添甲穿衣服。

小添甲一把抓住段妈的手，调皮地一歪头："不，不让做。我呀，不尿尿。我要你陪我，我要你告诉我嘛！"

段妈笑了："这淘气的孩子！"她无奈地扯过被子，陪着小添甲躺下。

可半天，段妈只是又叹了口气："傻孩子，你还太小……"

"不嘛……"依偎在段妈的怀里，小添甲还想要赖，却看见一颗颗泪珠渗出段妈的眼角。

伸出小手,小添甲轻轻地给段妈抹去她眼角的泪珠。

可是,小添甲自己的脸上,一颗一颗的泪珠流下来……

段妈一家都是老老实实的农民,可他们一年到头辛辛苦苦,收获的粮食还不够交给地主的租子。她的丈夫,就是在大荒之年被地主逼租活活打死的。可地主仍不罢休,还是逼上门来,要她家里交租子。公公婆婆看到儿子死了,家里什么也没有,实在走投无路,双双悬梁自尽……

一个好端端的家,就这样败了……

段家,只剩下了孤儿寡母!

段妈坚强地活着,她要把唯一的孩子养大成人。儿子虽然还小,但他从小就知道体贴母亲,小小年纪他就知道为母亲分忧,什么活都拼命地干。

为了还债,他被送到了地主家里干活抵债。

受不了地主的欺侮,小小的孩子顶撞了地主,被打得死去活来,遍体鳞伤……

家里穷得连饭都吃不饱,又哪里有钱给孩子医伤?

孩子的伤一天一天重起来,伤口化脓了,全身都开始感染。

段妈的心如刀割一般疼。她眼睁睁地看着孩子的全身长满了脓疮,那上面还爬满了蛆……

孩子就这样活活疼死了!

孩子就死在段妈的怀里,他比小添甲只大几岁。

……

小添甲那颗小小的心里,开始有了心事,他再也不是那不知忧、不知愁的小孩子了……他常常会想起段妈的孩子,那个只比自己大几岁的孩子,那个倔强的、屈死的孩子。

不久,小添甲随父亲去了宣化。这是父亲官僚生涯中一次短暂的中兴。曹锟上台当了大总统,父亲重新被起用,委任为陆军中将,到宣化去当镇守使。父亲走马上任,把小添甲也带去了。

宣化地处塞北,历来为兵家必争之地。它是北京通往大西北和内蒙古的咽喉要道,也是中原民族阻止北方民族南下的军事重镇。在《宣化县新志》上,有着这样的记载:"全镇飞狐紫荆控其南,长城独石枕其北,居庸屹险于左,云中固结于右。群山叠嶂,盘踞崎列,足以拱卫京师而弹压蒙古,诚北边重镇也。"

宣化城中,有着两座高大雄伟的明代建筑——清远楼和镇朔楼。这两座楼相隔只有 200 米,并列在一条中轴线上。清远楼为钟楼,高 17 米,是一座三重檐歇山式建筑。楼上高悬着一口明代嘉靖年间铸造的一口重达 5000 公斤的铜钟,被称为神钟,说是灶王爷帮助挂上去的。一有烽火狼烟,这里便鸣钟报警,据说这钟声可传到 40 里之外,还有的说可传到京城,确实神奇。

镇朔楼高 15 米，为重檐九脊歇山式建筑。楼上原有一面直径 1.5 米的大鼓，故而称为鼓楼。在鼓楼之上，高悬着一块巨匾，上书"神京屏翰"四个大字。这是清朝皇帝乾隆的御笔。相传那是乾隆十年（1745 年），乾隆巡幸张家口外的木兰围场，回京途中曾在宣化府南的外演武厅检阅驻地清兵，专为宣化府写下了这块牌匾。仅从此就可看出宣化作为京域屏障的重要地位。

然而，毕竟已经是民国初年了，宣化的军事地位早已随着洋枪洋炮的普及使用而大大下降了。不过，这里毕竟有过久远的历史，并且，它依然是北京和大西北之间重要的经济通道，因此，也还算是塞北重镇。但是对于小添甲来说，比起天津，这里可显得荒凉多了。没有了老龙头火车站里那火车汽笛的长鸣，看不见海河上那各种轮船上五颜六色的各国彩旗，没有了熟悉而喧闹的马路、街道，更没有他愿意在一起玩耍的小朋友。而且，在从天津过来的一路上，小添甲看见的，只是荒坡野岭、风沙尘土，还有那些蓬头垢面、破衣烂衫的老百姓。许多和他差不多大的小孩子，扶着老爷爷、老奶奶在沿街乞讨。他们的眼睛里，透着哀求和绝望。

对于小添甲，这里，只有那清远楼和镇朔楼洪亮悠远的晨钟和暮鼓之声，只有那冷冷清清、戒备森严的镇守使衙门府。

小添甲随父母住在衙门府里最后一层的院落里。姐姐和哥哥都没有到宣化来，整个衙门府只有他一个小孩子，小添甲觉得很孤独。好在也没有什么人来管他。母亲常常因为各方面的应酬而顾不上管他。好奇而又寂寞的他就自己在院落里自由地跑来跑去。

这里是兵的世界。天还蒙蒙亮，就会响起起床号。然后，就会听见整齐的步伐声。这是士兵们开始上操了。小添甲被吵醒了，他一骨碌爬起来，穿好衣服就往操场跑。

清晨，衙门府的操场上，士兵们在领队的指挥下，走着各种队列，喊着响亮的口号。随着他们的步伐，操场上尘土飞扬，充满了生命的活力。

其实，走队列是最单调的。可对于小添甲来说，这却是他一天中最热闹的时候，也是他最高兴的时候。

可是，没想到，那领队一个转身跑到了他的面前，还没等他反应过来，那领队就一个"立正""敬礼""请少爷训话"。

小添甲傻了，他不知道是怎么回事情，也不知道该怎样对答。

那高高大大的领队还是笔直地站在他的面前。

小添甲慌了。他眼睛一转，瞥了一眼前面的领队和那一群士兵，一转身，他跑了。

小添甲跑得飞快。不过，他还是听见了身后那群士兵的笑声。那是喜爱的笑声。对于士兵们，在他们单调的生活里，出现一个虎头虎脑、圆圆胖胖的可爱的小娃娃，谁能不乐呢?

可小添甲以后只好躲在大树、窗户的后面悄悄地看操练了。

衙门府里,在那最前面的那个院落,常常传来凶狠的拷打声和凄惨的号叫声。仆人告诉小添甲,那是审案的公堂。怎么审案?那些犯人都犯了什么罪?

小添甲忍不住跑过去想看个究竟。可是,当他看到大堂前两边那闪着寒光的刀枪剑戟,看到端坐在大堂正中的着黑衣的军法官,看到他恶狠狠地拍着惊堂木的时候,小添甲就感到一种阴森和恐怖。当他看到那些士兵按照军法官的命令,狠狠地抽打那些犯人时,随着那鞭子的上下飞舞,一道道血痕出现,一声声惨叫响起来,小添甲更是觉得太残酷了,他不由得要逃开去。他的心里满是愤怒。人,怎么能这样凶狠?那些据军法官说是土匪的犯人,可围在大堂周围的老乡们却说是附近乡村的农民,并且是很本分的,这是怎么回事呢?

更让小添甲觉得奇怪的是,这些在大堂上凶狠地挥鞭抽打犯人的士兵,下了大堂又是那样善良,他们会自己凑钱去买了鸡蛋,磕开蛋壳,只让鸡蛋清流出,然后轻轻地涂抹在犯人那皮开肉绽的伤口上,说是这样可以不让毒气攻心。看到这些士兵用他们那粗大笨拙的手认真仔细而又那样轻手轻脚地做着这些事情的时候,看到那些士兵们充满同情的神情,小添甲的心里充满了感动和不解,这究竟是为什么?

渐渐地,小添甲不再感觉到这些士兵们的丑恶和凶狠;渐渐地,小添甲和士兵们熟了,他常常会来到士兵的宿舍里玩耍。

士兵的宿舍里又脏又乱,满屋子的烟气,士兵们穿的衣服都很粗陋,但小添甲不嫌弃。这里热闹、随意,而且这些士兵都喜欢他。

士兵们干什么的都有,有的打牌,有的哼小曲。小添甲挺爱听他们哼的小曲。

那小曲的声音粗粗的,却又那么质朴、生动。对于小添甲来说,小曲有着一种特殊的魅力:

初一十五庙门开,牛头马面啊两边排;
殿前的判官啊,掌着生死的簿;
青脸的小鬼呦,手拿着那拘魂的牌;
阎王老爷啊当中坐,一阵阴风啊,吹了女鬼来……

他们还一人唱、众人和:

正月里探妹正月正,我与那小妹妹去逛花灯,花灯是假的呦,妹子,我试试你的心哪,咦哈呀呼嘿!

众人和罢,还会一起哈哈笑起来,他们笑得十分开心。

小添甲喜欢那样的笑声。

小添甲在高兴时居然把父亲拉到了士兵们的宿舍。

宿舍里,士兵们推牌九的推牌九,喝酒的喝酒,正在高兴头上,谁也没想到小添甲的父亲会进来,都愣了。父亲的脸色也变了。

原来,军令是不允许士兵们赌钱的。平时,父亲也知道这些士兵们推牌九赌钱,只是他佯装不知罢了。可现在,既然让他看见了,就不能不管。

每个参加赌钱的士兵都被打了10记军棍。

士兵们再也不喜欢他了。当再见到小添甲,士兵们不再那么亲热地叫他"三少爷",而是讥讽地叫他"狗少爷"了。

小添甲的心里特别难过,他没想到,他竟做了父亲和士兵们都忌讳的事情,而他本来是想让大家都高兴的呀!

小添甲刚刚得到的一点欢乐就这样消失了,他也不再去士兵们那里了。他变得更孤独了。

现在,小添甲只有后山可以去了。

从衙门府院落的后门出去就是后山。

后山光秃秃的,什么也没有。说也奇怪,在那寸草不生的石头山上,竟然长着一棵粗粗大大的榆钱树。这棵大树,夏天的时候,枝叶繁茂,郁郁葱葱,那巨大的树冠,都能遮挡住衙门府后院的阳光。人们都称这树为"神树"。

就在这神树上，悬挂着许多小小的匾和红布条，上面全都写着"有求必应"的字样。

这里也和衙门府一样，空荡荡、阴森森的，让人害怕，也没什么可玩的。只有这些小小的匾和红布条，在山风的吹拂下飘来荡去。

可小添甲实在是没什么地方可去了。

离那树不远处有一条小溪，顺着山石潺潺流下。

小添甲常常独自一人来到这里，看着那潺潺水流，他会忍不住过去翻找那溪流下漂亮的花石头，或去捉那顺水流下的小鱼；而更多的时候，他会静静地就这么坐着，望着神树，他会奇怪，真的可以"有求必应"吗？他的心，会随着那些小小的匾和红布条也在山风的吹拂下飘来荡去；而看着天边变幻无穷的云彩，他的思绪也飘到了很远很远的地方……

落日时分，小添甲久久地站立着，凝望着那天边。成群成阵的像一片片墨点子似的乌鸦，在榆钱树的树顶上来回盘旋，此呼彼和，噪个不停。在苍茫的尘雾里传来城墙上还未归营的号手吹着的号角声。这遥远、孤独的角声，落在小添甲这个敏感孩子的心坎上，有着说不出的熨帖和凄凉，充满了惋惜、哀伤，充满了幽怨、依恋。

小添甲久久地、深深地沉浸在这熨帖而又凄凉的号角声中。他的眼前，闪过段妈，闪过灾民，闪过那被毒打的犯人，闪过那唱着小曲的士兵；他的心头，涌上了很多困惑。

宣化的冬夜，奇冷无比。窗外，是塞外那强劲的狂吼的朔风；窗内，是熊熊燃烧的炉火，融融暖意一片。父亲又会拿起书本，亲自督促小添甲学习。他怕在这荒僻的宣化，耽误了小添甲的学业。可这一天，在小添甲每日临摹的宣纸上，父亲看到的是这样几个大字："大雪纷纷下，穷人归无家。"

这是小添甲自己的诗句？

父亲呆住了，他定定地看着，久久没有说话。

小添甲紧张了，这不是父亲布置的作业，是他望着窗外这一连好几天纷纷扬扬的大雪，一时兴之所至写下的。一向严厉的父亲会不会大发雷霆？

父亲那神色严峻的脸上，眉头渐渐地舒展开来，竟然出现了笑意。

父亲连连点头，他的声音有些哽咽了："写得好，写得好！孩子，咱们是窭人之子啊！"

第六章

巍巍南开

小添甲12岁了,父母决定让他到当时在全国十分有名的南开中学读书。就在这之前不久,1922年8月,黎元洪复任大总统,父亲万德尊也重被起用,授予了"潘威将军"的称号。父亲是个开明的人,在小添甲刚满10岁的时候,就送他到天津官银号汉英学馆学习英语。这是一所由北洋财阀在民国初年创办的新式学堂,课本用的是《泰西三十轶事》。从那时起,小添甲就开始接触外国文学作品,在进南开中学之前,他已经读了莎士比亚的《威尼斯商人》(当时译作《一磅肉》)、都德的《最后一课》、笛福的《鲁滨孙漂流记》等作品。也就是凭着这些,加上以前在家塾里学习打下的中国古典文化基础,小添甲顺利地考上了南开中学的插班生。他没有从初中一年级读起,而是直接上了初中二年级。

天津旧城西南角,有一条由北向南的街道。这是一条寂静的街道,经过一段旧木器、木料的铺面,从路西的电车公司向南,是一溜围墙,墙内就是著名的南开中学。这里,本来是一片盐碱洼地,连杂草都不生长,倒是蚊子和蠓虫滋生的王国。在天津的地方话里,是把洼地叫作"开洼"的，"南开"也和"西开"一样，是当地人对城南和城西一带无名洼地的习惯叫法。

谁能想到，就是在这样一片杂草都不长的盐碱洼地上，竟然会矗立起中国最早的现代教育大厦——南开学校！

这一切，都和一个名字——张伯苓，这个"康梁时代的人"联系在一起。

张伯苓，名寿春，清光绪二年三月十一日出生在天津一个秀才家庭。这一天，正是1876年的清明节。他自幼聪颖过人，虽然家道中落，但在同族长辈的帮助下，他刻苦求学，不满14岁就以优异的成绩考入北洋水师学堂。当时，在帝国主义列强的欺侮下，中国逐步沦为半殖民地半封建社会。眼看着祖国日益衰落，张伯苓决心习武救国。5年苦学，19岁的张伯苓以优等第一的成绩毕业。恰逢甲午中日战争，开战不久，中国的海陆军队惨遭重创。清政府急调通济舰等前去增援，刚刚毕业的张伯苓满怀义愤随舰参加了战役。当时，北洋水师拥有世界一流的铁甲巨舰"定远"号和"镇远"号战舰，这两艘军舰曾在甲午海战之前东渡日本进行访问，其吨位之巨大、装备之精良震惊了日本朝野。可是，张伯苓所在舰队的第一艘战舰刚刚出海，就被日舰击沉。张伯苓悲愤地随舰返回，他年轻而炽热的一片爱国之情受到了极大的打击。不久，《马关条约》签订，这是继中英《南京条约》之后，日本政府强迫清政府签订的又一个苛刻的不平等条约。就是在这个条约中，中国被迫割让台湾、澎湖列岛和辽东半岛；赔偿日本军费白银两亿两；开放沙市、重庆、苏州、杭州为通商口岸。而更让他倍感耻辱的是，这年5月，他奉命随通济舰去山东办理接收和转让威海卫手续。在威海卫湛蓝的晴空下，他亲眼看见，两天之中三易旗帜。第一天，日本的太阳旗降下来，大清政府的龙旗高高升起；仅仅一天之后，中国的龙旗就降下来，升起了英国的国旗。而几乎是与此同时，在海军衙门前，他看到了另一种情景：一个拖着长辫子的中国海军军官正懒懒散散地逗着一条小哈巴狗开心。这情景，令他触目惊心！是的，就在定远舰、镇远舰访问日本时，日本就有人断言，大清海军并没有太强的战斗力，因为北洋水师的兵勇竟将洗过的裤子晾在战舰的炮管上。当时，听到这样的言论，血气方刚的张伯苓认为这是对中国的诬蔑！可是，这一切竟不幸言中了！张伯苓痛切地认识到，祖国的贫弱，不仅在于国力，更在于人的精神、志气，"国家积弱至此，苟不自强，奚以图存。而自强之道，端在教育"。为此，他毅然脱离海军，解甲归里，决心"创办新教育"，"培育救国建国人才，以图自强，以雪国耻"。

当时，天津有一位严范孙（严修）先生，是清末翰林，他的道德学问都颇为时人景仰。戊戌政变前，他曾任贵州学政，政绩斐然，以奏请废科举、开经济特科而闻名。戊戌政变后，他辞官隐居，因仰慕张伯苓之名，特设塾馆，于1898年礼聘张伯苓，以新学教授严家子弟，即为严馆。张伯苓与严修先生，虽为宾主，但互相敬重对方的为人修养，在教育救国的见解上，更是志同道合。与此同时，天津另有一位邑绅王奎章先生也聘请张伯苓以新学教授王家子弟，即为王馆。张伯苓每天上午在严馆授课，下午去王馆授课。1903年，张伯苓和严修赴日考察教育，参观了日本的各类学校。日本明治维新后大兴教育的状况使他们深受启发。回国后，张伯苓立即着手将严馆与王馆合并，于1904年办起了"敬业中学堂"。1907年，在邑绅郎菊如先生捐助的"南开洼"十亩荒地上，建成了"南开中学堂"。在严馆授课时，张伯苓就打破封建教育窠臼，将英文、物理、数学、化学等现代自然科学引进私塾之中。此外，他还开了体操课，他用鸡毛掸子的杆作为跳高的跳杆，让严家子弟把辫子盘在头上，穿着靴子，掖起长袍的衣襟，在鸡毛掸子上练跳高，这在今天成为趣谈，而在当时却引起了不少的非议。到开办敬业中学堂时，张伯苓效仿日本，开设了博物、法制、历史、经济等科目，课本和学校的教学仪器均从日本引进。他还邀请好几位日本速成师范生来南开学校任教。为此，当时天津的封建保守势力讥讽和攻击张伯苓，说他不懂中国祖传的旧学，骂他不学无术，还造谣说他是光棍出身，对他进行人身攻击。但张伯苓倡导新学，毫不动摇。在学校的西墙外，有个蚊蝇滋生的臭水坑，学生们称之为"臭西湖"，西风一起，臭气熏人。张伯苓常常在学校礼堂做报告时大讲特讲："我们南开精神就是在这种怪味中熏出来的！"为张伯苓的执着所感动，社会上一些热心教育的人士纷纷解囊捐助。这样，校舍年年得以扩建，学生也年年增多。经过多年的坚持和努力，这里终于建成了一所屹立在东方的全世界知名的学校。抗日战争期间，就在战争爆发不久后的1937年7月28日午夜，日军以密集的炮火狂轰滥炸南开学校，张伯苓校长苦心经营40年的南开被夷为一片废墟，凶残的日本特务甚至还到校长家中抓人。面对日本侵略者的暴行，张伯苓校长坚毅刚强地说："我深信中华民族是不会灭亡的。南开学校是为复兴祖国而产生，必然遭到日寇所嫉恨，其被炸、被烧，固意料中事耳，只要中华民族存在，南开也必存在！我们继续努力吧！"

张伯苓是最早将西方进步的教育思想和管理体制全面引入中国的人，他为南开制定了十分严格的校规。学校提倡"节饮食、慎起居、勤劳动、均劳逸"，专门编制了《学生卫生习惯自省表》和《学生每日生活的正规》，不许蓬头垢面，不许体态放荡，不许言语粗野，不许奇装异服，不许随地吐痰。饮酒、吸烟、赌博、冶游、早婚、考试作弊更是严禁，一有发现，一定挂牌记过，严重者开除学籍。每到学年终了，总有一批学生因学业或品德问题被淘汰。为了加强对学生的品德教育，学校还专门开设了一门全校学生共同必修的"修身课",固定上课时间为每周三下午,在大礼堂上课,常常是张伯苓校长亲自主讲,每次讲一个题目,或做人之道,或国内外大事。学生们印象最深的,是常常看见张伯苓校长拿着一根麻秆或一把筷子上台,一边演讲一边演示,比喻个人和集体的关系。学校还常常请社会名流学者来校演讲,政治、外交、经济、艺术、工业建设以及青年责任等问题,以活泼生动的形式来开拓学生的思路,陶冶学生的情操。这些举措十分受学生欢迎。

南开的学风严谨而勤奋,张伯苓校长不惜重金聘请了在海内外有着丰富教学与实践经验的博学宿儒来校讲课。老舍、范文澜、罗常培、蒋廷黻、汤用彤、竺可桢、张彭春、梁宗岱、柳无忌等造诣极深的名家都曾在此任教。因此,这也养成学生们踏踏实实、刻苦钻研的好习惯。

南开素有"家庭学校"的美称,张伯苓校长自然是这个大家庭的家长。在南开学生未满千人以前,绝大多数学生他都能直呼其名。为了南开,张伯苓校长倾注了毕生的心血。最可贵的,是他的身先垂范。他常常说:"正人者,必先正己,要教育学生,必先教育自己。"在南开,流传着许多张伯苓校长的佳话。在一次修身课上,他看见一个学生的手指被烟熏得焦黄,便批评道:"看你,把手指熏得这么黄!吸烟对青年人的身体有害,你应该戒掉它!"学生回答:"那你不也抽烟吗?"张伯苓校长愣住了,他没有想到学生会这样回答。他马上叫来学校的工友，把自己所存的烟和烟具全部取来，当众销毁。工友觉得可惜，张伯苓校长说："不如此，不能表示我的决心，从今以后，我与诸同学共同戒烟。"从此，南开校园里再没有学生吸烟，张伯苓校长也从此不再吸烟。

张伯苓校长像对待自己的孩子一样关心、爱护着每一个学生。在一次修身课上，他亲切地对全校同学说："现在南开学生多了，不似当年在严馆时，只有十几个人，我可以分别请你们到我家去吃个便饭，谈谈家常。现在咱们有一千六百多人，你们要让我请你们吃一顿饭，会吃我个家产净绝。但是大家如果有家庭问题，愿找我谈心的，可以到办公室约定时间，我愿帮助你们青年人解决个人问题。"

张伯苓校长特别鼓励学生全面发展。他经常说，学生"不单要从书本上得到学问，并且还要有课外活动，从这里得来的知识，比书本上好得多"。为培养学生的组织能力和团结精神，学校成立了各种课外活动组织，有自治励学会、敬业乐群会、青年会、童子军、新剧团、国剧社、唱歌团、军乐队，以及各种体育组织、学术研究会、演讲比赛会和出版刊物等。学校不仅帮助安排活动场地，补助活动经费，还特别派出专人指导。

南开校园里总是生气勃勃的。放学之后，学生们可以根据自己的爱好和兴趣，参加各种各样的课外活动。学校刚刚开始组织演讲活动的时候,学生们不敢参加。有的同学说:"我一上台,就像一根毛似的。"张伯苓校长说:"那你就把这根毛抓在手里,不就行了嘛。"说得同学们哄堂大笑,紧张的气氛缓和了许多,演讲活动就这样慢慢地开展了起来。

在学校的饭厅里,有一天,张伯苓校长看见了一张"无线电研究会"的广告,他马上把发起人找到校长办公室,问他们为什么要玩这东西。听完之后,他对学生们说:"你们玩得好,学校先补助你们100块钱,好好地玩!"

南开的体育,无论是田径还是篮球、足球、棒球、排球、网球以及武术,都很发达。每到冬季,还要举行校际比赛。北京的清华、北大都要来天津比赛。这时,学生们比看精彩的戏还要起劲,双方的激烈竞技让观众们屏息以待。南开的运动员们穿着紫条白底的队服,啦啦队的叫喊声震天动地。

"吃——崩——叭!南开南开 Ra Ra Ra!——"整个操场都沸腾起来了。在历届华北和全国运动会上,南开都享有盛名。由于张伯苓的名望,每当这时,张伯苓校长就成了理所当然的总裁判。最让他高兴的是,篮球队里出了"五虎将":李国琛、刘建常、王锡良、唐宝堃和魏蓬云,他们曾经代表中国出席远东运动会。田径上有"大金刚"强颖初的5项,"二金刚"逯明的10项,在当时都是国内数一数二的。对此，张伯苓校长深感欣慰。他说："孩子们像一群野马，哪能关在笼子里？""有了好的身体，才能有坚强的意志，担起建设国家的重任；身体若不好，就失掉做事的本钱，什么也谈不到了。"

就是南开，培养出了一批世界知名的政治家、科学家、艺术家：周恩来、陈省身、吴大猷、江泽涵、吴大任、刘晋年、曹禺……

这一切，都是小添甲以后才知道的。60多年之后，在张伯苓校长诞辰110周年的时候，已经是76岁高龄、已经是中国话剧艺术大师的他写下了"高山景行，得天下英才而教育之"的颂词，表达了他对老校长无限感激和缅怀的深情。而现在，他还只是个稚嫩、天真的孩子。当他走进南开学校，他只知道，这是一所天津最好的学校；他只觉得，比起他以前读书的家塾和学堂，这校园要大了那么许多，同学也多了那么许多，那些不认识的老师似乎比原先教过他的那些先生多了几分威严。走进这里，小添甲的心里有几分胆怯，却又充满了好奇、兴奋……

学校的大门是一扇铁栅栏门，门的右侧是"号房"，由一位叫刘明的老人管着。老人以老家人管少主人的态度，认真、严格地管着学生，学生们对他都有三分害怕。离号房西南角三四丈远的地方有一口井，在井架的横楣上刻着第一班毕业生的名字：梅贻琦、张彭春、喻传鉴……这些"井上有名"的人，在社会上颇有影响，当然，也让新来的同学既自豪又敬仰。

一进大门,迎面是一座西式灰色的砖楼房,这就是被称为"东楼"的教学楼。这是南开中学最早的教学楼。

走进东楼,最引人注意的,是在过道左侧有一面长方形的一人多高的大穿衣镜。这面镜子,纤尘不染,人影毕现。镜子上端有一副横匾,上面刻写着"容止格言"。那是由南开学校的创始人之一严范孙老先生亲自题写的,字迹端正而有力:

> 面必净,发必理,衣必整,钮必结;
> 头容正,肩容平,胸容宽,背容直;
> 气象:勿傲,勿暴,勿怠;
> 颜色:宜和,宜静,宜庄。

学生们进校出校,都会不由自主地在镜子面前停下脚步,对着镜子摩挲摩挲头发,整理整理衣服。整饬仪容是南开的一种风气,南开的学生走在街上,人们一眼就看得出来。

走到这里,小添甲也会不由自主地收住原本蹦蹦跳跳的脚步,停下来,屏息静气,像其他同学那样,站在镜子前,检查一下自己的仪容,再看看那镜箴。这时,一种警醒、一种长大了的感觉会油然而生。是的,小添甲已经长大了,他已经不再用小添甲这个名字了。现在,他已经改用自己的学名万家宝了。虽然,他的个头依然不高,但是,你看他,挺直了身板,高高地昂起了脑袋。走在南开的校园里,小家宝的心里充满了自豪。

从东楼的过道向左,迎面是一道门,门外是一段下面有涵洞的短廊。走过短廊,就到了学校的礼堂。这礼堂,原来叫"慰亭堂"。"慰亭"是窃国大盗袁世凯的号。1904年,当时还是直隶总督的袁世凯,捐了一万块钱给南开中学。南开中学用这笔钱盖了这座礼堂,并在礼堂的门楣上,悬挂了一块刻着"慰亭堂"的牌匾,以示纪念。到1915年袁世凯称帝后,这块牌匾被义愤的南开师生撤了下来。

就是在这个礼堂,在隆重的新学年开学典礼上,12岁的小家宝第一次看到了校长张伯苓。正值壮年的张伯苓身着深色西装,系着领带,他的腰板直挺,面容清癯,在粗重的浓眉之下,一双眼睛炯炯有神,俨然是一位西方绅士。他的上唇蓄着短短的剪得整整齐齐的胡须,更为他增加了几分威严。

张伯苓校长开始演讲,他的讲话中有着浓重的天津口音,这让小家宝又感到了几分亲切。他的声音铿锵有力。照例,他要讲到南开的"镜箴":

这"容止格言",是本校的老校董严范孙老先生亲自题写的,是每一个南开学生都必须做到的。由此,南开学校才可开直隶教育风气之先……

张伯苓校长特别强调了南开的校训"允公允能,日新月异":

> 教育之目的,在于以教育使我们中国现代化,俾我中华民族能在世界上得到适当的地位……
>
> 教育一事,非独使学生读书习字而已,尤其在造就人格,德智体三育并进而不可偏废,也即重在品德与能力的培养。——"允公允能,日新月异"即培养学生爱国爱群之公德,与夫服务社会之能力……

仰望着讲坛上的校长,小家宝觉得他是那么高大,不由得肃然起敬。他在心里默念着对他来说十分陌生而又新鲜的"允公允能,日新月异"。小家宝只有12岁,校长的话他还不能完全明白,不过校长的演讲中有一句话,小家宝听了十分开心:"你们要认真读书,但不可读死书,只有会玩的人才能把书读好。西方不是有这样的格言吗?"还有那句话,说到社会上有人借学校后门西面的那个臭水坑,讥讽南开是"臭南开"时,张伯苓校长的声音干脆而又爽朗:"只要咱们德智体都好,可要真好,臭一点怕嘛!"

礼堂里响起了一片笑声和掌声。

亮开歌喉,小家宝和同学们一起放声高唱《南开校歌》。你听,歌声是多么动听,多么嘹亮:

渤海之滨，白河之津，巍巍我南开精神。

汲汲骎骎，月异日新，发煌我前途无垠。

美哉大仁，智勇真纯，以铸以陶，文质彬彬。

渤海之滨，白河之津，巍巍我南开精神。

乘着歌声的翅膀，小家宝觉得，天地是这样广阔，校园是这么美好。伴随着歌声，自己好像要飞起来。他要张开双臂，去拥抱那广阔的世界，迎接那未来的一切。

第七章
《玄背》试笔

小家宝开始了发愤学习。这个本来就爱读书、爱思索的孩子，现在处于这严格而紧张的环境之中，真是如鱼得水。不论是在课堂，还是在图书馆，甚至是在路上，人们看见他时，他都是手不释卷，埋头苦读。

南开的课程设置科学合理，尤其注重基础训练。结合教学，老师们经常开列课外阅读书目，还规定要写读书报告，并定期检查评分，还经常组织语文竞赛，使学生们有很多的练笔机会。小家宝特别喜欢语文和外语，这可能和他原来的基础有关系。进校以后，他发现，语文课中的很多课文都是他早已读过的，但更加系统。整个课程是按照文学史的顺序安排的，从《诗经》开始，接着是楚辞、汉赋、六朝骈文、唐诗、宋词、元杂剧、明传奇等依次按朝代排下来。并且，每学过一个单元，都要按照所学的范文反其文体写一篇文章。这样扎实系统而循序渐进的学习，使原本基础就相当好的小家宝的眼界大大开阔了，学习兴趣也更加浓厚了。

小家宝的学习作业常常得到老师的好评。他不是那种特别听话、读死书的孩子，而是那种认真而又有自己的见解、什么问题都要琢磨明白的孩子。老师很欣赏他的作文和读书报告，那里面不但文思敏捷、文采飞扬，而且极有见解和个性。

最让小家宝感兴趣的，是学校请来的那些社会各界专家学者所做的学术讲座。进校第二年的暑假补习班上，他见到了名噪一时的梁启超。梁启超，广东新会人，字卓如，号任公，别号沧江，又号饮冰室主人。这是一位在中国近代史上曾经叱咤风云的传奇人物——光绪二十一年（1895年）甲午战败后，清政府派李鸿章赴日本签订《马关条约》，激起全国人民的强烈反对。这年5月2日，他和康有为等发起了震惊朝野的"公车上书"——正在北京参加会试的举人1300多人联名上书光绪皇帝，痛陈割地弃民的严重后果。这次上书冲破了清政府"士人干政"的禁令，提出了资产阶级维新改良的政治纲领。虽被都察院拒绝，却在全国广为流传，成为中国资产阶级改良思潮发展为政治运动的起点。此后，他在上海主笔《时务报》，创办大同译书局，大力宣传变法维新思想。在《变法通议》《论中国积弱由于防弊》等重要论文中，他大声疾呼："上下千岁，无时不变，无事不变"，"变者，天下之公理也"，"变法之本在育人才，人才之兴在开学校，学校之立在变科举，而一切要其大成在变官制"，强调这是"立国之元气，致强之本原"。1898年戊戌变法失败后，他亡命海外。辛亥革命之后，他从日本回国，定居天津。也是他，倡导文体改良的"诗界革命"和"小说界革命"，开白话文风气之先。他学识渊博，笔锋犀利，文笔流利畅达，于学无所不窥，于论无所不及，著作内容宏富，政治、经济、哲学、历史、新闻、文化艺术、文字音韵、语言、小学、宗教等等，淹贯经史，参驳古今。他还译介了大量的西方资产阶级社会政治学说，晚年在清华大学研究院讲学。他的学术著作，汇集为《饮冰室文集》。

只有13岁的小家宝，对这些未必那么清楚，但是梁启超那光光的脑袋，他那长长的脸上的那炯炯有神的眼睛，那在浓重的广东话中夹带着京腔的口音，那演讲时口若悬河、激情喷涌、一泻千里的气势，还有那铿锵有力、抑扬顿挫的声调，都深深地吸引着小家宝，他听得很有兴味。梁启超讲的是《诗圣杜甫》。以前，小家宝也读过杜甫的诗，他喜欢杜甫的那首《房兵曹胡马》："胡马大宛名，锋棱瘦骨成。竹批双耳峻，风入四蹄轻。所向空无阔，真堪托死生。骁腾有如此，万里可横行。"这是怎样的豪情！他敬重杜甫，因为他看重诗赋"文章千古事"，因为他"群书万卷常暗诵"，因为他"为人性僻耽佳句，语不惊人死不休"！而现在，他对杜甫有了新的更深的体会。跟着梁启超，他走进了安史之乱，走近了杜甫。在那满目疮痍的战乱中，在那瑟瑟的秋风里，这位伟大的中国诗圣，饥寒交迫，颠沛流离，至死没能实现他"致君尧舜上，再使风俗淳"的大志。

图书馆是小家宝最爱去的地方。在南开学校的图书馆里，书库和阅览室不分，也就是现在的"开架"看书，学生可任意出入阅读。书不算多，却有一套大英百科全书。那时，是由学生自己购买文艺书刊的。图书馆里，高悬着两幅大照片，一张是美国教育家孟禄，标志着南开办学所遵循的道路；另一幅是林肯。这两幅照片充分表达出张伯苓校长对西方进步的资产阶级革命家的敬仰和要以西方先进的文明来改造中国旧教育的决心。他常常比喻说："就是要把美国炼成的仙丹吞在我们的肚子里！"

这些对小家宝都深有影响。在图书馆里，他如饥似渴地读着他所能找到的图书。他像是一个书虫子，没有他不看的书。他的眼界大大地开阔了，心胸也随之开阔了。

可是，就在小家宝进校刚一年，才开始初三学习的时候，他却病倒了。

小家宝染上了天花。开始只是发烧，家里人没有在意，以为是感冒，等到发现出现了疹子，这才着了急。这种病，在当时是相当严重的病，父亲为此提心吊胆，生怕有什么意外。好在家里条件好，护理调养得也好，不久，他就好了。但在这一段时期，全家人都为此忙得团团转。父母特意把小家宝从原先住的一楼搬到了二楼的小客厅。比起小家宝自己的房间，小客厅临街，有扇大窗户，显得特别宽敞明亮，通风条件比较好。更重要的是，父母的卧室就在小客厅的对面，女仆就住在小客厅的旁边。这样，有什么事他们随时进出就方便多了。

毕竟是大病一场,小家宝虽然痊愈了,但身体却很虚弱。父母对此很担心,决定让他休学,等到暑假之后再重新读初三年级。

休学在家,小家宝哪里会老老实实地躺在床上,他找来了一大堆书,成天看个没完。

不过,现在小家宝读书的范围可大大地扩展了。这时,正是五四运动之后,各种新文学刊物不断涌现出来。父亲订阅了不少,像《东方杂志》《语丝》,还有专门给小家宝订阅的《少年》杂志。此外,还有茅盾主办的《小说月报》,郭沫若主办的《创造季刊》,由郑振铎创办的中国第一份《儿童世界》,小家宝都是热心的读者。有些杂志家里虽然没订,但只要一到出刊的时候,小家宝准会想办法托人买来,好在父亲很开明,有时还会主动地给小家宝买回来。

正是在这一时期,小家宝第一次读到了鲁迅的作品。

养病期间,小家宝随父亲到北京居住了一段时间,正赶上鲁迅的《呐喊》问世,小家宝赶紧托一位北京大学的学生给买了一本。书很贵,是北京大学新潮社出版的。红色的封面,质地柔软,中间印着"呐喊"两个黑字,是鲁迅先生自己喜欢的那种毛边装订,读的时候需要读者自己将书页裁开。装帧、印刷都十分考究。《狂人日记》《祝福》《故乡》《孔乙己》《药》《阿Q正传》……小家宝读了一篇又一篇，他并不能都读得懂，《狂人日记》就不是很明白；《药》里面的人血馒头也搞不懂是怎么回事；《阿Q正传》觉得很好玩，里面好像有什么捉摸不透的东西。《呐喊》里面，小家宝最喜欢的是《社戏》，小家宝真想也随着去那月夜的水乡；而读到《祝福》，尤其是看到祥林嫂砍门槛的那一段，看到祥林嫂逢人就说阿毛的时候，不知不觉地，小家宝流下了眼泪，他想起了段妈，想起了段妈的那个可怜的孩子，想起了段妈那粗糙温暖的大手……

也是在这期间，小家宝读到了郭沫若的《女神》。这是被列为"创造社丛书"的第一种。创造社是于1921年成立的中国新文学社团，这个社团的成立及第二年《创造季刊》的出版，是中国新文学史上一个极其重要的事件。

读着读着，家宝的心仿佛也随着那激扬的文字跳荡了起来。

《女神》哟！
你去，去寻那与我的振动数相同的人；
你去，去寻那与我的燃烧点相等的人。
你去，去在我可爱的青年的兄弟姊妹胸中，
把他们的心弦拨动，
把他们的智光点燃吧！
……

请看《太阳礼赞》：

　　太阳哟！你请把我全部的生命照成道鲜红的血流！
　　太阳哟！你请把我全部的诗歌照成些金色的浮沤！
　　……

请听，《晨安》中对祖国的深情的期盼：

　　晨安！我年青的祖国呀！
　　晨安！我新生的同胞呀！
　　晨安！我浩浩荡荡的南方的扬子江呀！
　　晨安！我冻结着的北方的黄河呀！
　　黄河呀！我望你胸中的冰块早早融化呀！
　　晨安！万里长城呀！

请听《凰》的歌声：

　　足足！足足！足足！
　　足足！足足！足足！
　　五百年来的眼泪倾泻如瀑，
　　五百年来的眼泪淋漓如烛。

流不尽的眼泪,

洗不净的污浊,

浇不息的情炎,

荡不去的羞辱,

我们这缥缈的浮生,

到底要向哪儿安宿?

请听《凤歌》的诅咒:

茫茫的宇宙,冷酷如铁!

茫茫的宇宙,黑暗如漆!

茫茫的宇宙,腥秽如血!

……

宇宙呀,宇宙,

我要努力地把你诅咒:

你脓血污秽着的屠场呀!

你悲哀充塞着的囚牢呀!

你群鬼叫号着的坟墓呀!

你群魔跳梁着的地狱呀!

你看,咆哮着的《天狗》来了:

我是一条天狗呀!

我把月来吞了,
我把日来吞了,
我把一切星球来吞了,
我把全宇宙来吞了。
我便是我了!

我是月底光,
我是日底光,
我是一切星球底光,
我是 X 光线底光,
我是全宇宙底 Energy 底总量!
……

这是何等恢宏的气魄,何等勇猛的反叛!小家宝被作者那热情奔放、昂首天外的气魄深深地吸引着,震撼着!犹如空谷足音,他被那狂飙突进的精神和那火山爆发似的强烈的情感所慑服、所融化了。他觉得自己的心胸也开阔起来了,在他那小小的胸膛里,充满了热情和希望。凤凰在死之中得到新生,而新生的凤凰又是那么美妙,光芒四射,这是我们新的中国吗?中国是要新生的!小家宝觉得,郭沫若挥动的是一支如椽巨笔,刺破了当时笼罩在人们心头的浓浓的黑暗。凤凰涅槃!如同在迷梦中被唤醒一般,小家宝是那么强烈地感觉到,活着就要进步,要更新，要奋力，要打破这四周的黑暗！新中国将要在旧中国自焚的烈火中诞生！小家宝感到幸运，感到惊喜，中国竟有这样伟大的诗人！不知为什么，小家宝想到了旧时的传说，说是天上有主持文运的星宿文曲星。小家宝想，郭沫若就是茫茫天宇间那颗光辉灿烂的文曲星。

不久，丛书的第三种，郁达夫的短篇小说集《沉沦》问世了。如同鲁迅先生的《狂人日记》是中国新文学史上第一篇用白话写成的小说一样，这是中国新文学史上出版的第一部白话创作的小说集。它的出版在当时曾经引起社会上的强烈反响。郁达夫是一个充满热情、极具浪漫抒情色彩的中国著名作家，是在创造社中与郭沫若齐名的新文学运动的闯将。在他的作品中，用当时一般人的说法，有着一种被称为颓废的或所谓的世纪末的伤感的东西，但这恰是作者抒发的对现实的强烈不满和反抗。郭沫若在《论郁达夫》里这样论述："他那大胆的自我暴露，对于深藏在千年万年的背甲里面的士大夫的虚伪，完全是一种暴风雨式的闪击，把一些假道学、假才子们震惊得至于狂怒了。为什么？就因为有这样露骨的直率，使他们感受着作假的困难。"而"那清新的笔调，在中国的枯槁的社会里面，好像吹来了一股春风，立刻吹醒了当时无数青年的心"。小家宝也被郁达夫深深地吸引了，读着他的《沉沦》，他久久地不能忘记那位主人公在日本留学时所受到的民族歧视和社会冷遇，忘不了他作为弱国子民所感受到的屈辱和自卑，更忘不了他愤而蹈海之前遥望彼岸的祖国痛切的呼唤：

> 祖国呀祖国！我的死是你害我的！
> 你快富起来，强起来吧！
> 你还有许多儿女在那里受苦呢！

这段时间，小家宝读了许多书。"德先生（民主）、赛先生（科学）"让他非常崇拜！他是那样入迷，那样沉醉，那样投入，甚至再读《官场现形记》《二十年目睹之怪现状》一类的清末谴责小说，也都能让他的热血沸腾起来，立志要和旧势力拼杀一下。

很快，一年的时间过去了。小家宝又回到了学校，开始了初三年级的学习。原先同班的同学都升了高中，小家宝又结识了新同学。在新同学中，他和憨厚的章方叙结成了好伙伴。章方叙也十分喜好文学，他就是后来著名的作家、编辑家、评论家，复旦大学的著名教授靳以。

回到学校不久，小家宝就加入了南开中学的文学会，还担任了这个文学团体所设立的图书馆的管理员。他很热衷于这一工作，因为他很愿意为同学们服务，还因为这样可以更多、更方便、更早地读到新文学作品。而且，这个文学会还曾经创办出版过同学们自己的刊物——《文学》半月刊，后来改为《文学旬刊》。这些，对小家宝都很有诱惑力。

不知不觉中，小家宝已经不满足于仅仅是读书了；不知不觉中，小家宝的心里常常翻涌着说不清的欲望和情感。他和几个要好的爱好文学的同学一有时间就凑在一起，谈论着，交流着，他们的话题是那么广泛，目之所及的所有一切，都是他们的谈论对象；无论谈什么，都会回到自己的读书体会，回到当前的新文学作品。指点江山，激扬文字！常常，这些精力充沛的、自以为已经长大成人的而其实不过只有十五六岁的年青学子们会为了对某一作品的评价，其中某一细节、情节的设置，或争得面红耳赤，或拍案叫绝、赞不绝口。不知从什么时候起，他们开始谈论起，是不是应该有一个自己的刊物，来抒发涌动在他们胸中的强烈的情感和愿望？

1926年，16岁的小家宝开始了高中一年级的学习。也是在这一年，他和伙伴们终于办起了一个文学副刊——《玄背》。

说来也巧。当时，天津《庸报》当时正想开辟一个文学副刊，以活跃天津文坛。《庸报》有位编辑和他们中的王希仁同学很熟，得知在南开中学有这么一群文学青年，十分高兴，提出可以为他们设立一个园地。消息传来，这些大孩子们可兴奋了，他们聚在一起，七嘴八舌地商议着有关创刊的事情。该起个什么名字呢？不知是谁提议，说是查字典，以最先翻到的两个字为名。于是，厚厚的字典取来了。也不知是谁在翻,小伙伴们的脑袋都挤在了一起。翻开来了,第一个字是"玄",好,就取其"玄而又玄"之意;再翻,是一个"背"字,不是有成语"背道而驰"吗?就取它的"反其道而行之"的意思。就这样,年轻、充满了活力的《玄背》创刊了。

小家宝和同学们紧张地忙碌着,选题、审稿、发刊,每周一期。看到自己辛勤的劳动变成了散发着油墨清香的整齐的铅字,小家宝和伙伴们的心里别提有多么高兴。小家宝感到自己长大了,成熟了。一种成长中的喜悦和充实感充溢在他的心头。

是的,小家宝长大了。

在1926年9月出版的《玄背》第6期至第10期,连载了一篇名为《今宵酒醒何处》的小说,作者曹禺。只有他的这些小伙伴们知道,这是家宝的创作,曹禺是他的笔名。而这笔名,是由他把自己的姓拆开来而形成的。繁体的万,是在草字头下加一个"禺"字。家宝就把它们分开,做了自己的笔名。

《今宵酒醒何处》讲述了夏震与梅漩之间哀婉的爱情故事。早年丧父、家道中落、远离慈母在北方教书的夏震和富商的女儿梅漩真诚相爱,但是梅漩的叔父是个极其势利的小人,他强迫梅漩嫁给一个叫野村三郎的日本贵族,甚至不顾这人是一个有妇之夫。梅漩不得已假意与爱人分手。夏震误以为梅漩变心,在失恋的折磨下,本已患病的夏震"身心日益萧索,长日昏噩噩地饮酒凄闷",甚至到妓院里厮混。梅漪巧与叔父周旋,终于在好友的帮助下,重与夏震相会。夏震难以抑制自己的伤感凄楚之情,他的眼泪黯然坠落,北宋词人柳永的词句涌上心头:"多情自古伤离别,更那堪,冷落清秋节。今宵酒醒何处……"

这是我们现在所能看到的曹禺的第一部小说,也是他唯一的一部小说。只有16岁的家宝以极其细腻的笔触描写着少男少女的纯真恋情,满怀义愤地抨击着封建恶势力对年青一代的摧残。虽然是处女作,但是已经表现出他善于刻画人物心理、长于抒情的创作特色。并且,明显地可以感受到在风格和情调上他所受到的郁达夫《沉沦》的影响,感伤而浪漫。

看到自己的作品被印成铅字在报纸上刊登出来,家宝十分兴奋。他的脸热辣辣的,心里像有头小鹿在奔跃。他把报纸看了又看,还有些不敢相信,又到外面跑了一圈,再回来,重新把报纸拿起来再看一遍,这才放心。他快活得真想大叫起来。

伙伴们都纷纷向家宝祝贺。父亲和母亲更是高兴,他们整天把报纸拿在手里看来看去。尤其是母亲,还为里面的男女主人公的不幸落下了眼泪。对于父亲,他似乎更看重家宝在报刊上发表文章这件事情本身。他从心底里感到高兴,甚至感到了自豪。或许是他这位武官在儿子家宝的身上,看到了自己未能实现的文学梦。

第八章
青春放歌

家宝还来不及想到自己的未来。正值青春年少，正在经历着人生中最浪漫抒情的年华，在这个时候，就是不会鸣叫的哑鸟，尚且想要放开喉咙来歌唱，何况是感情细腻敏感的家宝。更何况，他身处在那样一个军阀混战的黑暗年代，他的所见所闻、所思所想，都郁积在心头，倾泻在笔端……

不久，在《玄背》第13期上，家宝又以曹禺的笔名发表了《短诗二首》：

林　中

晚风吹雨，点点滴滴，

正晴时，闻归雁嘹唳。

眼前黄叶复自落，

遥望，

不堪攀折，

烟柳一痕低。

"菊""酒""西风"

黄黄白白与红红,
摘取花枝共一丛。
酌酒半杯残照里,
打头帘外舞西风!

读着这样的小诗,人们可以感受到家宝的古典诗词修养,感受到他对意境、诗情的追求,感受到他的心灵中的那种深深的惆怅、忧伤和迷茫。这种惆怅、忧伤和迷茫,在他心里似乎越积越浓……他又写下了一首《四月梢,我送别一个美丽的行人》:

古城啊,古城,
这般蕴藏着怅惘,
这般郁结着伤心。
今夜凄淋的雨打着
摇曳的灯。
水泻的泥路上彳亍着一个
冷漠的行人。
我仍冒着冷雨
送你归去,
你明晨便将无踪无影。

古城啊,古城,
苍苔盖满了颓墙,
土径铺润着青茵。
今夜呜呜的湿风吹着渐沥的雨,
送你飞越溪畔,
又穿过荒林。
你便这般悄悄地离开这里,
明朝只有睡柳号着凄音。

古城啊,古城,
日后墙外不飞袅袅的柳絮,
日后楼头不见纸鸢轻影。
这夜半,
枝头的湿花滴沥着,
凄伤的泪,
便飘飘地沾埋污泥,
又投入流水伴你长征。
明晨曦光斜照一堆,
残颓的花,
你已无踪无影。

几乎是在同时,家宝还写下了一首更为感伤和悲凉的长诗《不久长》：

不久长，不久长，
乌黑的深夜隐伏，
黑矮的精灵儿恍恍，
你忽而追逐在我身后，
忽而啾啾在我身旁
啊，爹爹，不久我将冷硬硬地
睡在衰草里哟，
我的灵儿永在
深林间和你歌唱！

不久长，不久长，
莫再弹我幽咽的琴弦，
莫再空掷我将尽的晨光。
从此我将踏着黄湿的
草径蹩躞，
我要寻一室深壑暗洞
作我的墓房。
啊！我的心房是这样抽痛哟，
我的来日不久长！

不久长，不久长，

无星的夜里,这个精灵悄悄地
吹口冷气到我的耳旁:
"嘘……嘘……嘘……
来,你来,
喝,喝……这儿乐。
——喝,喝,你们常是不定、烦忙。"
啊,此刻我的脑是这样沉重哟,
我的来日不久长!

不久长,不久长,
袅袅地,他吹我到沉死的夜邦,
我望安静的灵魂们在
水晶路上走,
我见他们眼神映现出
和蔼的灵光;
我望静默的月儿吻着
不言的鬼,
清澄的光射在
惨白的面庞。
啊,是这样的境界才使我神往哟,
我的来日不久长!

不久长,不久长,

乌黑的深夜隐伏,

黑矮的精灵儿恍恍,

你忽而追逐在我身后。

忽而啾啾在我身旁。

啊,爹爹,不久我将冷硬硬地

睡在衰草里哟,

我的灵儿永在

深林间和你歌唱!

青春就是一首诗。满怀洋溢的诗情,家宝又写下《南风曲》。在这首将近150句的白话长诗中,情感依然是那样细腻,意境依然是那样深幽,文字也愈加清丽、洗练,还更多了一种飘逸的想象力。在他的笔下,清晨的原野是那样宁静、迷人,牧童的清梦是这般美好,农家女儿又是那样健壮、柔媚,这般美貌。一切宛如一首田园牧歌:

朝阳溶化了湿雾弥漫,

远山映出紫绿参半。

滟滟的流波灌溉原野田禾,

温旭的日光笼射屋顶林巅。

……

南风起了,

南风吹!

南风摇动静息的密叶，
草上的闪光波澜迂回。
顽嬉的柳絮打着草儿狂奔，
草梢的银浪却追着团絮飓飞。

……

南风吹！
南风吹！
吹得睡灵儿出了躯窍，
吹得睡灵儿飘飘摇摇。

……

飘入阴影，
飞入阳光，
荡进一片池水灏灏。
石阶上
跪着娴静的女儿在洗捣。
柳条轻拂她纷披的长发，
圆白的手腕在拧绞。
青茵映衬雪白的裸足，
唇边漫歌抑扬的村调。

……

牧童的心灵不由自主地飘渺。

……

他一步一步移近洗衣的石,

惧、喜、狂、羞,噤住他的口舌悄悄。

微弯的躯干倒映入池塘,
圆壮的肩胸留画水上。
波头映着一副清晰的轮廓,
波面上却找不出眼鼻的模样。
啊,微漪中模糊地,闪动着一对笑涡,
一对笑涡,是这般圆活,——
啊,圆活。
真像亮滑的水泡,
恍惚在秋雨滂沱。
简柔的歌声乘风飘荡。
她低哼着迷人的村歌。
圆白的水臂重重的搓捣,
洗水滴入池塘变成纤巧的水涡。
……

然而,这当当之声却是半山禅寺的钟响!"愁闷锁着深黑的粗眉",牧童"无端地呆立痴想"。而在牧童的痴迷、癫狂、呼吼之中,不是依稀可以感受到家宝心灵深处的那"幻梦还是虚茫"的心绪吗?尽管此时的家宝是把诗当作"一种超脱的、不食人间烟火的艺术"来看待的,然而，在那飘逸而又凄婉的诗情中，却又使人感到如郁达夫作品中的那样一种感伤浪漫和对现实的郁闷、苦恼……

是的，在家宝的身上也有着一种感伤、浪漫而忧郁的气质。他是那么喜欢郁达夫，那么地迷恋郁达夫的作品，甚至可以说是崇拜郁达夫。几乎所有的郁达夫的作品，家宝都一一读过，甚至是许多遍。他的那篇《今宵酒醒何处》，就是在郁达夫的作品的影响之下，在一次外出乘船的时候，见到了一位女护士，人长得很漂亮，家宝有所触动而创作的。家宝的诗作，无论文笔、意境、情调，都可以见到其中的相似。但家宝对郁达夫的迷恋崇拜，又不仅仅是因为他们在气质上相似，更因为他们都有着这个时代的苦闷。家宝感觉，他总是东撞西撞地，想寻求人生的价值和意义；而郁达夫正如他在自己的《沉沦·自序》中说的，《沉沦》"描写着一个病的青年的心理，也可以说是青年忧郁病的解剖，里面也带叙着现代人的苦闷"。正是这样一种时代的苦闷，让家宝在郁达夫的作品里找到了自己的知音，找到了共鸣。

不仅是家宝，《玄背》的同人们都崇拜郁达夫。在当时，郁达夫的名字是一切年轻人最熟悉的名字。人人都觉得郁达夫是个可怜的人，是个朋友，因为人人皆可从他的作品中找到自己的模样。《玄背》的同人们正是血气方刚"不受天命"之时，面对旧时代的恶势力，他们既然不能"发一道命令去禁止它们的侵袭，又不能像屠夫刀下的羔羊似的战栗着讲'服从'的大道理，只得几个人结合起来，硬着头皮去碰恶势力的铁钉子，碰死了也是一个勇敢的死鬼，碰不死就拼上了这条不值钱的命还是跟他碰，早晚总有一个胜负的日子"。现在，这群勇敢的年轻人，终于办起了自己的刊物，开始向旧势力发起攻击。《玄背》创刊不久，他们抑制不住自己的兴奋和对郁达夫的崇敬，把《玄背》寄给郁达夫，并写信给郁达夫，期盼着他的回音，期盼着他的指点。

没想到，郁达夫这位全国知名的新文学运动的大作家，真给他们回了信。家宝和伙伴们读着郁达夫的来信，激动得不知怎么好。他们又聚在一起，脑袋紧紧地凑在一起，一个字一个字地读着郁达夫的来信。

玄背社诸君：

记得今年的四五月里，你们忽而寄来了几张刊物，题名《玄背》。我当时读了，就感到一种清新的感觉。以实例来说，就譬如当首夏困人的午后，想睡又睡不得，想不睡又支不住的时候，忽而吃一个未熟的青梅样子。这时候我的身体不好，虽则说是在广州广东大学教书，然而实际上一礼拜只上三点钟堂，其余的工夫，都消磨在床上横躺着养病。因此，从前接手做的事情，都交出去托别人办了。第一，那个《创造月刊》，在那时交给了仿吾。

一两个月之后,接到北京的信,说我的龙儿病了。匆匆赶到北京,他的小生命,早已成了泥土。暑假三个月,伏处北京,只和我的女人,在悲哀里度日,旁的事情,一点也没有干。

这一回重到广州,是在阳历的10月底边,未到之前,先有一大堆书件报纸,在广大教员宿舍里候我了。打开来看时,中间也有你们的《玄背》(系和《庸报》一道寄给我的),接着又见了你们的信。

读了你们的信,才想起当时想和你们交换广告的事情来。这事情实在是我的疏忽。当时交原稿(《创造》第3期)给仿吾时,没有提出来说个明白,所以变成了欺骗你们的样子。现在《创造月刊》,又归我编了。在第6期的后面,当然可以把《玄背》介绍给大家。虽然介绍的方式,还不能预先告诉你们。但是在过去三四个月里,却使你们太失望了,这一点是我的疏漏,请你们恕我。

现在上海、北京有许多同《玄背》一样的小刊物出世,它们的同人,都是新进的很有勇气的作者。可是有一点,却是容易使人家感到不快的,就是这一种刊物的通病,和狂犬似的没有理由的乱骂。骂人,本来不是容易的事情,尤其是在现在的中国……

我们的朋友成仿吾也喜欢骂人,可是他骂的时候,态度却很是光明磊落,而对于所骂的事实,言语也有分寸。第一,他骂的时候,动机是在望被骂者的改善,并非是在尖酸刻薄的挖苦,或故意在破坏这被骂者的名誉。第二,他骂的,都是关于艺术或思想的根本大问题,决不是在报睚眦之仇,或寻一时之快。

你们的小刊物上,也有几处骂人的地方,我觉得态度却和仿吾的骂人一样,是光明磊落,不失分寸的。这一点就是在头上说过的,《玄背》使我感到清新的一个最大原因。以后我还希望你们能够持续这一种正大的态度,……或与己辈虽有歧异而志趣相同的同志,断不可痛诋恶骂,致染中国"文人相轻"的恶习。现在交通不便,政局混沌,这一封信,不知道要什么时候能够寄到天津,并且此信到日,更不知你们的《玄背》,是否在依旧出版。总之我希望你们同志诸君,此后也能够不屈不挠地奋斗,能够继续作一步打倒恶势力,阻止开倒车的功夫。

达夫寄自广州
1926 年 11 月 15 日夜

捧着这封寄自南国的热情的来信,读着里面中肯、坦诚的言语,家宝和伙伴们仿佛忘记了海河畔初冬的阴冷,忘记了时下军阀混战中的黑暗。他们的心热乎乎的,久久地沉浸在深深的感动中……

家宝他们不知道,这段时间是郁达夫最痛苦的一段时期,如他在来信中所说,他的大儿子龙儿患脑膜炎死了。直到第二年秋天,郁达夫仍然不能摆脱丧子的悲痛。就是在这样的痛苦中,郁达夫还给《玄背》社这群年轻人写了这样热情的回信。

是的,郁达夫永远是热情、豪爽、疾恶如仇的,对青年人总是真诚无私的,文坛上有着他的许多佳话。就在这两年以前,郁达夫正在北京大学任教。一天,他收到了一位陌生青年的来信求助。信中,青年说他穷愁潦倒,走投无路。他从湖南到北京报考大学,但考期已过,原来资助他的人已不能再继续接济他,他投稿卖文也没有刊物肯选用,滞留在湖南会馆。

1924年11月12日的上午,冒着大风雪,刚刚收到来信的郁达夫来看望这位素不相识的青年朋友。

在一间十分潮湿且长年有霉味的小屋子里,严寒的冬天下着大雪,没有火炉,18岁的这位陌生青年连棉衣都没有,身上只有两件夹衣,只能用旧棉絮裹住双腿御寒。他的身体冻得发抖,双手发肿,流着鼻血,却还在写他的小说。

此情此景,郁达夫"觉得什么话也说不出来",他摘下了自己脖子上的浅灰色的羊毛围巾,披在年轻人的身上。"你原来这么小……我是郁达夫……我看过你的文章,好好地写下去……"每月只有30多元薪金、自己身上也没有棉裤的郁达夫请他出去吃午饭,那饭菜中有葱炒羊肉。

因为还要回北大教课,郁达夫未能多谈,匆匆离去了。留下了他的围巾和3元2角几分钱。伏在桌子上,这位青年哭了起来。

这位青年就是后来的著名文学家沈从文。

就在这天晚上,直到凌晨2点,郁达夫奋笔写下了《给一个文学青年的公开状》。他抑制不住对这位流浪青年的深深同情,激愤地指出,在这样黑暗的社会现实里,青年人想通过求学找出路只是一种迷梦。"像你这样一个白脸长身,一无依靠的文学青年,即使将面包和泪吃,勤勤恳恳地在大学窗下住它五六年,难道你拿文凭的那一天,天上就忽然而会下起珍珠白米的雨来的么?"郁达夫最后告诉青年,在无路可走时可以去偷,因为富人的"那些堆积在那里的财富,不过是方法手段不同罢了,实际上也是和你一样的偷来抢来的"。郁达夫的这篇文章,激起了当时人们的强烈共鸣。一位叫彭基相的青年学生读了之后,在《晨报》副刊上撰文说:

> 我读了郁先生这一段顺笔写来的公开状,叫我要发狂了……
>
> 啊!面包问题!啊!面包问题!最后我还相信只有多数无面包吃的人,来联合起来,解决这个面包问题。为做贼不幸而枭首究竟是可耻的,我们在未饿死

以前，最好是先打死一个抢面包的恶贼！……

这就是曾经轰动一时的《给一个文学青年的公开状》。而现在，郁达夫也给他们来信了。

读着郁达夫的来信，家宝没有想到，在以后的岁月里，他虽然从未和郁达夫见过面，但郁达夫却一直在关注期望着这位文学新人。20世纪40年代初是抗日战争最艰苦的岁月，也是郁达夫生命的最后时期。他流亡在南洋，还专程去吉隆坡为武汉合唱团演出曹禺的《原野》一剧揭幕，并写下了热情的评论："曹禺的剧作，从《雷雨》到《日出》，从《日出》到《原野》，显然地划出了三个阶段，呈现了三个进步的阶段。"他将《原野》视为一出"带有象征意义的问题剧"，"只有象征具体化出来以后，明确提出一个问题，指示我们一条道路，一定要有这样的剧本，才有深刻的印象，使永铭在读者和观众的心头。照此说法来看，则《原野》就有它特有的价值了，其价值自然远在《雷雨》《日出》两剧之上"。

当然，这是后话。现在，家宝在郁达夫的来信中得到了极大的鼓励。他的笔写得更勤了，他的思考显然是更深了。不久，在他担任编辑的《南开周刊》杂俎专栏上，他以小石和万家宝的名字发表了《杂感》《偶像孔子》《听着，中国人！》等文章。《杂感》是由三篇杂文组成的，在前面还有一段序言。这个充满热情的青年，抑制不住他对

黑暗社会的愤懑,在这里写道:

……将那闪电似的、奔流似的、憧憬的情趣,以及向各种现象而产生的心境,它只有天才能为之解释。同时一般庸流复可感触得到的,蓦地把它提到字块里,无目的地把它写出,无意义地映在痴人的脑海里,这或是"杂感"的真义吧?

"这个人癫头癫脑,一肚子鬼话。"我们尝对人这样批评。由这句话,总可逆料此人不会说"人话"的,甚至所谓"人话"反根本不晓,因为人非鬼,为人而云鬼语,则怪异可知。实在癫气十足的癫子,鬼话不能讲,人话反而不少。果尽量感受其味格,他的话头里当发现孕含着不灭的创造性;他的思想常变化流动,永进不息,显现他在彻底地思索面前的事物,不为一切庸俗的利望所扰而变动他的观念。他的生活欲求极端兴旺,他的感想无处不可施展,他所见的是正确社会的面影,因而他的"鬼话"便长泻不息。由这出发点讲出的"鬼话"便是杂感的完成。

转到自己,假若生命力犹存在躯壳里,动脉还不止地跳跃着的时候,种种社会的漏洞,我们将不平平庸庸地让它过去。我们将避去凝固和停滞,放弃妥协和降伏,且在疲弊困惫中要为社会夺得自由和解放吧。怀着这样同一的思路:……文学的天才绚烂地造出他们的武具,以诗、剧、小说向一切因袭的心营攻击。他们组成突进不止的冲突与反抗,形成日后一切的辉煌。然而种种最初的动机,不过是那服从于权威,束缚于因袭畸形社会的压制下而生的苦闷懊恼中,显意识地或潜意识地,影响了自己的心地的发生杂乱无章的感想。那种纷复的情趣同境地是我们生活的阴荫,它复为一切动机的原动力,形成大的小的一些事业。

不过在我们这"礼仪之邦",这种文字却常与狗吠一般无价值。因为它藏着破坏、爆发、攻击,同一切跳出所谓"圈子外"的危险性。我华夏民族酷嗜和平,淡泊潇洒;一日和尚一日钟。过足烟瘾,横在热炕上晕谈一阵。哼,我们"孝悌忠信,礼义廉耻",这是"古有明训"。有长远历史的国度的百姓,岂能随随便便干这些没头没尾的把戏!

记得某校刊登什么劳什子的杂感,一句不重要的话冒犯校中的某当局,于是即时一道命令,斥以"侮辱师长",训令那位编辑先生"下野""回里"(这是两件事:一面革职,一面挂牌)。同时一位职员建议停止校刊,当时即将编辑部解散。有人说教育家(?)对于激烈的分子只有这种办法。这个?也许吧!

不过在这刊物,请放心。同学们尽可发挥个人的意见,不顾忌地陈说自己对于环境的不满(当然,向猥亵的社会攻击更是我们青年的精神）。只要自己能踢开利害的计算，不伪不饰地吐露内心的不快，冷静的态度可，幽默的亦可，我料南开当局绝对予以赞助的。因为假使所感诚为我们这个圈内的错误，一手掩不住天下的人，这无须隐瞒。教育不是妓女，比应修饰外面为游客看的；假若原来的思索在未写以前已是错误，那么，诚恳的教育家应以怜悯的态度谅解这种学生，并且希望他在刊物上发表，对症下药，顺便给外面以公开的商榷、讨论和指点。

和以前的作品相比，家宝显然已有了许多的变化，他的笔下不再仅仅是感伤凄婉。这些激扬的文字，既表现出他对杂文这种文体的认识和把握，也显示出他对社会现实和事物的独特思索，更表现出他所具有的一种"不为一切庸俗的利望所扰而变动"的可贵的独立精神，一种强烈的社会使命感。和这些同时出现的则是在《Gentlemen 的态度》《文凭同教育救国》和《Supply and demand》（供给和需要）这三篇文章中，家宝所采用的辛辣俏皮的笔调，它让人们看到了这位年轻学子的文学功力和潜能。面对光怪陆离、令人诅咒的社会现实，血气方刚的家宝，不能不有所感、有所悟。于是，这些感悟汇聚在笔端，"嬉笑怒骂皆成文章"！

第九章

新剧团里

南开中学还有一个传统,那就是演剧的传统。在南开,有一个在中国话剧史上十分有名的新剧团,而她的创立,也要归功于南开的创始人张伯苓和严范孙。

人们往往把中国话剧的起始时间,定为由李叔同和曾孝谷创立的春柳社在日本东京演出《黑奴吁天录》的1907年。就在此后仅两年,要是按当时的年号来说,还是清王朝的宣统元年,也就是公元1909年,张伯苓和严范孙就开始在南开积极倡导新剧,"在借演剧以练习演说,改良社会,及后方作纯艺术之研究"。张伯苓还指出:"世界者,舞台之大者也。其间之君子、小人,与夫庸愚、英杰,即其剧中之角色也。预为其优者,良者,须有预备。学校者,其预备场也。"张伯苓不仅倡导,还亲身参与,这一年南开演出的《学非所用》,就是他自编、自导、自演的。此后,每年逢到校庆和欢送学生毕业时,南开都要演戏庆祝。1910年,南开演出了《箴膏起废》;1911年,演出的是《影》;1912年,演出了《华娥传》;1913年,演出的则是《新少年》。1914年,在南开中学创立10周年的时候,演出的《恩怨缘》得到社会上极好的反响,南开新剧团也随之正式成立。中华人民共和国第一任总理周恩来就曾经是南开中学新剧团的布景部长。在第二年演出的《一元钱》中，周恩来饰演主角，他细腻的表演使南开新剧团名声大振。

南开演出的这些话剧剧目，虽都处在中国话剧的早期形态中，但比之中国话剧最初的萌芽状态的由幕表戏而来的文明戏，已经不可同日而语。因而，被称为"过渡戏"。它们多取材于现实生活，并对现实有所针砭。比如《一念差》，揭露了封建官僚制度的腐朽黑暗；《一元钱》《恩怨缘》在抨击封建道德虚伪的同时，表达了对劳动人民艰难生活的同情。1916年，张伯苓校长的弟弟张彭春从美国留学回来，加盟新剧团并被推选为副团长。张彭春在美国虽然攻读的是哲学和教育，但他酷爱戏剧艺术，用了相当多的精力钻研欧美戏剧理论和编导艺术，并开始创作和改译话剧剧本。在美国期间，正值日本向北洋袁世凯政府提出"二十一条"不平等条约，他立即创作了《入侵者》和《醒》，表达对此事的抨击。中国新文化运动的发起人胡适曾在日记中高度评价《入侵者》，称其"影射时事，结构甚精，而用心亦可取，不可谓非佳作。吾读剧本甚多，而未尝敢自为之，遂令仲述（即张彭春）先我为之"。这一年，公演的就是由张彭春创作的《醒》和《一念差》。张彭春将全新的西方的演剧观念、导表演方法带到了南开，使南开新剧团出现了新生气。在此后的两年中，新剧团演出了滑稽戏《天作之合》和张彭春创作的《新村正》。《新村正》写的是辛亥革命成功之后，恶霸地主吴绅本该受到惩处，却反而当上了"新村正"。剧作的主题相当深刻，表现了中国农民在帝国主义和封建势力压迫下的悲惨境遇，揭示了辛亥革命的不彻底性。《新村正》还在北京演出过，鲁迅、周作人、胡适都看过南开新剧团的演出。胡适在1919年3月15日出版的《新青年》第6卷第3期上发表的《论译戏剧》中说：

> 天津的南开学校有一个很好的新剧团。他们所演的戏如《一元钱》《一念差》，都是"过渡戏"的一类；新编的一本《新村正》，颇有新剧的意味。他们那边有几位会员——教职员居多，做戏的功夫很高明，表情说白都很好，布景也极讲究。他们有了七八年的设备，加上七八年的经验，故能有极满意的效果。以我个人所知，这个新剧要算中国顶好的了。

我国著名学者、藏书家，也是剧作者、戏剧翻译家、理论家的宋春舫在评价《新村正》演出的意义时说：

> 我今天看了这本《新村正》，觉得十分满意。《新村正》的好处，就在于打破这个团圆主义。那个万恶不赦的吴绅，凭他的阴谋，居然接受了新村正。不但

如此，人家还要送"万民伞"给他。那个初出茅庐、乳臭未干的李壮图，虽有一腔热血，只能在旁边握拳顿足，看他去耀武扬威呢。这样一做，可把吾国数千年来"善有善报，恶有恶报"的两句迷信话打破了。

李大钊也在 1919 年 9 月 12 日与天津青年进步组织觉悟社成员座谈时，对南开新剧运动予以高度评价，称之为"新文化运动坚劲之一翼"，是"激励民气除旧布新的利器"。

到家宝入校的时候，南开新剧团已经公演过 50 个左右的剧目，有了相当成熟和雄厚的演剧基础和演剧传统。这一切，对于家宝，仿佛正中下怀。从小跟着母亲，他看了那么多的各种演出，因而也培养了他对戏剧艺术的迷恋。而现在，在他就学的南开，就有这样一个新剧团，怎能让他不为之心动？怎能不令他为之向往？入校不久，年仅 15 岁的小家宝就成了新剧团的一员，成了一名十分活跃的积极分子。他参加剧团的各种活动，排练，演出，忙得不亦乐乎。他不仅参加演出话剧，还参加京剧演出。他参加《少奶奶的扇子》的排练，这是由洪深对英国剧作家王尔德的《温德米尔夫人的扇子》进行改编而成的。剧作巧妙的构思，风趣的语言，让小家宝深深地入了迷。他是一个十分认真的孩子，虽然他还不能上台演出，但是他把台词背得滚瓜烂熟。那剧本被他带在身边翻得稀烂。他参加京剧《打渔杀家》《南天门》的排练演出。在《打渔杀家》中，他饰演萧恩，在《南天门》中，他饰演曹福，他的演唱字正腔圆，韵味十足。年轻的家宝精力过人，充满了热情，他还担任了校刊《南开双周》的戏剧编辑，默默地以自己辛勤的劳动和一双慧眼，发现和刊发着意义独特的剧作。他还自己动笔，写诗，写杂文，还学着翻译外国的佳作。他翻译了莫泊桑的小说《房东太太》《一个独身者的零零碎碎》。通过翻译，他不仅对莫泊桑的写作特色有了深入了解，对自己文笔的流利、简练和生动细腻也是很大的锻炼。

然而，真正带领家宝进入戏剧艺术之门的却是张彭春。

第一次接受张彭春的艺术指导，小家宝就感受到了张彭春的与众不同。那是他在执导丁西林的《压迫》和田汉的《获虎之夜》的时候。张彭春的导演极有章法，而且是那么严格、认真、细致。首先是分析剧本，把剧作的主题、人物的性格、人物之间的关系、人物的心理活动等等，整个剧本，给你掰开了、揉碎了的剖析。他不仅自己讲，还让大家一起谈，让大家把自己对角色的理解、准备怎样表现这个角色的想法都谈出来。有时候，大家会争得很厉害，但是张彭春似乎有一种魔力，他总是能让大家的意见一致起来，或是他吸收大家的意见，或是大家接受了他的意见。不管怎样，大家都是那么愉快，都是那么心悦诚服地投入排练。而一进排练场，他就把什么都预先规定好了。无论是一个调度，一句台词，或是一个台步，甚至台词的轻重音，他都要求一丝不苟，毫不含糊。参加这样的排练，家宝感觉就像是在上一堂他最喜欢的课，或是读他最喜欢的书一般，有一种全身心的愉悦，更有一种进入艺术圣殿的庄严和灵魂的升华与净化。

张彭春对成长在青春期中孩子们的教育是全方位的，不仅有文化教育，还有思想意志和身体锻炼，更有戏剧、音乐的熏陶。记得有一天下午，当时任中学部主任的张彭春先生通知全体同学到大礼堂去。学生们以为是张伯苓校长要讲话，可到了礼堂，却没有看见张校长，只见张彭春先生手里拿着一张唱片，讲台上有一台留声机。当学生们都到齐坐好后，张先生开口了："今天是请大家来听歌，是当今最优秀的俄罗斯男低音歌唱家夏里亚宾演唱的《伏尔加船夫曲》。"张先生告诉孩子们，夏里亚宾和俄国著名的大文豪高尔基是同乡，更是挚友，他的童年和少年，也和高尔基一样有过苦难的磨砺。他的演唱，声音浑厚，情感真挚。高尔基曾经这样评价他："夏里亚宾——只要一念出这位杰出歌唱家的名字，每个俄罗斯人的心里就会产生一种伟大的民族自豪感！"张先生在激情介绍之后，开始播放唱片。大礼堂里鸦雀无声，大家静静地听着，那深沉、悠长、悲怆的歌声把他们带到了伏尔加河畔。透过歌声，家宝好像看到了那滚滚流过的汹涌澎湃的波涛，那缓缓行驶的沉重的船只，那吃力艰难拉纤的船夫的步伐，听到了他们悲苦、愤懑的心跳声……这歌声，分明是船夫们悲愤的诉说和抗争。

家宝沉醉在夏里亚宾的浑厚的歌唱声中。这一曲悲怆的《伏尔加船夫曲》，是那样动人、深沉，有着一种直逼人的心灵的穿透力！或许，这就是音乐的力量？！第一次听到这样的歌声，家宝被深深地感动和震撼了。唱片放完了，可他动也不动，依然沉浸在歌声中，仿佛整个灵魂都被吸去了……

多年后，在1936年的1月，当夏里亚宾真的来到中国，在天津举行独唱音乐会演出时，已经在河北女子师范任教的曹禺听说之后，没等夏里亚宾抵达天津，他就急着去买了演出票。那时，10元钱的票价算是相当昂贵的，可曹禺一点也没犹豫。音乐会会场是在当时的英租界里赫赫有名的耀华中学礼堂，那里的音响设备相当考究。演出的曲目有《跳蚤之歌》《波斯恋曲》《老班长》等，而那一曲《伏尔加船夫曲》则是少不了的压轴曲目。置身于夏里亚宾演唱现场，直接聆听歌唱大师演唱这首古老、忧郁而又气势磅礴的俄罗斯民歌，曹禺完全沉醉了！

是的，夏里亚宾是20世纪上半叶的世界最优秀的男低音歌唱家。他最擅长演唱俄罗斯歌剧和民歌。他是鲍里斯、伊凡雷帝、苏萨宁、奥洛芬的最佳扮演者，他对角色的刻画着重于人物的内心世界和性格特征，并突出表现角色所代表的社会意义。夏里亚宾是俄罗斯民歌最好的诠释者,他不仅熟悉俄国各地的风情民俗,他准确把握语调和音色上的变化,从而使包括《伏尔加船夫曲》在内的俄罗斯民歌或古典歌曲,像"充满心灵倾述"的诗篇。夏里亚宾认为:歌剧演员不能把自己停留在声乐的技巧上,而应该"反映出剧中或歌中人物的精神","歌唱艺术是美妙的声音与思想一致的统一的完整体"。对待艺术,夏里亚宾严肃认真,一丝不苟。

此时的夏利亚宾,是他四十多年艺术生涯中最成熟的时期。从童年起他就陶醉于歌唱,音乐于他,仿佛就是生命!"人的生活中有许多痛苦和光明的东西,但真诚的复活是歌曲,真正的上升是歌唱。正因为如此,我才这样为我的善唱的、也许有点荒唐但是善唱的俄罗斯人民感到骄傲!"而在他漫长的歌唱生涯中,他是那样的严谨,认真,追求着艺术的完美!他践行着,"要想让角色健康地生下来,就需要在心窝下面(如果不是在心窝里面)久久地孕育它,直到它具有了充足的生命力"。

1936年的中国之行,也是夏利亚宾歌唱生涯的暮年之旅。仅仅在两年之后,他就病逝于巴黎。而此时,距他离开俄罗斯祖国,已经整整15年。侨居国外,作为享誉世界的歌唱家,他生活无忧。而在他的心里,俄罗斯的土地、河流,无时不在他痛彻的心头!愈到暮年,他愈加关注俄罗斯大地,他如饥似渴地收听故乡的广播,他阅读所有可以得到的俄罗斯的各种出版物，他读到的满篇都是"故乡"，"祖国"，他毫不掩饰他的思乡之情，"我们为俄罗斯人骄傲"！

在他去世46年后，这位不朽艺术家的遗骸，终于从巴黎迁葬到莫斯科新圣女公墓。夏里亚宾又回到了他魂牵梦绕的祖国母亲的怀抱。

而他对故土的深情和思念，都注入了他的歌声，这歌声，格外真挚深情，愈加动人心魄！

曹禺由衷地发出了这样的感慨："夏里亚宾唱得深沉、浑厚、有力，令人神往。我从来没有听过如此美妙绝伦的歌儿。西洋音乐对我的生活和创作都产生了非常深远的影响。"

快放暑假的时候，为迎接校庆，新剧团决定演出挪威剧作家易卜生的《国民公敌》。让人们都没有想到的是，家宝竟然被张彭春选中，饰演女主角。

其实，就相貌来说，家宝实在是貌不惊人。他的个子不高，而且平时总是沉默寡言，不爱说话。当时，女子还不能上台演出，女角色都是由男子饰演。周恩来总理那时在南开新剧团也演过女主角。张彭春看中家宝，不仅是和他的个头有关，好与别人配戏，更是因为张彭春作为戏剧家和教育家的过人眼力。他注意到了这个平时总是默默无语而在自己教学时却分外专注的学生，注意到了他那双明亮而又传神的眼睛。他发现，在家宝的身上有着一种不可多得的对艺术的感悟能力。什么事情，他只要稍稍一点拨，家宝马上就能理解，并且能够在他饰演的角色中表现出来。而且，他还有着那么醇厚的嗓音，念起道白来极有韵味和感染力。

家宝自己也没有想到，这是他第一次饰演主角。他十分兴奋，也很有些忐忑不安。他还不能有充分的把握，自己能演好这个角色吗？

排演场里的气氛十分严肃。黑板上挂着张彭春亲手制作的易卜生的主要著作目录和生平年表，身材高大的张彭春正在给新剧团的演职员们讲解易卜生的创作道路和风格特点。他的讲解细致生动，常常，不仅是新剧团的成员在听讲，学校里的其他教师也来听讲，排演场里总是挤满了人。

对这次演出，张彭春极为重视，整整花了有好几个月的时间来排练。中国的话剧是舶来品，从演出样式到演出剧目，最初都是照搬国外的。但是，毕竟是在中国演出，中国的老百姓是否能够接受，作为一个严肃的艺术家，就不能不考虑这样的问题。爱尔兰著名剧作家萧伯纳的名剧《华伦夫人之职业》在中国的演出就遭到了惨败，洪深接受了教训，将英国剧作家王尔德的剧作《温德米尔夫人的扇子》从剧中人名到布景，都做了中国化的改编，才使演出获得了成功。张彭春做事非常认真，无论做什么，他要么不做，做就要做好。现在，他结束了刚刚绘声绘色地谈论着的剧作的人物关系和舞台调度的设想，目光炯炯地环视着大家："这次排演，非同小可。要成功，就要下苦功夫。演出的每一个环节，从对剧本主题的理解到人物的表演再到舞台布景，都要在艺术上精益求精，绝不能马虎。"张彭春的声音并不是很高，但是他那严肃的神情，使他的声音充满了威严，让家宝和他的伙伴们不敢有半点松懈。

《国民公敌》是易卜生的重要代表作，写的是正直的医生斯多克芒发现疗养区矿泉中含有病菌，他不顾浴场主的威逼利诱，坚持要改建泉水浴场，因而触犯了浴场主和政府官员的利益。他们便与舆论界勾结起来，宣布斯多克芒为"国民公敌"。

这是一出社会问题剧。易卜生以紧张的戏剧冲突和充满哲理的思辨力量，尖锐地抨击着资本主义制度。家宝第一次接触这样的剧作，他被斯多克芒医生身上的追求真理、"独战多数"的勇气深深地吸引了。"世界上最有力量的人正是最孤独的人"这句话引起了他久久的思考，他联想到了他所生活的中国的现实，甚至南开的现实，他想起了阴冷的春天……

1927年的春天是一个阴霾笼罩的不祥的春天。蒋介石发动了"四一二"反革命政变，中国社会陷入了一片黑暗和混乱。就在四月的一个夜晚，南开的学生、家宝的同学郭中鉴竟然被关押入狱！这是家宝非常敬重的一个同学，他的个头和家宝一样，矮矮的；他的字写得特别好，学习成绩更是全班公认的一流水平；他说着一口浓重的四川口音，十分爱摆"龙门阵"，家宝挺喜欢听他谈论时事和发表意见，虽然家宝并不都听得懂，但总觉得郭中鉴见多识广，听他的龙门阵总有启发。同学们都说他是共产党。这样的同学为什么会遭到绑架？为什么反动当局竟不能容他？又为什么要用这样卑劣的手段，而不敢光明正大地做？

4月29日清晨，春寒料峭，街头卖报小贩的叫卖声格外刺耳："看报！看报！李大钊被张作霖捕杀！"家宝心头一震，他赶紧从小贩手里买了一份《晨报》，一打开，头版上一条黑色的大标题赫然入目——"李大钊等昨已执行绞刑"。家宝屏住呼吸，一口气读下去。这是一篇作者满含着悲愤和崇敬的心情写下的描述李大钊慷慨就义时的情景：面对军阀张作霖的绞架，李大钊和其他19位同伴毫无惧色，李大钊"着灰布棉袍，青布马褂，俨然一共产党领袖之气概"，他第一个走上刑场，"自谓平素信仰共产主义，侃侃而谈，不愧为革命志士本色"，在发表了激昂而简短的演讲后从容赴死。

李大钊是4月6日清明节这天被张作霖逮捕的。那几天，各大报纸都用特大字号刊登了这个消息，并且纷纷发表文章呼吁：李大钊乃知名学者、大学教授，不可伤害。但是，反动军阀张宗昌坚持认为李大钊是北方革命领袖，"赤党祸根"，"巨魁不除，北京终久危险"。正是反动势力的怂恿，加上蒋介石发动"四一二"反革命政变，使得张作霖下决心杀害李大钊。但是，张作霖不敢公开审判，而是偷偷摸摸地导演了"军法会审"的丑剧。审判不到70分钟，就仓促宣布判决李大钊等20人死刑。紧接着，用6辆汽车将他们极其秘密地拉到西交民巷看守所。"当日看守所马路断绝交通，警戒极严"，道路"两旁均有宪兵"。

"铁肩担道义，妙手著文章。"家宝读过李大钊的许多文章，他的那篇《青春》曾经让家宝热血沸腾。"冲决历史之桎梏，荡涤历史之积秽，新造民族之生命，挽回民族之青春！"写得何等有气魄！那是父亲让他读的。他还记得父亲当年看过李大钊的宣传十月革命胜利的文章《庶民的胜利》和《布尔什维主义的胜利》后，激动不已："李先生这样的人要是共产党，那共产党肯定是了不得的了！"而现在，读着《晨报》，一种难以抑制的悲愤，一股说不清的疑虑涌上心头，当局为什么这么惧怕这样的人？什么"杀一李大钊抵杀千万个共产党"，共产党就这样可怕？而共产党，就是这样不惧强权、敢于向社会黑暗抗争的人？！

带着对张彭春的崇敬，带着许多对现实的疑虑，带着对剧中人物的喜爱，家宝全身心地投入了排练。

一天又一天，张彭春的导演要求格外严格，从一句台词的处理到一个舞台调度，他都不允许有丝毫的马虎。家宝特别喜欢这样，每一次排练，都让他感到有所提高，都让他对自己有新的不满。张彭春对家宝的表演也越来越满意，每次排演，逢到家宝的表演特别出色的时候，张彭春会情不自禁地在家宝走下排演场时热烈地拥抱家宝。这时，家宝的心里别提有多高兴了。

终于，合成排练结束了。到了公演的日子，家宝和伙伴们又兴奋又紧张。他们更忙碌了，做着各种准备。

突然，学校接到了一道通知："此剧禁演。"

一时间，新剧团的伙伴们，还有学校里同样兴奋的等待观看演出的老师和同学们都惊呆了：为什么？是谁下的这命令？

戏最终没能演出。当弄明白是怎么回事的时候，家宝和伙伴们在失望和愤怒中感到好笑和悲哀。

原来，天津军阀褚玉璞以为是有一个姓易的年轻人写了这出名叫《国民公敌》的戏，骂他是"革命"的敌人，就派了督办公署的爪牙勒令南开学校停演。

家宝没有想到，将近100年前，易卜生在《国民公敌》剧作中描写的斯托克芒因坚持真理而触犯了浴场主和反动当局利益的那种事情竟然就发生在自己的学校，就发生在自己的身上。

这些军阀是这样的愚蠢无知，他们凭什么这样专制霸道！现实这样黑暗，这样令人窒息，家宝觉得"仿佛人要自由地呼吸一次，都需要用尽一生的气力"。

《国民公敌》后来还是上演了，是在第二年3月，在纪念易卜生诞辰100周年的日子里演出的。张彭春不屈服于反动当局,他巧妙地将剧名改为《刚愎的医生》,骗过了当局的审查和刁难。两天的演出获得了极大的成功,每场的观众席都是满满的,演出中间常常响起观众热烈的掌声。

家宝在剧中的表演让张彭春感到特别满意,许多年后,他提到这次演出,对家宝的表演还是赞不绝口。

是的,家宝不再仅仅是用技巧演戏,而是在用一颗扑通扑通跳动的心在演戏。这场演出前前后后所发生的一切,对家宝的冲击极大。他开始意识到,演戏不仅仅是个人喜好,戏剧艺术与社会生活是紧密地联系着的。

不久,张彭春又决定将易卜生的《娜拉》(即《玩偶之家》)搬上南开的舞台,并又一次决定由家宝担任女主角。《娜拉》写的是女主角娜拉自以为和丈夫海尔茂相亲相爱,为了丈夫,她什么苦都愿意受。但她最终发现,自己不过是丈夫眼中的一个玩偶,于是她愤而出走。如萧伯纳所说,在她身后那砰然一响的关门声比滑铁卢或色当的炮声还更有力量。它响彻了全欧洲的屋宇,击中了男权社会的要害。在20世纪初,这"砰然一响的关门声"传到了中国,它同样震撼着中国这古老而腐朽的帝国,唤醒了整整一代中国青年,如郁达夫所指出的那样,五四运动的最大成就,第一要算"人"的发现:"从前的人,是为君而存在,为道而存在,为父母而存在的,现在的人才晓得为自我而存在了。"甚至可以说是由此拉开了中国现代戏剧的大幕。张扬个性解放的易卜生成为中国戏剧家的楷模，勇敢地冲破虚伪的礼教和婚姻的藩篱而争取独立人格与幸福人生的娜拉，成为五四时代青年男女崇拜的偶像。当然，由于历史的局限，易卜生还不能解决"娜拉走后怎样"的问题，这应当是另一个话题了。

作为传入中国最早的易卜生的剧作，《玩偶之家》的妇女解放的主题曾经在新文化运动中起过极大的文化启蒙作用。1919年3月，胡适就在《新青年》6卷3期发表了他深受易卜生《玩偶之家》的影响而创作的《终身大事》。这也是中国最早的话剧剧作。剧中的女主角田亚梅，可以说就是娜拉的化身。戏剧提倡女子婚姻自主，反对父母包办干涉，具有强烈的反封建色彩，曾广泛上演并引起极大轰动。鲁迅先生因《玩偶之家》还专门写了《娜拉出走以后》的杂文。

就剧作来说，《娜拉》的结构十分严谨，完全是符合三一律的。戏剧矛盾十分紧凑尖锐。挪威戏剧评论家艾尔瑟·赫斯特曾经这样评述："这出戏的效果是通过主人公娜拉产生的，成败与否全在于她的表演。"《玩偶之家》"很特殊的是一出主角戏，而且几乎是一出女主角戏。基于这个原因，娜拉·海拉茂在欧洲的保留剧目中成为一个传统的角色；不断有世界上最优秀的演员在这个角色身上检验她们的才能"。

南开演出易卜生的名剧的消息一时间传遍了天津的大

街小巷,天津的教育界和妇女界特邀南开新剧团为天津社会各界公演《玩偶之家》。

家宝又一次展示了他的表演才华。新剧团的演出又一次轰动了全天津。《南开双周》报道说,1928年10月17日晚,"新剧团公演易卜生的名剧《娜拉(A Doll's House)》,观客极众,几无插足之地","此剧意义极深,演员颇能称职,最佳者是两位主角万家宝和张平群先生,大得观众之好评"。

家宝被伙伴们骄傲地称呼为"我们的家宝"。家宝心里的高兴自不必说,但对于家宝,还有着另外一种感受。在他细腻准确地表现着娜拉和海拉茂之间的夫妻情感和矛盾冲突时,当他在表述娜拉的心声"一个人必须有独立的见解,人应该独立生活"的时候,他其实是又有了一次表达自己对生活的郁闷、苦恼和困惑的机会。他对生活与艺术的关系,又有了新的认识。他知道,他把自己在生活中的体会都融入了人物的塑造中;而这个戏的男主角张平群的成功,也在于有某种生活体验。张平群是个曾经去德国学习的留学生,还娶了个德国老婆。但是,那个德国老婆离他而去了。正是这种经历使他贴近了舞台人物。

这年春天,在学校的大礼堂,张彭春在给全校师生的讲演中,阐述着他的戏剧艺术教育观:

> 我们应当倡导三种生活:一是艺术的生活,二是

野外的生活，三是团体的生活。

伟大的热情、精密的构造和静淡的律动，这三个艺术的要素，前面说过，和我们的生命极深处是接近的。凡是伟大的人，第一要有悲天悯人的热烈的真情；第二要有精细深微的思想力；第三要有冲淡旷远的胸襟。要得到这些美德，不可不管艺术的生活。

不管多么热烈的情感，只要用某一种形式表现出来，成为艺术品的，它的律动总是静的、淡的。凡是伟大的作品，全是在非常热烈的情感中，含着非常静淡的有节奏的律动。把无限的热情，表现在有限制的形式中，加以凝练、净化，然后成为艺术品。这就是艺术作者的牺牲。艺术之所以为艺术者在此。

讲台上，身材高大的张彭春，穿着一身笔挺的西服，显得气宇轩昂、气度不凡。他的演讲充满了对戏剧艺术的激情，充满了对眼前这些孩子们的希望。家宝仔细地听着，品味着，琢磨着这些意味深长的话语。望着张彭春，他的心里充满了感激和崇敬。是南开新剧团，让他走上了舞台，熟悉了舞台；是张彭春先生，让他认识了舞台，走进了艺术。戏，对于他依然是那么令人入迷。然而，戏已不再仅仅是好玩，它是很严肃的。它教会人们去认识生活、社会、人生，它也在教会家宝去认识生活、社会、人生。

第十章

除夕之夜

时间过得飞快,一转眼,1929年的新年就要到了。

旧历新年,是中国老百姓最喜庆的传统节日。无论什么样家境的人家,都会以最隆重的方式、最虔诚的心情,来迎接这个节日。辛苦了一年的人们,期待着轻柔的春风再度来临,吹走那严寒的冬日,驱走那可恨的灾荒、灾难和往日的秽气,让大地万物复苏,让生活重新充满生机和欢乐。就像宋代王安石的那首流传至今的七绝《元日》所写:

爆竹声中一岁除,春风送暖入屠苏。

千门万户曈曈日,总把新桃换旧符。

天津的大街小巷到处都充满了节日的气氛。爆竹在天空中不时地炸响,不知忧愁的孩子们撒欢般地乱跑蹦跳。

家家户户都在忙碌着。大人们忙着置办年货,准备过年的礼品、食物。

万家也是一片忙碌。

母亲手脚麻利地指挥着仆人们洒扫庭院、收拾器具,忙着祭奠祖先和接待客人的各种准备。

一向郁郁不乐的父亲的脸上也出现了喜气,他在等待着儿子的归来。

父亲在期待着家宝。

此时的家宝,已经是一位大学生了。

当家宝在舞台上因饰演娜拉轰动了天津,被同学们骄傲地称为"我们的家宝"的时候,他已经结束了高中生活,刚刚成为南开大学政治系的一名新生。南开珍爱着这个有着出色的艺术才华的学生,况且家宝的学业成绩也十分优异。于是,他得以免试而直升大学。

走进大学,家宝开始了人生的又一道阶梯。新的生活,让他年轻的心充满了憧憬和向往。南开大学是当时与北京大学、清华大学齐名的全国少有的几所大学中最好的大学之一。虽然是私立大学,规模不大,但名声很响,可称得上是群贤毕至,40多名教授大多为留学归国的名流。它的校园,比起南开中学也显得更有气势。那时候,能够有经济实力上得起大学的年轻人,实在少得可怜,更何况是南开这样的名牌大学。当时南开大学的学生不多,仅数百人,但皆为志存高远的少年才俊,真可谓凤毛麟角、时代骄子。可对家宝来说,走进这里,他的心里却有着另一种心绪、另一番怅惘。

家宝不由自主地总会想起父亲。

政治学毕竟不是自己最理想的专业,而父亲,为了他的学业和将来,不知花费了多少心血!

这几年,父亲的境遇一直不好。自打父亲从宣化归来,基本上就是赋闲在家。在黑暗的军阀混战的20年代,父亲苦苦读书、东渡日本学得的满腹经纶,根本没有人赏识,没有人理解,全无实现的可能。他的满腔政治抱负,只能变成满心的郁闷。父亲不是那种豁达豪放之人,他成天待在家里,无聊至极。兴致高的时候,和他的旧友们一起写诗作赋;而更多的时候,他则是每天在家里发脾气、摔东西、抽大烟。

或许是因为曾经是军人,父亲的脾气真大,常常毫无由头地就发作起来,谁也劝不了;而且动不动就摔东西,弄得家里的仆人个个心惊胆战,不知所措。母亲拿他也没办法,只好时刻小心翼翼地伺候,甚至陪着他一起抽大烟。

家里总是死气沉沉的。白天,父亲、母亲总是在抽了一夜的大烟之后昏昏睡去。怕惊扰了主人的酣睡,仆人们做事总是轻手轻脚的,说话也小声小气。所以,白天家里总是静悄悄的。门窗紧闭,窗帘紧闭,整栋楼里昏黑一片,空气仿佛也凝固了似的,幽深深的。常常,家宝在下午没课的时候回来,家里依然是一片寂静。他只能快步穿过那光线昏暗的楼道,赶紧躲进自己的小屋。他怕见到父亲。

不过,对于孩子,父亲还是充满了慈爱。他把自己对未来的希望，都放在了孩子的身上。

可是哥哥却不争气。或许是因为年轻，他从落后的乡下来到这繁华的都市，有些花了眼；或许是家里的那些居心不良的门客和仆人的引诱，哥哥竟然也抽起了大烟。父亲为此痛心疾首。为了教诲哥哥，有一次，父亲将哥哥的腿都打断了。甚至有一次，家宝亲眼看见，父亲竟然对着哥哥跪了下来。父亲气得颤悠悠地发着抖，他哆嗦着对哥哥说："就当我是你儿子，我求你了……"

家宝躲在一旁。父亲正处在盛怒和屈辱中，他不敢上前，也不能上前，可他的心也在颤抖。他心疼父亲，一向高傲自尊的父亲怎么会对哥哥跪下，并且说出那样的话？他恼怒哥哥。哥哥，你竟然不知道人的尊严？

可是哥哥仍然不改，他和父亲闹翻了，出走不归。父亲彻底失望了，他把对自己的失望和对长子的失望，都化为了对家宝的希望。家宝高中还未毕业，父亲就在筹划他的将来。父亲知道，家宝喜欢演戏。可是在那个时代，演戏在他们这样的家庭看来，完全是下九流的。他们这样正经的官宦人家的孩子，是不应该做这种事情的。家宝的父母算是开明的，他们倒不那么看，玩玩也是可以的。父亲就多次看过家宝的演出，看到家宝演得那么投入，演得那么逼真传神，父亲既感动又骄傲：家宝是个有出息的孩子！但是，参加新剧的演出和做一个职业演员完全是两回事。

眼看家宝就要毕业了,父亲打定了主意,让家宝学医。他决不能让孩子再走自己从政的老路,决不能让家宝将来也在这种腐败黑暗的官场里成天钩心斗角、尔虞我诈。人要有自己的本事,一定要有一技之长,才能不依附于人,不依附于某种政治势力和团体,清清白白、堂堂正正地做人。自古以来,医生是救人于水火之中的。《孟子·梁惠王上》就有医术"是乃仁术也"的说法。在老百姓中间,也有着"不为良相,就做良医"的说法。行医,就是行善积德,悬壶济世。更何况,不管什么朝代,不管什么政党当权,都会有人生病,都会有人求医问药,这是个非常保险、受人尊敬、功同良相的职业,是不会因政权的更替和改变而受到冲击的。因此,父亲打定主意,让家宝学医。怕家宝不愿意,父亲还特地写信给自己的老朋友,请他们来说服家宝。

家宝对父亲是敬重的,他听从了父辈们的劝说,认真准备起来。但没想到,他所报考的协和医院是当时全国最好的医科大学,报考的人太多,竞争太激烈,家宝因为化学和物理的成绩考得稍差而没被录取。对此,父亲当然是有些失望的。想起这些,家宝的心里总有些不好受。

好在,"少年不知愁滋味"。家宝毕竟年轻,一当面对新的环境和新的同学,家宝就会忘记自己的不愉快,投入新的学习。

很快,大学的第一个学期就结束了,家宝回到了家里。每天和父亲在一起，看着父亲日益苍老，家宝的心里很不好受。

这段时间以来，父亲一直很不顺心。他早已对仕途绝望，在友人的鼓动下，开始将自己多年的积蓄投资于当时的新兴产业。但是，产业的兴衰也受到政局的影响，并不稳定。父亲为此很是着急，前两年，父亲竟为此中风过一次。虽说治疗及时，但病后的父亲很有些万念俱灰。他开始信佛，在家里设了佛堂，每天早上都要点燃香火，敲着木鱼念经。家里也因此更显得清幽沉闷。父亲的脸上总是阴沉沉的，没有一丝笑容。只有当家宝回来的时候，父亲的脸上才会出现难得的笑容，才会重又出现他那慈祥、关切的神情。他会上上下下地打量家宝，拉着家宝问这问那。父亲有时候还会取出自己的那些杂咏诗，敝帚自珍地拉着家宝欣赏，还要听他发表意见。父亲也挺有意思的，他把那些诗都装订起来，还为这本诗集取了个"杂货铺"的名字。只有在这时，父亲才会忘记他那恼人的债务，忘记他那不肖的长子。

父亲常常在盼望着家宝归来，尽管家宝已经是个大小伙子了，父亲早已经背不动他了，可父亲还是会领着他去澡堂，给他打肥皂、搓背。揉搓着白花花、一团团的肥皂泡，抚摸着家宝越来越结实的胳膊和那开始宽厚起来的肩背。父亲觉得又踏实又高兴。

家宝长大了，虽然他还不十分明白父亲的苦闷，但已经开始知道心疼父亲，开始感到父亲一天天的老态。他觉得自己应该为父亲做点什么。现在，每到跟着父亲去洗澡的时候，他不再像小时候，只是和父亲撩水打闹，只等着父亲给他搓背擦肥皂。现在，家宝也学着给父亲打肥皂，给父亲搓背；担心浴池里的气温高、闷热，他总是提醒着父亲不要久留在这里；他知道浴池里到处是水，总是小心翼翼地搀扶着父亲，不让他滑倒。每到这时，父亲的心里，有着说不清的欣慰和满足。多好的孩子啊！

这些天，眼看要到新年，想到家宝就要放寒假了，能够天天在家里见到家宝，父亲的精神来了，他的脸上稍稍又有了些生气。他要带家宝去洗澡，干干净净地过年！

年三十这一天，父亲高高兴兴地领着家宝去了浴池。照例，他要的是最好的单间。

可是，刚刚洗完澡，父亲突然觉得头晕。家宝连忙扶起父亲，叫了车子回家。母亲见状，连忙叫过仆人安置父亲躺下，自己则赶紧烧起烟泡，把烟枪送到父亲手里。大烟里有可卡因，具有提神醒脑、使人兴奋的功能。一般抽大烟的人不舒服的时候，抽几口烟就会觉得好起来。但是，父亲刚刚把烟枪接过去，还没送到嘴里，他的头一歪，就昏过去了。

谁也没有想到，从此父亲再也没有醒过来。

除夕之夜，正是人们欢天喜地迎接新年的时候，正是人们合家团圆喜笑颜开的时候，万家却是一片哭声、一片凄凉、一片慌乱。

父亲是全家的顶梁柱。可现在，父亲却撒手西去了。

其实，导致父亲第二次中风再没有醒过来的真正原因，是他的近30万的股票在一夜之间化为乌有。父亲的心里，实在是郁闷难过。

母亲哭得死去活来。

母亲只有30多岁，父亲是母亲的主心骨。她没有自己亲生的孩子，她把家宝当作自己亲生的孩子。可现在，家宝刚刚才满18岁，他还没完全长大啊！

父亲的猝死，让家宝在一夜之间长大了许多。

在一片混乱之中，18岁的家宝成了母亲的依靠。按照母亲和老家人的吩咐，家宝一身重孝，一家一家地奔跑报丧。

家宝没有想到，那些平时向父亲献殷勤，在父亲面前极尽阿谀奉承之事的所谓亲朋故友，此刻竟是这般冷淡，对于父亲的去世，竟是这般无动于衷，更不要提伸手帮忙了。

只有李仲可，这位父亲耿直可靠的老朋友，这段时间忙前忙后地帮助母亲，办理着父亲的丧事。

李仲可，是看着家宝长大的。他很喜欢家宝，甚至还给家宝提过亲。

家宝隐隐约约地记得，李仲可说的是有钱有势的一个姓齐的军阀，是他的姨太太的女儿。

父亲是个有骨气的人,他绝不会趋炎附势,更不能容忍让家宝娶一个什么姨太太的女儿。

可父亲是个读书人,他也不能让李仲可感到难堪,他的回答十分婉转:"齐大非偶嘛!"

父亲在这里巧用了一个典故。这个典故出自《左传·桓公六年》:"齐侯欲以文姜妻郑太子忽,太子忽辞。人问其故。曰:'人皆有耦,齐大,非吾耦也。'"这是说齐是大国,郑是小国,不相配。后来,人们就以此来比喻不是门当户对的婚姻。

在父亲的葬礼仪式中,家宝看到了那位姓齐的军阀。他身材高大,稍微有些发胖。他的脸白白的,天庭十分饱满,已经发白的头发整整齐齐地向后梳理着,举止步态都显得富态而尊严。是李仲可把他请来主持点祖的。

看着眼前的一切,看着李仲可满脸的悲凄,家宝又感激又难过。他想着父亲,想着父亲的耿直,想着父亲对自己的挚爱……

父亲走了,这是在这个世界上,给了他生命、给了他血脉、养育了他的最亲的亲人。

这个家,一下子空了,也安静了。家里,再没有那些宾客盈门的喧哗,再没有父亲发脾气时候的斥责、咆哮,再没有父亲生气时那令人胆战心惊的摔砸东西的碎裂声,也没有了父亲高兴时那朗朗的笑声,那慈爱的目光和抚摸。

只有母亲悲哀的哭声和那流不完的眼泪。

家宝的心里仿佛空了许多。自己的亲生母亲，是那么早就离开了人世。姐姐，那么疼爱着自己的姐姐，也在几年前悲惨地离开了人世。

从湖北老家来到天津没几年，姐姐出落成一个十分标致、俊秀的大姑娘。与万家隔着两条街的一户姓柴的官宦人家看中了姐姐，前来提亲，想让姐姐嫁给家里的老二。姐姐见过柴家老二，感觉还满意。虽说姐姐不是母亲亲生的，但母亲仍然舍不得姐姐。看着姐姐满意，瞅着柴家也是个大户人家，父亲和母亲就都同意了。家宝记得，姐姐出嫁那天抱着母亲，哭得十分伤心。万万没有想到，那一家人个个都抽鸦片烟。那柴家老二，不光抽鸦片烟，还在外面吃喝嫖赌。不仅如此，他回到家来还欺负姐姐。而那婆婆，平时更是恶言恶语虐待姐姐。

在那个时代，姐姐这样善良的弱女子，只能把委屈和悲哀都埋在心里。偶尔回到家里，也只能对着父母哭诉一番。每次回婆家前，姐姐都是号啕大哭着不愿离去。

姐姐有了一个小男孩，姐姐把全部的希望都放在孩子的身上。那是个非常招人喜欢的小男孩，家宝也特别喜欢他。

可是，那柴家依然虐待姐姐。

姐姐日渐憔悴。长期的折磨，长久的内心压抑，姐姐终于不堪折磨，悲惨地死去了。

母亲、姐姐、父亲，为什么这些深爱着自己的亲人，都这样早地离开了人世，离开了自己？母亲去世的时候，家宝尚在襁褓中；姐姐去世的时候，家宝仅仅初知人世；现在，正值盛年的父亲又远离他而去，而家宝刚刚迈入青春的门槛。

望着父亲入殓前那平静的面容，家宝的心里充满了悲凄。家宝是那么深刻地体验到了人生的悲凉、短促。家宝的胸中翻腾起、撞击着许多的困惑：人究竟为什么活着？人应该怎样活着？人总不应该白白活着，可是，人怎样才能活出一点道理来？

家宝永远没有忘记这个除夕之夜，没有忘记那些他所体验到的世态炎凉。许多年之后，当他已经是一个72岁的老人的时候，他还清楚地记得那一切。他说，"父亲死后，亲朋离散"，"'有谁从小康人家堕入困顿的吗？我以为这条路中，大概可以看到世人的真面目。'真像鲁迅经历那样，家庭一败就完了，找谁谁都不管，真是可怕啊！这种体验是平时不可能得到的，这种体验对我来说是太深刻了"。

第十一章
大学生涯

家宝把悲哀、困惑和郁闷藏在心里，全身心地投入了大学的学习。

不知是不是为了化解悲痛。从春天开始，身体不是很好的家宝突然对体育着了迷。而且，他练的是马拉松。这在当时，就是在大学也实在是很少有人参与的运动。

每天清晨，家宝起床后，就开始了长跑。从学校大门出发，向着塘沽方向，经过法国桥后，到一个俄国公园后再折回来。全部跑完，大约有十几里路。开始的时候，才跑到三分之一的路程，家宝就坚持不下去了。他觉得浑身没有力气，腿直发软，心跳加速，心好像要从嘴里蹦出来似的，人恨不得就要瘫在马路上了。但是，咬着牙坚持，坚持，再坚持一会儿，家宝难以置信地发现，那些疲劳得要死一般的感觉竟会奇迹般地消失，而会有一种如释重负的轻松感，难关竟渡过去了。眼前的路似乎变得坦荡起来，他的呼吸变得均匀、平稳起来，脚步也变得更有节奏，更富有弹力，整个人都会变得充满生气和自信。这种感觉简直是太妙了！

是的，迎着初升的太阳，呼吸着清新的空气，听着小鸟在路边枝头上的鸣唱,听着海河里轮船汽笛的鸣响,家宝会有一种特别的感觉。他会忘记所有的悲哀和烦恼,强烈地感受着生活的美好,进而更有一种战胜自我、战胜困难后的欢欣和愉悦。马拉松,对他来说,不仅是在锻炼身体,也是在锻炼意志。由此,他在感受生命,感受生活;他在体验人生的"极限",跨越"极限"。

这段时间,家宝对生活有了一种新的感觉。一向敏感的他,现在更加迷恋音乐。从小,音乐在他的生活中就有着一种特殊的意味。当他坐在母亲的怀里,坐在戏园子里看那些传统地方戏曲表演的时候,他就开始接受中华民族音乐的熏陶。一个个鲜活的戏曲人物,随着那富有节奏的戏曲锣鼓点的敲击,渗入他的心灵。在宣化的军营里,傍晚城墙边传来的那苍凉的军号声,曾经久久地回旋在小添甲的脑海里。

家宝渐渐地从丧父的悲痛中走出来。他的生活,紧张而又丰富。他对自己所学的政治学,似乎是越来越没有了兴趣。虽然有那么好的老师讲课,好几位老师是从国外刚回来的,如经济学何濂老师的课,在全国都是很有名气的,但对于家宝来说,他却感到枯燥无味。很多政治学应该上的课,他都不去听,而是成天泡在图书馆里。他对历史人物、外国文学的兴趣越来越浓厚。

他迷上了英国诗人雪莱。

读着雪莱的诗,家宝在分享着黑格尔所说的在法国大革命爆发不久,欧洲正处于"光明灿烂的黎明"期的"一切有思想的存在都分享到了"的"这个新纪元的欢欣"。他仿佛看见,那个和自己一样年轻,有着一头金栗色的卷发的雪莱,他那一双炯炯有神的蓝眼睛里的那种梦幻般的神情。差不多正是100年前,在泰晤士河岸那片绿草如茵的静谧的田野上,这个年轻人忘记了身旁的中世纪的校舍,忘记了那些道貌岸然的庸夫俗子。他热泪滚滚,双拳紧握,高声立下奇特的誓言:"我发誓,必将尽一切可能,做到理智、公正、自由。我发誓,决不与自私自利、有权有势之辈同流合污,甚至也决不以沉默来与他们变相地同流合污。我发誓,要把我的一生献给美……"

就是这个年轻人,写下了他所向往的那美丽的云雀轻盈的飞翔:

> 向上,再从高处飞翔,
> 从地面你一跃而上,
> 像一片烈火的轻云,
> 掠过蔚蓝的天心,
> 永远歌唱着飞翔,
> 飞翔着歌唱。
> ……

家宝迷恋着雪莱,迷恋着他对爱的执着和对艺术的痴迷:"除了火热的爱之外,任何东西都不是永恒的。"

甚至,爱比死亡"更有力量"!

"因为,它能突破死的坟墓,能解放——那痛苦中的心,那被束的肉体——那拘于泥土和混沌中的灵魂。"

家宝在雪莱那里,寻找到理想的共鸣:"一个诗人既是给别人写出最高的智慧、快乐、德行与光荣的作者,因此他本人就应该是最快乐、最良善、最聪明和最显赫的人。至于说到诗人的光荣,我们不妨让时间来回答:在人类生活的建树中,有何种人的名誉能比得上诗人的名誉。"

"倘若荷马和莎士比亚未进行创作,人类将会是什么样子?"

家宝痛惜着年仅30岁的雪莱的辞世。在那片一向美丽宁静的意大利司沛契亚海湾,突起的风暴吞噬了雪莱和他的"唐·璜号"。然而,透过百年历史的厚厚云层,家宝仍然听见了,那美丽的云雀在歌唱:

> 把我当作你的竖琴吧,有如树林:
> 尽管我的叶落了,那有什么关系!
> ……
> 让预言的喇叭通过我的嘴唇
> 把昏睡的大地唤醒吧!要是冬天
> 已经来了,西风啊,春日怎能遥远?

家宝崇拜林肯。

或许，是因为林肯也和他一样，亲生母亲去世过早，有着一位慈祥善良、待他如己出的"天使母亲"；或许，是因为林肯也痴书如命，总是孜孜不倦，"我最好的朋友就是能给我弄到一本我不曾读过的书的人"；或许还因为，林肯是那么聪慧，他能讲最滑稽的故事；他又是那么勇敢，凭着自己强健的体魄和勇气制服了当地最凶恶的歹徒；他还又那么诚实，当年，虽然他只是一个贫穷的店小二，为了退还顾客多付的几分钱，他竟步行了6英里；为了补足顾客的4盎司茶叶，他追赶了许久；他充满了同情心，从小他就向父亲发问：为什么奴隶主对待奴隶如此残忍？他发誓："等我有机会打击奴隶制度的时候，我一定要彻底粉碎它……"这位出生于贫瘠的小木屋、不曾受过正规教育、公职资历很浅的农家子弟，凭着天赋的睿智和不懈的努力成为美国历史上第16届总统。他终于发布了《解放黑人奴隶宣言》，彻底废除了奴隶制；虽然林肯在正规军服役只有从列兵到上尉的经历，但在国内战争中，却指挥联邦军赢得了战争的胜利；他提出的"民有、民治、民享"的政治主张成为美国资产阶级革命的武器，他被称赞为"新时代国家统治者的楷模"。

一本《林肯传》，家宝读得入了迷。林肯的那篇著名的《葛底斯堡演说》，年轻的家宝可以用英文熟练地背下来。家宝的英文很好，从小就在教会学校学习使他有很好的英文功底，但他并不爱背书。他之所以不费力就能将这篇演说背下来，是因为，在这里有一场伟大的战争；是因为，在这里有着美国民族的、人民的牺牲精神和奉献精神，有着林肯的人格力量。伟大的葛底斯堡战役于1863年7月在宾夕法尼亚小镇的街上及其周围地区持续了3天之久，这次战争中联邦军牺牲和失踪了2.3万人，同盟军2.8万人。这次战役是内战的转折点，美国国会因此决定把这一片曾经有许多英勇战士牺牲生命的战场建为国家公墓。1863年11月19日，林肯总统亲自从华盛顿前来为此墓地举行揭幕礼。他的演说虽然很短，却是所有阐释民主信念最雄辩动人的演讲之一：

87年以前，我们的祖先在这大陆上建立了一个新的国家，它孕育于自由，并且献身给一种理念，即所有人都是生来平等的。

当前，我们正在从事一次伟大的内战。我们在考验，究竟这个国家，或任何一个有这种主张和这种信仰的国家，是否能长久存在。我们在那次战争的一个伟大的战场上集会。我们来到这里，奉献那个战场上的一部分土地，作为在此地为那个国家的生存而牺牲了自己生命的人的永久眠息之所。我们这样做，是十分合情合理的。

可是，就更深一层意义而言，我们是无从奉献这片土地的——无从使它成为圣地——也不可能把它变为人们景仰之所。那些在这里战斗的勇士,活着的和死去的,已使这块土地神圣化了,远非我们的菲薄能力所能左右。世人会不大注意,更不会长久记得我们在此地所说的话,然而他们将永远忘不了这些人在这里所做的事。……我们应该在此献身于我们面前所存留的伟大工作——由于他们的光荣牺牲,我们要更坚定地致力于他们曾作最后全部贡献的那个事业——我们在此立志誓愿,不能让他们白白死去——要使这个国家在上帝庇护之下,得到新生的自由——要使那民有、民治、民享的政府不致从地球上消失。

是的,家宝迷恋雪莱,崇拜林肯,是因为他们都具有那样远大的理想,有一种踏踏实实的执着奋斗精神,让家宝这个充满了青春活力的年轻人,看到了生命的意义,寻找到了自己的榜样。

这段时间,在读书和学习之余,家宝依然钟情于新剧。他仍然是新剧团的活跃分子。而被称为九先生的张彭春,对他也越来越喜爱和信任。1929年,为了迎接校庆,九先生决定亲自执导,把《争强》搬上舞台。《争强》已经有了郭沫若的翻译本。但是,郭沫若翻译的那个本子文学性较强,不太适合舞台演出。于是,张彭春把改编的任务交给了家宝。

这是一部描写劳动者和资本家之间矛盾关系的剧本。家宝还是第一次接触这种政治性很强的题材。因此，这次改编对于家宝认识现实生活、理解人物、结构戏剧矛盾，都是一次极好的锻炼机会。年轻的家宝还不能理解劳资双方矛盾的症结所在，但在自己的生活中，他已经模模糊糊地感觉到了这种矛盾的不可调和性。张伯苓校长曾对学生们讲述过他在英国所见到的一次煤矿工人大罢工，家家户户没有煤烧的可怕情景。家宝把自己的这些感觉和认识，都带进了他的改编，也带进了他在其中扮演的资方代表董事长安敦一的角色创造中。第二年，当《争强》的舞台演出本出版的时候，家宝写了《〈争强〉序》，阐述着自己对该剧的理解，也表达着自己对戏剧艺术功能的认识：

> 《争强》是晚近社会问题剧的名著。著者高尔斯华绥的性格素来敦厚朴实，写起剧来也严明公正。在这篇剧内他用极冷静的态度来分析劳资间的冲突，不偏袒，不夸张，不染一丝个人的色彩，老老实实地把双方争点叙述出来，绝没有近世所谓的"宣传剧"的气味。全篇由首至尾寻不出一点摇旗呐喊，生生地把"剧"卖给"宣传政见"的地方。我们不能拿剧中某人的议论当著者个人的见解，也不应以全剧收尾的结构——工人复工，劳资妥协看为作者对这个问题的答案。因为作者写的是"戏"，他在剧内尽管对现在社

会制度不满,对下层阶级表深切的同情,他在观众面前并不负解答他所提出的问题的责任的。

家宝认为,这是一出性格悲剧。安敦一和罢工领袖罗大为是"一对强悍的人物","全剧兴趣就系在这一对强悍意志的争执上"。安敦一是"一位有骨气的老先生",而罗大为则有着"火一般的性格,也保持不妥协的精神"。他们"都是理智魄力胜于目前一时的情感,为了自己的理想,肯抛开一切个人的计算的。安敦一说得好,'让工人一步,工人就会要求十步'。对工人有弱怯的退让,在他看来结果只能'毁坏大家',并且'毁坏工人们自己'。他一向抱定团体内应当'有主脑,有服从'。现在在他的团体里出了罢工反抗的事情,他当然是不让步。罗大为呢,他自己受过厂方苛刻的待遇,他说他认得资本,资本是一个吃人肉、喝人血的妖怪。这东西一日不铲除,一日工人便没有幸福。他对工人们喊着:'为你们子孙计,你们也要奋斗到底!'所以他当然也不让步","然而结果,二人都过于倔强,他们的意见都没有实现;一个女人白白作牺牲,两个头脑也徒然被人推倒。大概弱者的悲剧都归过于他太怯弱,受不住环境的折磨或内心的纠纷,强者的悲剧多半归咎在过于倔强,不能顺应境遇的变迁。两个都是一场凄惨的结果,却后者更来得庄严,更引起观众崇高的情感"。

剧终，安敦一走向罗大为，叫着"朋友"，向他伸出手说"我们两个都是受伤的人"。而罗大为"由敌视而变成惊异，二人凝视半天"终于握手言和。家宝以为"这段描写的确是这篇悲剧最庄严的地方"。

高尔斯华绥的编剧技巧让家宝佩服之极。"总观全剧，章法谨严极了，全篇对话尤写得经济，一字一句，不是用来叙述剧情即对性格有所描摹。试想把一件烦复的罢工经过，束在一个下午源源本本地叙述出来，不散不乱，让劳资双方都能尽量发挥。同时个人的特点，如施康伯的昏，王克林的阴，安蔼和的热，魏瑞德的自私，尤其是第二幕第二场写群众心理的难测和每一个工人的性格，刻画得又清楚又自然，这种作品是无天才无经验的作家写不出来的。""作者洞彻全剧节奏，刻准时间转移剧情的本领委实可敬。"

然而，《争强》让家宝最为感动的，是剧中人物身上的那种高贵的气质，那种追求理想、为信念献身的热情和勇气。家宝热情地称赞这种精神并愤怒地抨击着现实的丑恶："他们那种刚挠不屈的魄力，肯负责、顾大局的骨气，的确是晚近青年们心灵贫弱的补药。在势在位，不为自己打算，抱定专一的见解，拼着位置、财产、性命，'为将来，为大局'争！争！像这种呆子打着灯笼在今日的中国找，真是'凤毛麟角'，实在不多。结果，二人失败。那位老董事长便决不恋栈，立刻辞职，光明磊落，来去昭然，这比那群蝇营狗苟，'在其位，不谋其政'的东西们，哪一个值得我们赞扬是不问可知的。"

《争强》的演出让他结识了一位终生的同行朋友——后来成为中国著名话剧导演的黄佐临。黄佐临当时刚刚从英国伯明翰大学留学回来，他虽然不是学戏剧的，但对戏剧很有兴趣。"回国未几天，就听说南开学校二十五周年纪念时，将要排演高尔斯华绥的戏剧。得到消息，非常高兴，因为此老是近代大文豪中我最崇拜的一位，后来又晓得要演的不独是高氏的作品，并且还是他的作品中我在英国前三四年曾经看过的一出，所以更加拭目以待，恨不得立睹为快。"黄佐临去看了《争强》的演出，十分欣赏。直到晚年回忆，他还清楚地记得家宝的表演"很有精气神，眼睛发亮，声音很洪亮，在场上是很活跃的"。黄佐临因此给天津的《大公报》写了一篇《南开公演的〈争强〉与原著之比较》的观后感，对南开的演出大加赞赏，称其"显得十分圆满，其中的意义，亦能清清楚楚地传达到观众的眼前，不稍暗昧。大成铁矿董事长安敦一与罢工领袖罗大为各相作敌，表演来，精神充足，畅而有力，各董事与安敦一之喧哗，众工人与罗大为之不睦，均在第一幕中便可一目了然，使观者在脑海中留下了深刻的印象。这不能不说是张彭春先生的导演手法之高强，与南开新剧团的表演之灵巧……"黄佐临的这篇文章是我国难得的早期东西方戏剧的比较批评文章。他并不仅仅是称赞，在对原著和演出进行了细致的比较分析，指出了成功和不足外，还从导演的处理和舞台语言的运用上，提出了人物可以按其身份及环境的步态作不同的处理，以增强人物的性格化，更好地揭示人物之间的矛盾关系和戏剧冲突。

家宝读了这篇文章，极为信服。他竟然通过《大公报》找到了黄佐临，不仅亲自登门请教，还把他引荐给张彭春先生。此后，他们常常在一起谈论文艺问题。看到黄佐临家里有许多戏剧方面的书，家宝就借回去看，觉得大开眼界。

黄佐临当时在南开大学还兼了课程，主要讲萧伯纳和狄更斯。但是，家宝对萧伯纳并不感兴趣。后来，家宝对奥尼尔发生了兴趣，黄佐临却又无兴趣。然而，这并不妨碍他们之间的友谊。这是一对思想和心灵上的朋友，他们互相为对方的才华和性格所吸引，他们对易卜生和高尔斯华绥有着共同的理解和喜爱。因此，他们结下了终生的友谊。

又是冬天到了。在1929年的岁末，张彭春要去美国为南开筹措教学经费。临行前，他对南开新剧团的有关工作做了安排。恰好南开礼堂预备拆旧重修，大约在第二年10月份完工。师生们相约，张彭春走后暂不排戏，大家安心静候导师归来。在这冬蛰期内，年轻的学子们依然在忙碌，他们搜集着20年来话剧运动的史料，筹划着下次试验的剧目，还整理印出了《争强》的舞台演出本。

家宝似乎更忙碌。这段时间，他翻译改编了外国独幕剧《太太》和《冬夜》。这两出戏，一是喜剧，一是悲剧，家宝把剧作的场景和人物都中国化了，但依然保持了剧作原有的意境和诗情，很适合于舞台演出，为京津一带的学校剧团所广为采用。剧本发表在《南大周刊》上，他用的是"小石"的笔名。父亲的字是宗石，家宝是在以此纪念着父亲。

紧张之余，家宝依然手不释卷。他在啃着一部大部头的英文原版的《易卜生全集》。这是张彭春临走时特意送给他的。借助字典，家宝一字一句认真地读完了这位"近代戏剧之父"的全部作品。在他面前，出现了一个新的境界。或许，正如《易卜生全集》的英译本译者、英国戏剧理论家威廉·阿契尔所说，吸引着家宝的，"不是由于易卜生是个有理想、有原则的人，而是由于易卜生是个纯真的诗人，是个不同类型的男女人物的塑造者，是各种精神状态的探索者，是奇怪命运的织造者"。从当年参加《娜拉》的演出，到现在细读易卜生的全部剧作，不论是《群鬼》《社会支柱》《野鸭》，还是《国民公敌》《建筑师》《当我们死人醒来的时候》等剧作，家宝都能感受到一种心灵的激荡和升华。易卜生强烈的个性主义，不怕孤独，宁愿在保守派的大多数面前孤立也不屈服的精神深深地感动着家宝。他深深地体会到易卜生在谈到自己写诗剧《布朗德》的创作动因时所说的话："布朗德是最佳时刻的我自己。我试图表达我在内省我自己怀有最伟大最美丽理想的那一瞬间。因此,我试图表达那种比平常的我要站得较高的时刻。"

家宝为易卜生的创作技巧所折服,他惊叹"话剧艺术原来有这么许多的表现方法,人物可以那样真实又那样复杂"。

由于易卜生,家宝的眼界大大地开阔了。他对外国戏剧产生了强烈的兴趣。学校的阅览室里,他一待就是大半天。美国的《剧场艺术月刊》,他每期必读。通过这个刊物,他知道了奥尼尔。

最初知道奥尼尔,是因为《剧场艺术月刊》正在介绍奥尼尔的新作《马可百万》。这是写马可·波罗来到中国,会见元世祖忽必烈,学习中国的造纸术的事情。外国剧作家写中国,写得怎么样?家宝感到新鲜,他找来了原作,一读就读进去了。接着,又读了《天边外》《榆树下的欲望》《安娜·克里斯蒂》……

虽然家宝对作者笔下的美国当代社会生活并不熟悉,但是奥尼尔笔下的那些生活在社会下层的人物,对于家宝来说,似乎并不陌生。奥尼尔对人物命运的描写,对人物心理的刻画,更是那样深刻地震撼着家宝。那些人物因命运不公遭受磨难,而进行坚强的抗争。剧中流露着奥尼尔因生活的复杂、生命的神秘莫测而产生的敬畏、困惑和无奈之情,但同时,奥尼尔也在挖掘着生活的美,挖掘着他笔下人物的心灵的美。他深深地同情着笔下的人物,"我是一个更真诚地热爱生活的人，我爱赤裸裸的生活。在我看来，甚至在丑陋的生活中也有美"。正是这种真诚和坦诚，让家宝深为佩服。家宝佩服他不断探索和创造能生动地表现人物的各种心情的戏剧技巧，佩服他笔下的水手，佩服他对生活的了解和理解……

也许，家宝自己都没有意识到，就在这些阅读和理解中，他已经走向了戏剧创作之路……

第十二章
水木清华

1930年夏天,家宝做出了一个重要决定——转学清华。

随着家宝对戏剧艺术越来越增长的喜爱,对外国戏剧也越来越深的了解,他越来越觉得政治学理论很枯燥,似乎对南开也感到了一种保守和闭塞的沉闷。他和要好的孙毓棠等同学在一起互相商量和鼓动着,要去报考清华大学的西洋文学系。南开大学自然舍不得家宝这样有才华的学生,于是提出了苛刻的条件:如果你们去考清华,不管考上没考上,都不能再回南开。

这等于是断了家宝的后路。

可这也没有能够改变家宝的决定。

家宝和孙毓棠一放暑假就来到北京,住在孙毓棠的外祖父家里,紧张备考。

毓棠的外祖父家,是一户已经落魄的官宦人家。大宅院显得破败,因此也十分清静。对于家宝来说,这真是个读书的好地方。

不知是不是南开大学提出的苛刻条件,犹如一道"军令状"让家宝和伙伴们背水一战,家宝和他的伙伴们都顺利地被清华大学录取。孙毓棠考上了历史系，家宝则如愿以偿，成为清华西洋文学系二年级的学生。

家宝的眼前，展现出一片新天地。

一切都显得那么古朴、清新。

走进学校，迎面是学校的最主要的建筑"工"字厅。这是一处由回廊连成一体的三进中式大庭院，大大小小有一百多间房，许多是气魄宏伟的典雅厅堂，最后一进的大厅里，陈设着各种瓷器古玩。在那宫门门额上，黑底金字的楷书"清华园"三个大字赫然入目。据说，这是清朝咸丰皇帝的御笔题书。

清华园最早为熙春园，是清朝康熙皇帝的一处行宫。道光年间，熙春园成为清皇族醇亲王的赐园。咸丰年间改名为清华园。到了光绪年间，清华园园主载濂因故被革职，清华园被皇室收回，长期荒芜不用。清末，中美两国政府协议利用美国"退还"的部分"庚子赔款"兴学育材，清华园被选为校址。1911年4月29日开学，取名为清华学堂。

作为皇家园林，清华园里到处是云杉、翠竹、松柏和各种名花异草。进入大门之后，有一条笔直的大道，又宽又长，似乎没有尽头。大道的左右两旁，各有一株三四个人才能合抱的千年古树，巍然屹立，气象非凡。看到它们，就让人产生一种庄严雄伟之感！那让朱自清先生流连忘返的"荷塘月色"，现在也是家宝常常驻足流连的地方。

这里真是静谧极了！沿着荷花池绕行一周，道旁是矮矮的小山丘，还有那小山丘上的钟亭，那悠扬的钟声是为清华人报时的。晚上最后一遍钟声，那是熄灯信号，清华园的电厂供电到此为止，所有的电灯马上就要熄灭，是休息的时刻了。大礼堂、图书馆、体育馆更是家宝早已耳熟能详的"清华三宝"。现在，真的置身这里，家宝好不开心！体育馆前有一大片开阔地被辟为体育场，四周是跑道，中间是体育场。那时经常举行棒球赛。清华的棒球队穿着镶有紫色条纹的白色运动服，戴着有紫色帽檐的白色棒球帽。白色和紫色是清华校徽的颜色。队员们个个雄赳赳、气昂昂！看，那上身穿一件白衬衣配搭蝴蝶领结，半卷着袖子；下身一条灯笼裤、一双长筒运动袜和皮鞋，挺拔的身姿，矫健的动作——就是身着"标准装备"的我国近代著名体育教育家马约翰先生。马先生还让自己的两个孩子启华、启伟，穿同样的队服，排在前面出场，真是神气极了！马约翰先生自1914年受聘清华以来，在清华园中度过了52个年头。可以说，是他在中国完整地提出了"体育是产生优秀公民的最有效、最适当和最有趣的方法"，"体育是培养健全人格的最好工具"的观念。他总是激励着大家："年轻人，必须要有强健的身体，才可以为祖国健康工作50年！"看着马先生满脸充满精气神的笑容，家宝会不由自主地想起张伯苓老校长，从而更感到几分亲切，几分自豪！在那大礼堂上，镌刻的是"自强不息"的清华校训。这取自《易经》的古训，对于家宝来说，是多么的熟悉。"天行健，君子以自强不息。"父亲从小就以此教诲自己。而现在，家宝每次看见，都会感到一种激励。

西洋文学系系主任是著名的王文显教授。他是中国现代戏剧的先驱之一，也是一位戏剧教育家。洪深、李健吾、陈铨、张骏祥、杨绛等都是他的学生。他还曾任清华大学教务主任、代理校长和外文系主任。他用英文创作了多种剧本，多为喜剧，充满了嘲讽，别有一番幽默，令人捧腹大笑后若有所思。家宝对他仰慕已久。不过，他的授课并不太吸引人，总是按照讲义照本宣科。据高年级的同学说，他的讲义内容年年如此，从无增减。这样，内容虽然扎实，但不免有些枯燥。好在大学的学习不同于中学，老师会开出许多参考书，让学生们自己去读。王文显教授也开出了一长串的欧美戏剧名著的名单。

家宝又和以往一样，成了图书馆里的书虫子。他整天泡在图书馆里，一待就常常忘记了出来。即使出来，也常常是抱着一大摞书。在路上，他也是捧着书。

清华的图书馆是我国最早的图书馆，也是当时最具规模的图书馆。图书馆里，有一层铺的是玻璃地板，这是20年代令人叹为观止的建筑。比起南开，清华的藏书更丰富了许多。而对家宝来说更具意义的，是有那么多的古今中外的戏剧书籍。

在西洋文学系，外语学习是很重要的课程。家宝不仅要学英文，还要学德文和俄文。但家宝在学习语言的同时，他把更多的精力放在了钻研戏剧上。

比起在南开，在戏剧学习上，家宝不再是见到什么就看什么，什么有兴趣就读什么，而是开始了系统的戏剧史和戏剧理论的学习。他读法国的博马舍、莫里哀、雨果、大仲马、小仲马、罗曼·罗兰，读德国的席勒、歌德、莱辛、霍普特曼；读英国的莎士比亚、王尔德、萧伯纳、高尔斯华绥，还有瑞典的斯特林堡、比利时的梅特林克，读俄国的果戈理、托尔斯泰、契诃夫……从两千多年前的古希腊悲剧开始，几乎所有的世界戏剧大家的作品他都一一读过……他震惊于世界戏剧文化的丰厚博大，"我发现，古今中外的大师们沥尽心血写下的文章，真是学习的好范本"。埃斯库罗斯那雄伟浑厚的感情，欧里庇得斯观察现实的本领以及他的写实主义的表现方法，尤金·奥尼尔的布局和结构的完整，莎士比亚的宏伟气魄和色彩的丰富，契诃夫诗一般的优美情调和风格，都使家宝深深地陶醉在其中。

除了读书，家宝注意从生活中学习。当同学们在一起聊天的时候，在一旁的家宝很少说话，他总是在一边听一边记。他的笔记本上横七竖八地记着别人的谈话，也记着那些他认为有意义的警句。同学们都很佩服他，称他博闻强识。不过，他课内的功课并不是很好，或许就和他这种奇怪的读书学习方式有关系。家宝曾经两次参加赴美留学考试都没有通过，可他对此并不介意。

来到清华，家宝更加迷恋于音乐。清华有很好的乐队，演奏活动搞得很红火。同室的同学有的学小提琴，家宝则开始跟一位老师学巴松管。巴松管很难吹，家宝从头学起需要很长时间。吹了一段时间，家宝就没有坚持下去了。不过，他对宿舍里的其他同学学习音乐，依然热情地给予支持。甚至对有的同学在音乐上花费大量的时间，功课马马虎虎，考试只要能通过就行的做法，家宝也十分赞成。他觉得，一个人爱好一个事业，只要有兴趣，坚持下去，必有所成，而考试并不是最重要的。

虽然没有坚持继续学习巴松管，但是家宝对于音乐，依然那么热爱。学校的大礼堂里，有许多唱片经常播放，家宝听得十分入迷。巴赫、贝多芬、莫扎特、肖邦……还有那些动人的西洋歌剧，家宝一遍又一遍地听着，常常听得神采飞扬、热泪盈眶。意大利的歌唱家葛利多兹来到北京演出歌剧《浮士德》，家宝专程从清华大学跑了几十里路到北京饭店去看。虽然家宝并不会吹拉弹唱，但是那动听的旋律好像与自己心灵里的什么东西起着共鸣……

来到清华不久，他的文学才华就被同学们发现了，被推选为学生自治委员会主办的《清华周刊》的文艺编辑；他的演剧才华，更使他成了清华园里的知名人士。

清华颇有演剧传统。而且，清华还有一个不成文的规定：每年校庆的时候总是要由低年级的同学演戏，向高年级的同学汇报，听任他们评判高低。家宝一到清华，同学们就传开了，来了一个会演戏的万家宝。家宝的确不负众望，他把在南开演出的《娜拉》搬上了清华的礼堂。而且，他这次不仅做演员，饰演娜拉，还兼导演。据著名翻译家、文艺评论家李健吾后来回忆，家宝的这次饰演女主角，大概是中国话剧史上最后的一次男扮女装。而家宝的表演，让清华的同学们大饱眼福。

《娜拉》成功演出之后，家宝又和同学们一起排演了根据外国剧本改编的《马百计》、高尔斯华绥的《罪》（又名《最先的与最后的》）等剧。最有意思的是日本的狂言《骨皮》的演出。

"狂言"是日本古典戏剧中最早的两个剧种之一，另一个是"能"，它们大约在公元14世纪时发展起来，距今约有六七百年的历史。说来也巧，据研究，它们的起源与我国古代的"散乐"有着密切的关系。狂言主要在民间流行，是一种通俗的滑稽喜剧。它主要取材于民间生活，情节简单，但戏剧冲突却非常集中、突出，洋溢着时代的批判和讽刺精神。它是中世纪民众力量高扬的反映。一切中世纪压制民众的封建权威、世俗权威和宗教权威，一切邪恶势力的愚蠢和残忍，都被"狂言"置之为批判、嘲讽的对象。周作人最早将"狂言"介绍到中国。《骨皮》就选自周作人1929年翻译出版的《日本狂言十种》。

《骨皮》是由民间故事演变而来的，颇有兴味。"骨皮"就是伞。这个戏说的是寺院里的老方丈道貌岸然，小和尚老实善良而又口吃。老方丈作威作福，小和尚无所适从，只能机械地服从。下雨了，小和尚把伞借给了过路人，受到老方丈的指责，老方丈嘱咐小和尚该如何回绝。有人来借马，小和尚把老方丈教的对借伞人说的话对着借马的人说了，自然让人感到好笑。更可笑的是，小和尚实话实说无意中揭露了老方丈在马棚勾引妓女过夜的丑事。老方丈狼狈不堪，恼羞成怒。

《骨皮》演出中，家宝这次是做导演。他着力发掘剧作的喜剧因素，并在人物和角色上下功夫。他别具匠心地让平时就结巴的孙浩然同学饰演老方丈，让平时并不口吃的马奉琛饰演口吃的小和尚。这样排演起来，更是笑话百出，家宝自己也常常笑得满地打滚。尤其是最后，老方丈恼羞成怒，对着小和尚，气得说话也结巴了："你你你这这可可可可可恶的东东西……"那按角色要求本来就口吃的小和尚则更是结结巴巴、认认真真地反驳："即即即使说说是是师师师傅傅，我我我我也不不输输给给你……"每次演到这里，清华的礼堂里总是全场哄堂大笑，掌声一片。在酣畅淋漓的大笑之中，观众不仅欣赏着日本民间戏剧艺术的清新、幽默、辛辣，也对家宝和他的同学们的喜剧艺术才华发出了由衷的赞叹。

不久，同学们就亲昵地称家宝为大家的"小宝贝儿"。也由此，有了让清华园为之骄傲的"龙、虎、狗"三杰之说。"龙",指的是在1929年考入清华,虽然数学只考了15分,但因中文和英文成绩极佳而被破格录取,被吴宓老先生称之为"人中之龙"的钱锺书;"虎",就是家宝;"狗",则是另一位才子颜毓蘅。颜毓蘅学识渊博,后来到南开大学任外文系教授。于是,南开就有了"狗尚如此,何况龙虎"的美谈。

如鱼得水一般,家宝活跃在清华园礼堂的舞台上,遨游在清华图书馆的书海里,沉醉在戏剧艺术的无穷魅力中。

然而,"九一八"事变的爆发打破了家宝宁静的学习生活。

偌大的北平城,再放不下一张平静的书桌!

北平学生的抗日救国运动如火如荼。就在"九一八"事变的第二天,清华园里的进步学生就在地下党的领导下,成立了抗日救国会。而国民党当局却高喊"攘外必先安内"的口号,做出了禁止学生罢课、不许学生结队游行、学生讲演应以三五人为限、学生开会得经校方批准并需由警察加以"保护"等决定。这些决定,激怒了爱国热情高涨的青年学生。全国各地激愤的青年学生组织了代表团到南京请愿。

受着父亲、家庭环境和南开学校的影响,从小,家宝就关注着国家大事,热心于社会公益活动。北伐运动期间,家宝只是个十多岁的孩子,他也高唱着"打倒列强,打倒列强……"行进在游行队伍中。1931年夏天,蒋介石把国民党中央政治学校的副教务主任吴南轩派到清华做校长。吴南轩口口声声"受命党国",独断专行,十分可恶。他在南京对报界宣称决心"遵守蒋主席整顿学风意见办学"的讲话,激起了清华师生的义愤。学生自治会发起组织"驱吴"运动,家宝也参加了。他和同学们一起开会、请愿、罢课,不达目的,誓不罢休。张奚若、朱自清、闻一多等著名教授也都支持学生们的正义行动。蒋介石对此既恼火又无奈,不得已表态,指责吴南轩"多此一举,信口开河"。吴南轩终于被赶走了。家宝在"驱吴"运动的斗争和胜利中,感受到了争取民主和自由的斗争的快乐。现在,面对着日本帝国主义入侵东北,家宝怀着满腔热情投入了抗日救亡运动。

家宝被同学们推举为救国会委员。他和孙毓棠等同学办起了《救亡日报》,由学校印刷厂印刷,经费则是由这一群年轻人自己筹划来的。他们自己写社论、发消息,自己编辑,还发表小说、杂文、漫画等文艺作品。第一篇社论是由家宝写的。不过,他写的社论文学味太浓,后来的社论就由别人来写了。《救亡日报》虽然没办多长时间,但是在清华校园内,在同学们的手中,广为流传,影响相当大。

在学校的大礼堂里,有一天,来了一位美国牧师做演讲。"我从东北来,中国的军队是不行的,日本军队很厉害,中国人不能抵抗。他们一来,嘟嘟嘟嘟……就把你们扫射光了,消灭了。"这种中国应该向日本投降的亡国论调,家宝听了十分气愤。身边的同学们也都骚动起来。忽然,一个大个子同学从座位上站了起来,他指着讲台上的美国牧师,高声质问道:"是谁叫你来讲的?!叫你在这里放屁,你和日本人穿连裆裤,你给我滚下去!"这个站起来的同学是中文系的王香玉,山东人。你听,他义正词严,说得真痛快!同学们都纷纷站了起来,喊着叫着,硬是把这个牧师给赶下了台。家宝也挥舞着手臂,站在这些同学们中间,高声呼喊爱国口号,他的心里好不痛快。

满怀着抗日热情,家宝投身于学生救亡运动中。大家组织起来,选了一个日子,到保定去宣传抗日。家宝是小队长。这是个热心的小队长,或许是忙昏了头,居然把出发的日子记错了。本来应该后天出发,可家宝通知大家明天集合。一大清早,同学们都来了。家宝神情严肃地让大家把队伍整理好。同学们精神抖擞、神情严肃地站立着,个个像出征的战士一样。他站在队列前面,开始动员演讲:"同学们,我们马上就要出发……"一番话讲得慷慨激昂,同学们个个热血沸腾。

可是,等啊,等啊,就是不见来接大家的汽车。家宝连忙找人去问,这才知道,自己把时间搞错了。同学们又气又好笑,抓住家宝闹成一团。

第二天清早,同学们排着整齐的队伍坐上了南去的列车。这一路，他们先到涿县，再到保定，最后到定县。

高举着"天下兴亡，匹夫有责""要求政府抗战""收复失地，打倒日本侵略者"的旗帜，年轻的学子们在拥挤的车厢里七嘴八舌地谈论着一路的见闻，讨论着宣传方案。

车厢里人声鼎沸，不少其他的旅客都被吸引了过来。一会儿，有一个30来岁模样的旅客也挤进这些学生中间。他的身材高高大大，穿一身工装。在他黝黑的脸膛上，在那两道粗粗的眉毛下，闪着一双明亮的眼睛。他的神情显得沉静又亲切。他和学生们交谈起来。家宝没有想到，看他的样子貌不惊人，他的知识却丰富得惊人，简直就像大学教授一样。他侃侃而谈，又那么平易浅显，就像拉家常一样跟家宝和同学们谈了许多时事道理。不知不觉，长辛店火车站到了。这位陌生的朋友该下车了，他和同学们挥手道别说："好好干吧，你们学生做得对！"

这位陌生的朋友走远了。望着他宽厚的背影，家宝和同学们很久没有说话。过了好半天，不知是谁在说，他是不是长辛店的铁路工人？一种敬意在家宝的心里升起：这就是"产业工人"？

保定、定县之行，家宝看到了许多在清华园里看不到的华北平原上普通劳苦大众的贫困生活场景，也让他感受到了中国人民不愿受奴役、坚决不当亡国奴的强烈的民族精神。火车上的那位黑脸大汉给他的印象尤为深刻，在普普通通的千百万受苦受压迫的劳苦大众中，有一种有头脑的、了不起的人，就像那位陌生的朋友。有他们，中国绝不会亡！

1932年暑假，家宝和两位外籍女教师及另一位男同学，一起相约去山西五台山和内蒙古远游。外籍女教师想利用假期游览中国的名山胜水，邀请家宝等中国男同学同行。由于同时还有"保驾"之目的，所以提出旅费由她们支付。这本来也是顺理成章的，但要强的家宝觉得有伤自己作为中国人的自尊心。他说："我可以陪你们去，但是一切费用由我自己开销。"

这是家宝第一次到离北京那么远的地方。因此，一路上的感觉特别新鲜，这让年轻的家宝兴奋不已。他是那么强烈地感受到祖国国土的辽阔、山河的壮美！盛夏的五台山，青山绿水，寺庙林立，香火缭绕，钟声悠扬。在一片清凉之中，家宝惊叹着祖国历史文化的久远精深，琢磨着作为外来文化的佛教文化在中华大地上如此兴盛的缘由。而内蒙古大草原上那"天苍苍，野茫茫"的瑰丽景色，真是让家宝为之陶醉！虽然"风吹草低见牛羊"的情景没有见到，但是，"夏天，草原上的云彩真是好看极了，湛蓝的天空，朵朵白云飘过，时如朵朵雪莲，时如座座雪山，时如海浪激起千堆雪；傍晚的云彩更是变幻无穷，其色彩之艳，转换之快，真是诡谲神奇，美得不得了"。

当然，这次旅行也是艰苦的，尤其在那个年月，交通十分落后。他们走这么远，很有些探险的味道。在去张家口外百灵寺的路上，他们险些被洪水冲走。他们去时涉过的那条浅浅的清澈的小溪流，回来时因山洪暴发变成了一条湍急的齐腰深的大河。那里人烟稀少，野兽时常出没。两位外籍女教师都比较胖，行走不利落。现在，面对这种情况，大家都很有些紧张。不知是因为在女性面前，还是因为在外国人面前，家宝显得特别勇敢、特别有胆量。其实，他的水性并不好，只是学过游泳而已，可他主动担当起了探路的任务，走在了最前面。那湍急的水流冲得他站不住脚，好几次，他踩空了脚，一股浪头卷过来，就把他给淹没了。幸亏他稳住自己，借着水的浮力浮出水面，重新踩住大石块站稳。这样的险情有过好几次。在那两位外籍女教师的眼里，家宝简直就是一位了不起的英雄。在内蒙古，草原上的气温一日之间变化很大，中午要脱光上衣，晚上就得钻进羊皮口袋里睡觉；有时，在平沙大漠，莽莽荒原，日行百里，十分疲劳；有时，他们住在骡马店，就睡在老百姓的土炕上。所吃的食物，更不能讲究，不管是带着强烈的腥膻味的牛羊肉，还是粗糙的杂粮，都得强行咽下。

然而，和旅途的艰辛相比，家宝感到难过的，却是他一路上看到的祖国大地上人民的苦难。尤其是在太原。太原是一座古城，可街道是那么肮脏，到处都能看到乞讨的人们。

很快，1933年到了。这一年，家宝将要毕业；这一年，中华民族正处在生死存亡的危急关头。日本侵略者日益猖狂，步步进犯：1月，占领山海关；2月，占领朝阳，进攻热河；3月，热河省主席汤玉麟弃城逃跑，日军不战而轻取承德，继而进攻古北口。也就在这时，传来了国民党第二十九路军在喜峰口迎战日军，英勇杀敌的消息。

家宝兴奋地报名参加了学校组织的救护团，跟着大家一起去古北口慰问抗敌将士。

一路上，家宝看到了许多令人感动的情景。当他到了前线的后方，家宝见到了一位让他永远不会忘记的士兵。

那一天，在路旁，对面抬过来一位年轻的士兵，他的胸前湿腻腻的，全是绛红色的血。他的牙紧咬着，眉头皱着，显出很痛苦的样子。他忍耐着，不敢喘气，因为偶尔深深喘一下，便会有更多的血由衣服的夹缝中流出来。他的脸几乎被黑泥涂满，看不见他的皮肤的颜色，只能看见他凸出的眼睛望着家宝和眼前的这些学生们。他一声不吭。家宝和同学们把他扶起来，给他包扎伤口，又倒水给他喝。其实，家宝和同学们都没学过看护，他们的动作都很笨拙，但他们的殷勤诚恳使士兵很感动。他的眼睛里渐渐露出和善的光彩，但他还是没有说话。这时，有一个医官来了。学生们请他给士兵诊视。医官诊视之后，低声告诉学生们："流血过多，恐怕没有希望了！"这个士兵可能有所察觉，他紧紧地握着拳头，吃力地将手举起来，在空中摇了摇,说出了几句最亲切的山东话:"洋学生,我不行了……你们待我太……好了,我……"他的手抚着腰,艰难地从破口袋里掏出一张破烂的票子,带着很惭愧的神情,仿佛觉得拿不出手的样子说:"我这里就……就剩下两角钱了,洋学生你们拿去洗个澡吧!"说完,他头一歪,死了。

站在这位士兵的面前,家宝久久没有说话,也没敢动弹,好像是怕把这位士兵给惊醒了似的。他被深深地震撼了。家宝在心里说,这是一位极其普通平凡的士兵,可他又是一位活生生的士兵,一位伟大的士兵。他在战场上为祖国而牺牲,他和他的灵魂将永远活在大家的心中。

也是在这个春天,家宝第一次见到了大海。浩瀚的太平洋,波涛汹涌,海风浩荡。

家宝和同学们一起到日本旅行。按照清华大学的惯例,毕业班的同学可享受公费去外国旅行。今年,学校安排毕业生们去日本。

海风扑面。站在船舷边上,家宝的心情极为复杂。日本帝国主义的铁蹄正践踏着祖国的大好河山。可是,自从小时候读过《鲁滨孙漂流记》,他就向往着碧波万顷的大海,向往着那碧海青天之下的白帆点点,向往着亲身感受海上的风暴,领略异域风情。长大以后,他希望能够更多地去了解异国的文化。现在,当机会来临的时候,他实在舍不得放弃。

踏上日本国的土地，一切都是那么新鲜。春雨迷蒙的日本海岸，在古城的窄道上摇曳着酒旗的酒楼，碧绿的草地上奈良的小鹿；一座座碧绿的岛屿，像在雾里，又像在梦中；那满目浓密的樱花，好像一片片彩云……

一个月的时间里，家宝和同学们跑了日本的七个城市：东京、奈良、横滨、神户、大阪……家宝不懂日语，甚至连一句日语也不会讲。但是，像他一样年轻、脚踏木屐、身着学生装的日本大学生们就用笔写着半通不通的文字，跟家宝和清华的同学们开怀畅谈，交谈得十分热烈。

看日本的歌舞伎，家宝被日本的古典戏剧艺术深深地吸引了。家宝看的是当时日本歌舞伎的名优尾上菊五郎的演出，剧名是《义经千本樱》。故事描写樱花盛开、蒙蒙细雨中，一个美少年遇见一位窈窕少女，两人目光相接，但都没有说话。瞬间，少女离去了。从此，两人再没有见面。尾上菊五郎演那个美少年，他从花道上走出来，手持纸伞，在雨中彷徨眷念，惆怅不已。他当时已经49岁了，可他的一举手、一投足，都是那样精确，那样优美，把人带到那样一种古典的意境之中……

看这样的演出，真是一种极美的享受！家宝联想起我国卓越的京剧艺术大师杨小楼。他觉得，在这样两种艺术形式之中，有着多么相似的地方。念起日本隽永的俳句，家宝又会想起中国的唐诗：去年今日此门中，人面桃花相映红。人面不知何处去，桃花依旧笑春风。

在日本的土地上,家宝感受着日本民族文化的灿烂美好,也感受着日本人民的坚强和奋斗精神。在东京,他特地和孙浩然一起去筑地小剧场看演出。他们没有想到,著名的筑地小剧场竟是那样俭朴,舞台就像一个大讲台一样。那天演出的大概是《好望角》,是北欧的一个航海故事。剧场里大约有五六十名观众。家宝似乎有一个印象,台上的人比台下的人还要多,演员们是那样激情地投入。家宝和孙浩然都不懂日语,但都被舞台上真实、诚挚的表演征服了。他们和日本观众们一起鼓掌,为演出叫好。

家宝沉浸在激动之中。他早听说,筑地小剧场建于东京大地震之后的1924年。在地震中,东京有20多所剧场被烧毁。日本戏剧界的有志之士小山内薰和他的学生土方与志共同将土方家的私宅改建成筑地小剧场,并使之成为日本现代戏剧的重要基地,成为日本新剧史上第一个由演员剧团、常备剧场和戏剧学校组成的三位一体的统一戏剧组织形式。它在日本现代戏剧发展中起着极其重要的作用,被称为日本新剧的母体。在成立仅仅5年的时间里,它就上演了世界各国各艺术流派的剧作117部,还上演过由中国的《牡丹亭》改编的话剧《相恋记》,培养了一大批以后在日本戏剧舞台上成绩卓著的戏剧艺术家,实现了小山内薰提出的"为演剧""为大众""为未来"的目标。现在,家宝亲身来到这里,亲眼看到了这样一场朴素而又热情高涨的演出。他由衷地敬佩着日本的戏剧先哲,感受着日本现实主义戏剧传统的魅力。

夜已经很深了，家宝和孙浩然脚步匆匆地赶回旅馆。春雨霏霏，春寒料峭，可他们全无冷的感觉。家宝的眼前，仿佛又出现了古北口的那个为保卫祖国而牺牲的士兵；家宝的耳旁，仿佛又响起了北平街头那"莫忘国耻""打回东北老家去"的激昂悲愤的口号声。家宝和孙浩然的心头充满了疑问：日本人民是这样的奋进和自强，日本青年是这样的向上和友好。可为什么日本的当权者要将战火燃烧到友好的邻邦？

第十三章
我要写戏

盛夏,清华园浓浓的树荫里,蝉声一片。

家宝端坐在图书馆里埋头写作。他每天清晨进来,坐在杂志室里这个固定的位子上,占领他全部思绪的,始终是另一个世界,是他笔下那些缠绕了他好多年的人物,是那些他似乎还未琢磨清楚的人情世态……

很久以来,那时还在南开大学念书的时候,他就有了一种说不清的感觉。虽然只有19岁,可他已经演了那么多年的话剧,还改编、导演了那么多的戏。无论是外国的、中国的话剧,无论是当演员,还是改编剧本或做导演,每一出戏,他都有一种新鲜而愉悦的感觉。他就像一只勤劳的蜜蜂,吸吮着那甘甜的花蜜。久而久之,他的眼界开阔了,他积累了丰富的舞台实践经验和戏剧创作经验。随之,他也有了一种冲动,一种愿望,一种他自己还不清楚的向往……

然而很奇怪,家宝的心,像是落在一片杳无人烟的沙漠里,即使有时有暴雨狂落几阵,也立刻渗透干净,又干亢懊闷起来。

家宝不知道怎样来表达自己。虽然在人前,家宝也显露着欢娱,但他的性格中素来有些忧郁和暗涩,在孤独时常常就像许多精神总不甘于凝固的人,自己不断地苦恼着自己。家宝苦恼着。多少日子以来,他不知道"宁静"是什么,不明了自己,也没有古希腊人所宝贵的智慧——"自知"。除了心里永远感到乱云似的匆促、迫切,他没能在自己的生活里找出个头绪来。

家宝苦闷着,不知该怎样往前迈出艰难的步子。

日日夜夜,醒着和梦着,家宝都在思索着,仿佛在眺望那时有时无的幻影。多长的一段时光啊,家宝在苦苦地寻求着。

突然,家宝的心里像是有了什么;突然,家宝的眼前亮了起来。

猛不丁地,就像是从岩石缝里生出一棵葱绿的嫩芽——我要写戏!

仿佛是找到了自己一生的道路,家宝的心变得那么豁亮。

这些年来,在家宝不算长的生命里程中,他已经经历了多少光怪陆离的境遇?看见了、听见了多少发人深省的人物和世态?无法无天的魔鬼使家宝愤怒,满腹怨仇的不幸者让家宝同情并为之流下眼泪。家宝的心也在呻吟,在激怒,在流血,在呐喊!现在,家宝终于明白,他有无数的人像要刻画,有无数的罪孽要控诉。是的,家宝正浮沉在无边惨痛的人海里,他要攀上高山之巅,仔仔细细地望穿、判断这些叫"人"的东西究竟是美是丑，他们究竟有着怎样的个性和灵魂。

家宝并没有想要匡正、讽刺或攻击些什么，然而，隐隐地，仿佛有一种汹涌的情感在推动着他。要发泄那被压抑的愤懑，毁谤中国丑恶的家庭和社会。

已经整整5年了。家宝写了数不清的文字，写了许多种人物小传，记不清改了多少遍，那些断编残简塞满了床下。

感谢清华的图书馆，就是在这里，家宝奋笔疾书。

感谢那位姓金的图书管理员。在家宝怎么想都是一笔糊涂账的时候，他允许家宝进到书库里，随意浏览那看不尽的书籍和画册。逐渐地，家宝把笔下人物的性格和语言的特有风味揣摩清楚。

感谢"水木清华"这美妙无比的大花园里的花花草草。每当想得头痛欲裂的时候，家宝走出图书馆。春风中杨柳轻扬，看着眼前的浅溪、白石，还有水面上浮荡的黄嘴雏鸭，顿时，家宝感到神清气爽。他深深地沉醉在这迎面而来的清新气息之中。有时候写得太舒畅了，家宝也会跑出图书馆，爬上不远的山坡，在清凉的绿地上躺下，仰面呆望着蓝天白云，或回头张望着暮霭中忽而青紫、忽而粉红的远山石塔，愣愣地瞅着石塔在迷雾中消失。

就像是一个比赛前兴奋的运动员。家宝每日在图书馆里写啊写，直到夜晚10点钟，图书馆响起了闭馆的铃声，他才直起身子，快快地走出。夏日清风拂面，柳条刷刷地抚摸着家宝的脸，蝉声聒噪个不停，家宝一点也没有感觉，整个人依然沉浸在原先的思路中。只有当看到图书馆草地上的喷泉，家宝才回到现实世界中，才突然觉得自己非常饥渴。家宝奔过去，捧起那玉泉山引来的山泉水，一口又一口地喝个痛快。又是整整一天没有喝水，家宝此刻觉得，那泉水非常清凉、甘甜。

仿佛有一种诱惑，那是一种对宇宙间许多神秘事物的不可言喻的憧憬；仿佛有一种迫切的需要，那是一种强烈的对现实人物命运的悲悯的情感宣泄。满含着同情的泪水，家宝写着繁漪，写着这位仿佛和自己很熟的朋友：她有着美丽的心灵，有火炽的热情，有一颗强悍的心，她敢冲破一切的桎梏，做一次困兽犹斗的她是值得赞美的，比那些阉鸡似的男子们为着平庸的生活怯弱地度日更值得人怜悯、尊敬和佩服；虽然她做了所谓的"罪大恶极"的事情——抛弃了神圣的母亲的天职；虽然在环境的窒息下，她变得乖戾，不为人所理解——这样抑郁终身，受着人的嫉恶，呼吸不到一口自由的空气的女人在我们这个现实社会里不知有多少？！

满含着悲愤，家宝写着周冲，写着这个他喜欢的17岁的孩子。他犯着年轻人所有的堂吉诃德式的毛病，生活在自己理想的梦幻里。他看不清社会，也看不清他所爱的人们。现实的铁锤一次又一次地敲醒他的梦。直到父亲逼着母亲喝药的那一景,他才真正认识了父亲的权威笼罩下的家庭;在鲁贵的家里,受到鲁大海的侮慢,他才意识到他和大海之间这样的两个家庭环境下长大的青年人之间隔着的一道不可填补的鸿沟;到末尾,母亲唤他出来,阻止四凤与他逃奔的时候,他才看出母亲并不是他所想象的那最聪慧最慈祥的母亲,四凤也不是能与他在冬天的早晨,在明亮的海空,乘着白帆船向着无边的理想驶去的伴侣。他是这个烦躁多事的夏天里的一个春梦,一个不调和的音调。理想如一串串的肥皂泡荡漾在他的眼前,一根现实的铁针便轻轻地将它们逐个点破。理想破灭时,生命也自然化成空影。他不能不死。他的死亡和周朴园的健在让家宝觉得宇宙里并没有一个智慧的上帝做主宰。这么一个可爱的生命偏偏简短而痛楚地消逝,令人不能不发出感叹:太残忍了!

家宝写着鲁妈,写着鲁贵,写着鲁大海,写着周朴园,写着周冲,写着四凤,写着 20 年代以来周家和鲁家几十年的恩恩怨怨……

一切仿佛都是巧合,四凤和周萍这对恋人竟然是同母异父的兄妹;四凤的哥哥,带头罢工反对资本家周朴园的鲁大海竟然是周朴园的亲生儿子;疼爱女儿,不愿让女儿在富户家帮佣的鲁妈到周府婉言请其辞去女儿竟然和 30 年前遗弃自己的周朴园不期而遇;暴风骤雨吹折了一根几十年的老电线,没有来得及修理,却偏偏让四凤和周冲这两个最可爱无辜的孩子因此丧生；那把周朴园刚刚交给周萍用以防身的手枪，转瞬之间，周萍在绝望中开枪自杀……30年的恩恩怨怨，全都了结在这闷热夏季的这一天……

一切就是生活本身。家宝写着，写进去他所熟悉的人物，写进去他所困惑的现实。家宝的心，犹如那炎热的夏天，天空郁结成一块烧红了的铁，人们会时常不由自主地回归到原始的野蛮的路，流着血，不是恨便是爱，不是爱便是恨。一切都走向极端，要如电如雷轰轰地烧一场，中间不容有一条折中的路。这是蘩漪，是鲁大海，是周萍。而相反的，是周朴园、鲁贵。他们是前者的阴影，有了他们，前者才显得明亮。鲁妈、四凤、周冲，则是这明暗中的间色，他们构成了两个极端的阶梯……

在这复杂的人物关系和紧张的戏剧冲突以及高潮迭起的情节发展中，家宝颇费匠心地运用了他所熟悉并且深有感悟的诸如古希腊悲剧和"三一律"等外国戏剧艺术技巧。家宝还特意冒险尝试运用了"序幕"和"尾声"，他希望以此来减轻一些因一连串的死亡而带给人们的恐惧。他想送看戏的人们回家，带着一种哀静的心情。低着头，沉思着，念着这些在情热、在梦想、在计算中煎熬的人们。荡漾在他们心里的应该是水似的悲哀，流不尽的；而不是惶惑的，恐怖的，像一场噩梦，死亡、惨痛如一只钳子似的夹住人们的心灵，喘不出一口气来。不，家宝希望荡漾在人们心头的还有一种诗一样的情怀。在这种用意下,家宝希望借"序幕"和"尾声"产生一种古希腊悲剧的功能,把一件错综复杂的罪恶推到时间上非常辽远的处所,给看戏的人们以所谓的"欣赏的距离",可以处在适中的地位来看戏,而不至于使情感或者理解受了惊吓;同时,由此引导观众的情绪进入更宽阔的沉思的海洋。

然而,家宝就是家宝。所有这些技巧的运用,并不是在故意地模仿谁。家宝说:"我是一个忘恩的仆隶,一缕一缕地抽取主人家的金线,织好了自己丑陋的衣服,而否认这些褪了色(因为到了我的手里)的金丝也还是主人家的。其实偷人家一点故事,几段穿插,并不寒碜。同一件传奇,经过古今多少大手笔的揉搓塑抹,演为种种诗歌、小说、传奇也很有些显著的先例。"家宝期待着观众的评判,"因为一切戏剧的设施须经过观众的筛漏,透过时间的洗涤,那好的会留存,粗恶的自然要滤走"。

在周公馆里那老主人周朴园对女仆梅萍始乱终弃之中,在其子周萍和后母蘩漪所发生的乱伦关系之中,在敢作不敢当的周萍抛弃蘩漪,又引诱自己同母异父的妹妹四凤,重演了 30 年前的那一幕之中,在人们眼前,展现的是一个充满了巧合的血缘纠葛,是一个充满了恶臭、衰败、腐烂、罪恶的世界。家宝以他年仅 23 岁的生命体验和最热情的生命活力,向往着、期待着那震天撼地、摧枯拉朽的暴风雨的来临,来洗涤这腐朽和丑恶。

家宝没有意识到，在他把他所特有的艺术敏感和执着的艺术追求熔铸在剧作之中的时候，他同时已经将自五四以来中国社会复杂的生活变化，包括政治、经济、伦理道德、社会思潮都反映在了人物及其命运之中……

家宝没有意识到，他以他的剧作实现了中国现代话剧的巨大进步……

从最初的一个模糊的影像，一种复杂而又原始的情绪，到后来的几个人物、若干情节，再到最终的结成果实，整整5年的时间，家宝终于完成了他的处女作。在艰辛的劳作之后，此刻的家宝，充满了劳作的幸福、创作的愉快。

1933年，当又一个夏天来临的时候，当终于完成学业，即将毕业于清华的时候，当家宝用英文写完他的毕业论文《论易卜生》的时候，他把自己最初的作品交给了他的好朋友靳以。家宝没有想要发表，但他希望有人分享自己的快乐。家宝的心里，充溢着一种犹如母亲抚慰自己婴儿的那种单纯的喜悦。

第十四章

海上惊雷

北平三座门大街 14 号。这在当年的北京，实在是太普通的小四合院。但是，对于家宝，对于中国话剧的历史发展而言，它却非同小可。

1933 年的秋天，家宝常常来到这里。

此时的家宝，已经考取了清华研究院。在毕业前夕，他参加了清华每年都有的公费留美考试，但是没有考取。倒是没费什么力气，他就考取了清华研究院。

恰在这时，巴金从上海来到北京。此时的巴金，刚刚以在《时报》上连载的长篇小说《家》这部反封建、争自由的鸿篇巨制轰动了文坛。现在，他和郑振铎、靳以正在筹划创办一个大型文学刊物。因为和靳以熟悉，家宝没事的时候就常常来到这里。而这里也已经成为一个文学中心，沈从文、卞之琳、冰心等人也经常来这里。

家宝的剧作，早就交给了靳以。或许是因为忙，或许是因为要避嫌，靳以居然把它忘在了抽屉里。直到一年多以后，有一天，巴金和靳以谈起要更多地注意文坛新人的时候，靳以这才想起来，就在抽屉里有着好友家宝写好的一个剧本，一个曾经让他震撼唏嘘不已的剧本。他赶紧从抽屉中翻找出来，交给了巴金。

就在北平三座门大街 14 号这个小院，就在那个阴暗的小南屋，巴金一口气读完了这个剧本，流下了感动的眼泪。巴金和家宝并不熟悉，然而，他被这个剧本吸引了，他为剧中的周公馆，为剧中的人物、生活、情感所深深地打动了，也为这位只有 23 岁的作者在剧作中所表现出来的才华感到震惊、感到兴奋。"不错，我落了泪。但是流泪以后我却感到一阵舒畅，同时我还觉得一种渴望，一种力量在我身内产生了。我想做一件事情，一件帮助人的事情，我想找个机会不自私地献出我的微少的精力。"这时的巴金，正担任着《文学季刊》的编委，他决定立即发表这一剧作，并且是在一期刊物上将这近 20 万字的四幕剧完整地发表在 1934 年 7 月 1 日北平出版的《文学季刊》第 1 卷第 3 期上，而不是像通常发表长篇那样连载发表。这在当时，对于家宝这样一个不为文坛所知的人，完全是破了例的。巴金当时正在生病，可他亲自校阅书稿，细心地进行技术上的修改。

《雷雨》的发表，给家宝带来了极大的鼓励。这是他的处女作，是他第一次写下的长篇剧作，是倾注了他以往的全部生活体验和情感写下的，而且是在当时文坛上很有分量的《文学季刊》上全文发表，这更让他感到兴奋。不过，对于曾经有过那么多舞台体验的家宝来说，他还是希望《雷雨》能够演出。不过，家宝没有想到，《雷雨》的首演地竟然是在日本。

1935年春天,家宝接到了杜宣、吴天等人从日本的来信。信中说,他们将在东京执导并演出《雷雨》,并且道歉,"为着太长的缘故,把序幕和尾声不得已删去了,真是不得已的事情"。

原来,是两位关注中国文坛的日本青年学者武田泰淳和竹内号,在《文学季刊》上看到了《雷雨》,十分感动,就找到了在日本留学的中国留学生杜宣。酷爱戏剧的杜宣一看就被深深地吸引了。他们热烈地谈论起来,看法非常一致:"《雷雨》虽然受到欧洲古代命运悲剧和近代易卜生的影响很大,但它是中国的,是戏剧创作上的重大收获。"于是,他们决定共同努力将《雷雨》搬上舞台。

家宝热情地写了回信,表示欢迎他们的演出,也表示了对删改的惋惜:

> 我写的是一首诗,一首叙事诗……这诗不一定是美丽的,但是必须给读诗的人一个不断的新的感觉。这固然有些实际的东西在内(如罢工等),但绝非一个社会问题剧。……在许多幻想不能叫实际的观众接受的时候……我的方法乃不能不推溯这件事,推到非常辽远的时候,叫观众如听神话似的,听故事似的,来看我这个剧,所以我不得已用了"序幕"和"尾声"……

至于雷雨象征什么,那我也不能很清楚地指出来,但是我已经用力使观众觉出来。……这个剧有些人说受易卜生的影响,但与其说是受近代人的影响,毋宁说受古代希腊剧的影响。至于说这是宿命论的腐旧思想,这自然是在一个近代人看,是很贴情入理的。但是假若我们认定这是老早老早的一个故事……于是这些狂肆的幻想也可以稍稍松了一口气,叫观众不那么当真地问究竟,而直接接受了它,当一个故事看。

至于在序幕中用巴赫的音乐,也是"有用意的",因为它"会把观众带到远一点的过去境内,而又可以在尾声回到一个更古老、更幽静的境界内"。

1935年的4月27日至29日,在东京神田一桥讲堂,《雷雨》由中华话剧同好会首演,吴天、杜宣等导演。今天我们还能看到由巴金完整保存的这次演出的剧照和说明书。当时,郭沫若正流亡日本,中华话剧同好会把他请来观看了演出。郭沫若极为赞赏。他第一次听到曹禺的名字,知道了这是一位年轻作者。此后不久,影山三郎的日译本发表。郭沫若欣然奋笔,为之作序。他热情地写道:"《雷雨》的确是一篇难得的优秀的力作。作者于全剧的构造、剧情的进行、宾白的运用、电影手法之向舞台的输入,的确是费了莫大的苦心,而都很自然紧凑,没有现出十分苦心的痕迹。"

又是在秋天，天津市立师范的业余话剧团体孤松剧团也准备把《雷雨》搬上舞台。家宝热情地前去指导，为这群年轻的学子们分析剧情，帮助他们把握人物的性格。这一年的8月17日和18日，《雷雨》第一次在国内演出。为了纪念这次有意义的演出，天津《大公报》连续6天连载《〈雷雨〉演出》一文，并发表了有关评论，以示对《雷雨》在发表1年零17天以后在本国上演且由本市的孤松剧团演出的赞扬。

不久，中国旅行剧团来到天津，在中国大戏院演出《雷雨》。中国旅行剧团是中国第一个话剧职业剧团，那里聚集了一批以唐槐秋为首的有志于中国话剧艺术的表演人才。他们的演出，尤其是唐槐秋的表演十分为人称道。在到天津之前，中国旅行剧团已经在北平演出过《雷雨》，反响很好，却遭到反动当局的禁演，演员被抓走并遭到拷打。到天津后，中国旅行剧团的著名演员陶金告诉大家："说我们这出戏有伤风化，儿子跟后娘偷情不会有好影响，少爷和丫头恋爱同样很糟，于是这出戏被认为是有害的。一个星期后，警察抓走了八个演员，我是其中之一。我们被戴上手铐脚镣，并遭到拷打，他们逼我们跪下，打我们，要我们承认是共产党。"听到这样的情况，家宝十分感慨，他好像回到了十多年前，回到了南开剧社，又重新经历着《国民公敌》禁演的那一幕。但是，这次禁演的是自己的戏。

是的，写戏、演戏都不仅仅是个人的事情，都是需要勇气，需要承担风险的。家宝的心里充满了对中国旅行剧团的敬意。他每天都到剧场，帮助把场。有时，他就躲在侧幕为演员们提词。在演出中，唐槐秋扮演周朴园，赵慧深扮演蘩漪，陶金扮演周萍，章曼苹扮演四凤。他们都非常喜欢这个戏，非常投入，整个演出十分出色，上座率很高。散戏之后，这些艺术伙伴们常常在一起兴奋地聊天，聊得太晚了，他们就住在唐槐秋等主要演员们下榻的惠中饭店。唐槐秋对《雷雨》赞不绝口，他兴奋地对家宝说："这个戏真叫座！我演了不少新戏，却没有你的《雷雨》这样咬住观众的。老实说，有这样的戏，才能把剧团维持下去。"

为配合这次演出，1935年8月24日《大公报》在"本市附刊"上，第一次披露了《雷雨》的作者的真实姓名，曹禺即万家宝先生。在随后31日的《大公报》上，又刊登了署名"刘西渭"的《雷雨——曹禺先生作》一文。刘西渭就是著名的评论家李健吾，他对《雷雨》予以高度评价："曹禺原即是万家宝先生，《雷雨》是一个内行人的制作，虽说是处女作，勿怪立即抓住一般人的注意。《雷雨》现在可以说是甚嚣尘上。"这是"动人的戏剧，一部具有伟大性质的长剧"。《雷雨》里，"最有力量的一个隐而不见的力量"是"命运观念"，这命运，"藏在人物错综的社会关系和错综的心理作用里"。剧作"最成功的性格,最深刻而完整的心理分析,不属于男子,而属于妇女",繁漪是一个"反叛者""被牺牲者",富于"内在的生命"。他认为,《雷雨》受了古希腊悲剧作家欧里庇得斯的《希波里托斯》和法国作家拉辛《费尔尔》的影响,而且"很像电影。直到现在,我还奇怪上海的电影公司何以不来采用它,如若不是害怕有伤风化,那便是太不识货了"。他诚恳地指出剧作在情节上"过了分",也诚恳地称赞"作者卖了很大的气力,这种肯卖气力的精神,值得我们推崇,这里所卖的气力也值得我们敬重"。

也是在这个秋天,中国旅行剧团又来到上海卡尔登大戏院演出《雷雨》,整个上海都为之轰动了。不久,著名的上海复旦剧社也演出了《雷雨》,由著名导演欧阳予倩导演,凤子等主演。说来好笑,演出前,赵景深请作者题字。可家宝认为自己的字写得不好,就请老同学靳以冒名顶替。赵景深还真的被骗过了,回信给家宝说:"你和靳以真是好朋友,连字也像他!"

一时间,关于《雷雨》的好评如潮。徐慕云在《中国戏剧史》中写道:"不管在情节上或技巧上都非常成功,在以往的中国剧坛上真是绝少见之佳作,是1934年的文坛上最大的收获。"曹聚仁在他的《文坛五十年续编》中说,《雷雨》的演出,使它与"各阶层小市民发生关联,从老妪到少女,都在替这群不幸的孩子们流泪。而且,每一种戏曲，无论申曲、越剧或文明戏，都有了他们所扮演的《雷雨》"。1935年，"从戏剧史上看，应该说进入《雷雨》时代"。

"《雷雨》时代"的盛况让发现《雷雨》的巴金极为感叹："我喜欢《雷雨》，《雷雨》使我流过四次眼泪，从没有一本戏像这样地把我感动过。我是第一个喜欢《雷雨》的人，固然现在已经有许多的人喜欢《雷雨》了，《雷雨》在《文学季刊》发表后的一年间，似乎没有一个批评家注意过它或为它说过几句话，《雷雨》是靠它本身的力量把读者和观众征服了。"

是的，"那样磅礴的气势，那种熟练的技巧等等，出现在中国剧坛上，简直可以说是第一次"！（荒煤：《还有些茫然》，《大公报》1937年1月1日）是的，犹如海上惊雷，曹禺以他独特的审美情感和艺术表现创造出五四新文学领域中的又一座高峰，奠定了我国新兴的话剧文学样式的成熟，开创出中国现代话剧、中国现代悲剧的新局面。

1936年1月，上海文化生活出版社出版了《雷雨》单行本。在《我如何写〈雷雨〉》的序文的最后，满怀着感激和崇敬之情，曹禺恭恭敬敬地写道："我将这本戏献给我的导师张彭春先生，他是第一个启发我接近戏剧的人。"

第十五章
高山仰止

也许,曹禺还不知道,有一双眼睛,一双充满了睿智和期望的眼睛,正在默默地关注着他。这就是文学前辈鲁迅先生。曹禺不知道,在鲁迅先生的藏书中,有着两本日译本《雷雨》。一本是曹禺满怀着敬意,在《雷雨》日译本刚刚出版时,就寄给先生,请先生指正的。先生收到后,1936年4月22日在日记中写道:"得日译本《雷雨》一本,作者寄赠。"而另一本则是先生在上海内山书店购买的,是在这之前的2月1日。先生在日记里写道:"午后买日译本《雷雨》一本,二元二角。"曹禺不知道,也是在这一年的四月,中国人民的朋友、美国记者埃德加·斯诺拜访鲁迅先生,请他介绍中国现代戏剧家的情况。鲁迅先生高度评价了年轻的曹禺,他高兴地告诉斯诺,中国当前"最好的戏剧家有郭沫若、田汉、洪深和一个新出现的左翼戏剧家曹禺"。

虽然,曹禺并不知道这一切,然而他对鲁迅先生,却是充满了敬佩,充满了景仰。因为先生是新文化运动的主将,因为先生有那样的一支笔——"金不换",因为先生批判现实、鞭笞丑恶是那样得犀利、敏锐。而先生之于他，更有着几分亲切。是的，先生注重戏剧艺术对民族精神的滋养作用。早在1907年，先生就阐发了科学与艺术对人类文明和进步的重要意义。那时，用的还是文言文。先生写道："盖使举世惟知识之崇，人生必大归于枯寂，如是既久，则美上之感情漓，明敏之思想失，所谓科学，亦同趣于无有矣。故人群所当希冀要求者，不唯奈端（注：现通译牛顿）已也，亦希诗人如狭斯丕尔（注：现通译莎士比亚）……凡此者，皆所以致人性于全，不使之偏倚，因以见今日之文明者也。"

先生一直在热情地关注着中国传统戏剧的改革，关注着年轻的话剧。1912年6月10日，正在教育部任职的先生，曾专程到天津"考察新剧"，而从天津回来的第二天晚上，就去广和楼观看新剧《江北水灾记》。之后，先生在日记中这样评价："勇可嘉而识与技均不足。"先生曾在北方看过南开新剧团自编自演的《新村正》，不知先生看的是哪一场？先生还观看过北京大学于是剧社演出的《不忠实的爱情》，观看过北师大学生自治会的纪念演剧和燕京女校学生演出的莎士比亚的《无事生非》。1924年6月，在应邀去西安西北大学做暑期学术演讲期间，先生多次前往观看陕西最有名的易俗社的演出。易俗社是陕西进步的知识分子在辛亥革命思潮的影响下于1911年成立的一个秦腔剧团，以鲜明的民主主义观点编演新戏，寓教于乐，启发民智，移风易俗。先生十分赞赏该社"编演新戏曲，改造旧社会"的建社宗旨。早在1920年，先生就主持教育部通俗教育研究会向易俗社颁发过金色的奖状，鼓励它们进行戏曲改革。这次，在不到20天的西安之行中他5次去易俗社，先后看了《双锦衣》《大孝传》和《人月圆》等演出。恰逢易俗社成立12周年，先生特地为该社捐款50元，并亲笔题写"古调独弹"四个字制成牌匾赠易俗社。至今，这四个大字还高悬在易俗社的演出大厅。

先生还以他的笔扶持着新兴的话剧的成长。在他主编的刊物上，如《奔流》《语丝》《萌芽》上，就刊登过许多剧本。仅《奔流》这一刊物，前后15期中，就刊登了5个独幕剧和1个多幕剧。多幕剧是白薇的五幕剧《打出幽灵塔》。先生还亲自翻译了日本武者小路实笃的《一个青年的梦》和苏联盲人作家爱罗先珂的《桃色的云》这两个多幕剧。为鼓励青年大胆进行戏剧创作，先生为文学青年陈梦韶根据《红楼梦》改编的剧本《绛洞花主》写了《〈绛洞花主〉小引》；甚至，先生自己还有着一个关于剧本《杨贵妃》的计划，那是一个三幕剧，而每一幕都以一个词牌为名……

曹禺敬仰先生，因为先生批判的笔力是那样的犀利、雄健。

  中国人是一向被同族和异族屠戮、奴隶、敲掠、

刑辱、压迫下来的，非人类所能忍受的楚毒，也都身受过，每一考查，真教人觉得不像活在人间。（《病后杂谈之余》）

中国人向来就没有争到过"人"的价格，至多不过是奴隶，到现在还如此，然而下于奴隶的时候，却是数见不鲜的。（《灯下漫笔》）

我们目下的当务之急，是：一要生存，二要温饱，三要发展。苟有阻碍这前途者，无论是古是今，是人是鬼，是《三坟》《五典》，百宋千元，天球河图，金人玉佛，祖传丸散，秘制膏丹，全都踏倒他。（《忽然想到·六》）

《狂人日记》是先生写的中国最早的一篇白话文小说，"我翻开历史一查，这历史没有年代，歪歪斜斜的每页上都写着'仁义道德'几个字。我横竖睡不着，仔细看了半夜，才从字缝里看出字来，满本都写着两个字是'吃人'"！先生强烈地表达着"将来容不得吃人的人，活在世上"的理想，先生痛切地呼吁："没有吃过人的孩子，或者还有？救救孩子……"

"还有要活下去的人么？首先就要在这可诅咒的地方，击退这可诅咒的时代！"1918年，《新青年》出版了易卜生专号，先生予以充分肯定，因为易卜生"敢于攻击社会，敢于独战多数，那时的绍介者，恐怕是颇有以孤军而被包围于旧垒中之感的罢,现在细看墓碣,还可以觉到悲凉,然而意气是壮盛的"。1923年12月,先生做了著名的演讲《娜拉出走以后》。先生对妇女解放予以极大的同情而更深刻地指出,妇女要免于做傀儡的命运,必须首先获得经济自主的权利,否则,娜拉出走之后,"实在只有两条路:不是堕落,就是回来。……所以为娜拉计,钱,——高雅的说罢,就是经济,是最要紧的了。自由固不是钱能买到的,但能够为钱而卖掉"。因此,妇女解放必须建立在社会制度变革的基础上,必须经过"深沉的韧性的战斗"……这些,对于曾经演过娜拉的曹禺,更感到先生说得是那么深刻,振聋发聩。

第一次读到先生的作品时,曹禺只有13岁。那是1923年,是在北京买到的那本第一版的《呐喊》。曹禺记得特别清楚,那是北京大学新潮社出版的。红色的封面,质地柔软,中间长方形的黑块印着"呐喊"两个黑字,是先生喜欢的那种装订,读时需要自己裁开。印刷、装帧都十分考究。那时,曹禺还小,并不都看得懂其中的意思。可不知为什么,他由此就成了先生的热心读者。读中学的时候,正是《语丝》在北京大学创刊的时候,后来又有了《莽原》。他常常和好朋友靳以一起,算好了出版日期,准时到学校传达室前,从砖头下取出一份《语丝》或《莽原》,然后把两大枚铜圆放在纸盒里。慢慢地,先生的作品就可以看得懂一些了。像《记念刘和珍君》,就在他小小的心里留下了深刻的印象。尤其当读到这样的句子："真的勇士，敢于直面惨淡的人生，敢于正视淋漓的鲜血。""苟活者在淡红的血色中，会依稀看见微茫的希望；真的猛士，将更奋然而前行。"当时，在残暴的军阀统治下的天津，时时把杀下来的人头挂在中学门前的电线杆上，吓得胆小的孩子夜里都睡不着觉。而读了先生的文章，小小的他就渐渐地敢于正视了。毕竟还是个孩子，不是勇士，没有能奋然前行，但在人群中摇旗呐喊，他都不落在别人的后面。

先生的小说，虽然并不完全看得明白，但其中的人物，往往初看就难以忘记。栩栩如生的阿Q、祥林嫂、孔乙己、九斤老太、七斤嫂等就更不必说了。读着《故乡》，他仿佛看见月光下海边的瓜地上拿着钢叉又跑又跳的十几岁的闰土，又仿佛看到30年后满脸皱纹、灰黄脸、红眼圈地叫着"老爷"的闰土，"一层可悲的厚障壁"隔在了他们中间。而在长大起来的时候，曹禺也感觉到了先生的这样的悲哀。他常常感到怅然若失，人与人之间被一只看不见的铁手扯开了，童年时珍贵的感情也在悄悄地消失。

曹禺感到亲切，因为先生对民间戏曲有着那样生动的描写和亲情。1936年9月，先生在散文《女吊》中回忆他40年前在家乡绍兴看戏的情形。从"女吊"这些鬼魂的戏剧形象，他看到的是活人的生气，是妇女遭遇的不幸，是她们蕴藏在心底的抗争，是有冤必伸、有仇必报的强烈感情。先生对此高度评价："单就文艺而言，他们就在戏剧上创造了一个带复仇性的，比别的一切鬼魂更美，更强的鬼魂。这就是'女吊'。"在《朝花夕拾》中，先生描画了另一种很有特色的鬼，"表现对于死的无可奈何，而且随随便便的'无常'"。先生觉得这是一个比较可爱的形象。"一切鬼众中，就是他有点人情……我至今还确凿记得，在故乡时候，和'下等人'一同，常常这样高兴地正视过这鬼而人，理而情，可怖而可爱的无常；而且欣赏他脸上的哭或笑，口头的硬语与谐谈……"

曹禺更佩服先生对民间戏曲艺术与现实生活关系的深刻揭示。在《准风月谈》中，先生写道：在浙东的戏班中，有一种"二丑"。"二丑……有点上等人模样，也懂些琴棋书画，也来得行令猜谜，但倚靠的是权门，凌蔑的是百姓，有谁被压迫了，他就来冷笑几声，畅快一下，有谁被陷害了，他又去吓唬一下，吆喝几声。不过他的态度又并不常常如此的，大抵一面又回过脸来，向台下的看客指出他公子的缺点，摇着头装起鬼脸道：你看这家伙，这回可要倒楣哩！"先生指出这"二丑"的特色，就是当时某种有知识的人物的嘴脸。世上有恶的势力，便一定有"二丑"，而且有"二丑"的艺术，用来"遮掩他并不是帮闲"，但小百姓是明白的，早已在舞台上活画出他们的嘴脸来了。

而最让曹禺感到亲切的，是先生深知戏剧艺术的创作规律。他说过,"剧本虽有放在桌上的和演在舞台上的两种,但究以后一种为好"。这让一直在进行话剧创作,但似乎更钟情于舞台艺术的曹禺听来,真是有知音之遇。

就在1936年的10月18日,巴金告诉曹禺,鲁迅约他第二天早上8点钟去。能够与先生相见,当面聆听先生的教诲,年轻的曹禺是多么欣喜啊!已经有许多日子了,曹禺听说鲁迅先生病重,这半年差不多是在病床上度过的。却没想到,他在身体不好的情况下,还愿意见自己。曹禺感到很不安,十分担心会影响先生的健康。然而,曹禺更觉得异常温暖,感受到巨大的鼓舞。26岁的曹禺,深深地感激着鲁迅先生对一个稚嫩的文学青年的厚爱与关怀。

在兴奋和激动中,曹禺几乎一夜没睡,在等着第二天的会见。可万万没有想到,一大早靳以气喘吁吁地跑来了,半天才说出话,先生已于清晨5点5分与世长辞了。

仿佛遭到电击一般,曹禺全身一震,眼前一黑,一时失去了全部的感觉。他木然地站在那里,陡然陷入了巨大的惊愕和悲痛中。

实在是太意外了。曹禺半天说不出话来,他实在不敢相信,也不愿相信:这位可敬的老人真的离开了他所钟爱的世界和亲人?

上午8点,曹禺和巴金、靳以赶到了鲁迅先生的住所——大陆新村19号。

先生安详地躺在床上，面容清癯，身体瘦弱。

先生的面容宁静。唇须和眉毛浓黑，颧骨微耸。他的眼睛闭上了，再不能从那里得到慈和的目光，再也不会向敌人怒目而视了。

凝望着先生的遗容，曹禺的眼泪不住地往下流。昨天，他还怀着要与先生相会的一腔热情，今天竟成了死别。

这是一间狭小的房间，当窗的书案和床铺相距不到二尺。尤其是看到那张先生只在休息时才躺上去的藤躺椅，曹禺感受到先生清苦的生活，无比的崇敬涌上心头，他好像听见先生的话："生活太安逸了，工作就被生活所累。"

萧军在床边捶胸顿足痛哭失声。先生的爱子，只有五六岁的海婴在屋子里走来走去，他大概以为自己的爸爸和往常一样睡着了。看着这个幼稚天真的孩子，曹禺的心里更加难过。

此时此刻，任何语言都失去了分量。望着肃立在先生床边的许广平先生，曹禺想说些安慰的话，却一个字也说不出来。

满怀着崇敬和悲哀，曹禺慢慢地、深深地弯下腰，向先生的遗体鞠躬、告别。

一连许多天，曹禺沉浸在巨大的悲痛中，却也被群众对先生的挚爱所感动着。那是怎样的一种挚爱啊！

连日来，在报纸上看到的是全国各地追悼鲁迅先生的报道。那些报道代表着各地更多的群众的眼睛里的热泪、心里的哀悼和没有瞻仰遗容、没有参加送殡的行列、没有当上"花圈队""挽联队""挽歌队"的遗憾。见过这样的"挽联"吗？一块比手巾大不了多少的肮脏的白布，上面写着像初小一年级学生的杰作一样的字迹，那字迹所表示的是一种最简单的言词："鲁迅不死！"或"哭鲁迅！"下面呢，有的是一大堆的名字，那些名字，人们在无论什么地方都没有碰见过；有的连一个名字也没有，代替的是"某某工人识字班""某某店员读书会"，等等。他们每人也许只凑出了一两个铜板，也许连一两个铜板也没有凑出，只利用了一块现成的白布，这是真诚地从民众的心坎里写出来的字。

在万国殡仪馆礼堂鲁迅先生的灵前，半截玻璃棺盖下面现出他清瘦的慈和的面容，古铜色的棉袍裹着他那瘦小的身躯。包着铜皮的棺木的四周都是芳香沁鼻的鲜花，他仿佛酣睡在万花丛中。

灵堂内，布满了各界敬献的花圈和挽联。

蔡元培先生献上挽联："著作最谨严，非徒中国小说史；遗言太沉痛，莫作空头文学家。"

全国学生救国联合会献上了挽联："鲁迅先生不死，中华民族永生。"

没有谁下过命令，没有谁发出过邀请，也没有预先约好，几十万群众自发地来到鲁迅先生的灵堂瞻仰遗容。

10月22日下午,出殡的日子。

上万的群众眼里噙着眼泪,心里含着悲哀,口里唱着《哀悼歌》和《安息歌》,肃穆地送鲁迅先生的灵柩下葬。他们来到这里,除怀着悲痛和敬仰的心情,还需要勇气,因为反动势力的暗探特务像鬼影一样摇来晃去,说是来"保护"的马巡队挎着实弹的马枪,像苍蝇一样围在四周。

成千上万人密集在万国殡仪馆的草场上、大门口和马路上。一声喊:"有人愿意拿花圈吗?"回答是听不清、看不明的一片嘈杂和骚动,于是几百人变成"花圈队"了。一声喊:"有人扛挽联吗?"马上又有几百人变成"挽联队"了。"唱挽歌的人集合!"成千的人就在一块发出他们沉痛的歌声了。

一长列白色的挽联走在前面,接着是一长列花圈。十几个人高举着先生的画像,一万六千人悲痛地排成十几里长的队伍拥着装有先生遗体的灵车,沿路上只听见不断的悲壮的挽歌声:"哀悼鲁迅先生,哀悼鲁迅先生……"

那声音啊,河流似的呜咽在满街满巷。在万国公墓里先生的灵堂前,黑压压的人群在这里举行了伟大的空前的"民众葬"仪式。由民众的代表们以及救国团体的代表们在众人的呼喊声中将一幅由沈钧儒手书的"民族魂"三个大黑字的白绫旗覆盖在先生的灵柩上。

"鲁迅先生精神不死!"——片多么深沉的巨人似的喊声呵!秋天的黄昏时分,那涨红了脸的太阳惨淡地躲下地去，苍茫的暮霭缭绕在权丫的树根间。透过树梢，一弯月牙在青苍的天边，更显愁惨。悲壮的喊声一次又一次地过去了，接着是一片抽噎的哭声，声音颤动着，响彻了整个墓场，颤动了每枝树梢。大家在礼堂前围成一大圈，把先生的灵柩抬起来。成千上万的人争着伸出手去，拥挤着，抬向墓穴。是的，这是最后的时刻，大家都想着慢慢地走，哪怕是仅仅多停留几秒钟。人们送着，唱着《安息歌》，许多墓碑向后退去了……是的，即使是再停留几秒钟。可是，那无情的墓穴终于出现了，那覆盖着"民族魂"白绫旗的灵柩慢慢地落下那墓穴了，不能再见到我们的鲁迅先生了。

沉痛的泣不成声的颤音在苍茫的月色下的暮霭中仍然响着："愿你安息，安息，愿你安息在土地里……"

歌声低沉地洒遍林间，梦幻似的暮霭越加苍茫。

透过歌声，曹禺仿佛看见了那些成千上万的人们的悲伤的面孔，看见了那滚滚流淌的悲痛的泪水。曹禺还看见了，一道光，一道圣洁的白光。那是先生"吃的是草，挤的是奶，是血"的洁光，是用那血哺育出来的洁光！先生永远地安息在地母的怀抱里了，然而，先生的精神不死！

是的，鲁迅先生不死！1937年，在"八一三"上海抗日战争的炮火中，在纪念鲁迅先生逝世一周年的集会上，郭沫若激昂地做了纪念演讲，说出了亿万人的心声："大哉鲁迅！前无鲁迅，后无鲁迅。鲁迅鲁迅，千古一人!"

是的,鲁迅先生不死!

失去了当面聆听先生教诲的机会,但是,曹禺在心里对自己说:"先生,您的作品,将会对我说一辈子的话。"曹禺记着,先生说过,"我们从古以来,就有埋头苦干的人,有拼命硬干的人,有为民请命的人,有舍身求法的人……这一类的人们,就是现在也何尝少呢?他们有确信,不自欺,他们在前仆后继的战斗,不过一面总在被摧残,被抹杀,消灭于黑暗中,不能为大家所知道罢了。说中国人失掉了自信力,用以指一部分人则可,倘若加于全体,那简直是污蔑"。"虽是等于为帝王将相作家谱的所谓'正史',也往往掩不住他们的光耀,这就是中国的脊梁"。先生还说过:"我们能够大叫,是黄莺便黄莺般叫,是鸱鸮便鸱鸮般叫","能做事的做事,能发声的发声。有一分热,发一分光,就令萤火一般,也可以在黑暗里发一点光,不必等候炬火"。

在曹禺的心里,有一个声音在激励着他,那依然是先生的声音:"文艺是国民精神所发的火光,同时也是引导国民精神的前途的灯火。……中国人向来因为不敢正视人生,只好瞒和骗,由此也生出瞒和骗的文艺来,由这文艺,更令中国人更深地陷入瞒和骗的大泽中,甚而至于已经自己不觉得。""我们要运用脑髓,放出眼光,自己来拿!""没有拿来的,人不能自成为新人,没有拿来的,文艺不能自成为新文艺。"是的，如先生所说："没有冲破一切传统思想和手法的闯将，中国是不会有真的新文艺的。""世界日日改变，我们的作家取下假面，真诚地，深入地，大胆地看取人生并且写出他的血和肉来的时候早到了；早就该有一片崭新的文场，早就应该有几个凶猛的闯将！"

第十六章
日出东来

《雷雨》的演出和发表，使曹禺成了一位文学新秀。他的影响和活动范围都扩大了许多。他结识了文学界的何其芳、李尧林、萧乾、沈从文等新朋友，也参加了一些社会文化活动。不过，他依然热诚地投身于戏剧活动。1934年下半年，他的老师张彭春从美国回来，特地约请曹禺同他一起改编《新村正》，并于10月为南开学校纪念校庆演出。不仅如此，曹禺还在剧中扮演了主角吴二爷这一角色，或许是因为自己参加了剧本的改编，因此演得十分得心应手。张彭春十分满意。

不久，老师张彭春又约曹禺合作，将莫里哀的《悭吝人》改编为《财狂》，并搬上了南开的舞台。曹禺的改编既大胆又富有创造性，剧中的人名、地点、语言以及风土人情都被中国化了，原作中较为松散的情节，有些明显不合人物身份、较为陈腐的语言和动作也都被进行了调整，力求严谨。同时，原作的一些细节和结尾也被做了改动。原作是主人公阿巴公丢了钱款，现在是主人公财狂韩伯康丢了股票；原作结尾时阿巴公的钱找到了，因此省去陪嫁，改编本则是韩伯康丢掉的股票找到了，但紧接着的却是，那几十万的美国股票倒了行市，"全不值钱了"。在这里，人们不仅看到了原作中所没有的对当时中国现实社会的批判和讽刺的内容："现在的时代变了，现在用的钱不是金子银子，而是信用。你想，现在的钞票、股票，不都是一张纸，要是社会整个不巩固，一切信用便站不住，这钞票到哪里去兑，股票到哪里领到利息去，不是一个钱也不值吗？"而且看到了韩伯康性格中较之阿巴公所没有的悲剧成分。由此，增强了剧作的分量。

《财狂》的演出轰动了华北文艺界。这次演出本是为了冬赈筹款，救济灾民和贫苦儿童，却使冬季沉寂的北方剧坛活跃起来。"观众甚为拥挤，演毕甚受社会人士之好评。"曹禺在剧中扮演的韩伯康，更是为人们所称道。演出结束后，专程从北京来观看演出的郑振铎来到后台表示祝贺，他拉住曹禺的手，兴奋不已："家宝，在舞台上你的眼睛真亮，好像闪着光，真是神了。"天津《大公报》为此出了纪念特刊。著名的文艺评论家萧乾撰文高度评价曹禺的表演："这是一出性格戏……全剧的成败大半由这主角支撑着。这里，我们不能遏止对万家宝先生的表演才能的称许。许多人把演戏本事置诸口才、动作、神情上，但万君所显示的却不是任何局部的努力，他运用的是想象。他简直把整个自我投入了韩伯康的灵魂中。灯光一明，我们看到的一个为悭吝附了体的人，……一声低浊的嘘喘，一个尖锐的哼，一阵咯咯的骷髅的笑，这一切都来得那么和谐,谁还能剖析地观察局部呵。他的声音不再为Pitch所管辖。当他睁大眼睛说'拉咱们的马车'时,落在我们心中的却只是一种骄矜,一种鄙陋的情绪。在他初见木兰小姐,搜索枯肠地想说句情话,而为女人冷落时,他那种传达狼狈心情的繁复表演,在喜剧角色中,远了使我们想到贾波林,近了应是花果山上的郝振基,那么慷慨地把每条神经纤维都交托给所饰的角色。失财以后那段著名的'有贼呀'的独白,已为万君血肉活灵的表演,将那种悲喜交集的情绪都传染给我们整个感官了。"(《〈财狂〉之演出》,《南开校友》1935年第1卷第3期)

是的,正如萧乾所评论的,曹禺把整个自我都投入了韩伯康的灵魂中。韩伯康形象的成功,不仅源自他作为一个戏剧表演艺术家的成熟,更源自他对现实的深刻认识和批判。

这一时期以来,曹禺的生活不是很安定。他从清华毕业后不久,就考入了清华研究院,专事戏剧研究。研究院每月有30元的生活费,是被人们看作养老院的地方。这对他似乎不太合适,他现在要考虑赡养母亲的问题。于是不久,他就应聘到保定明德中学任英语教师。那里的待遇十分优厚,240块大洋一个月。可由于严重的水土不服,仅仅两个月后,他又应老同学、天津河北女子师范学院外文系主任杨善荃的邀请,回到天津任教。

从小就在天津生活的曹禺,对中国北方这个大城市十分熟悉。而现在,当他经历了这么多的社会磨砺之后,再面对着满街的官商、流氓、妓女，面对着随处可见的逃荒乞讨的贫苦灾民和衣衫褴褛的流浪儿，面对着灯红酒绿、乌烟瘴气的烟馆和舞厅，他更深切地感到这个城市的畸形，感到社会的黑暗和腐朽。"这些年在这光怪陆离的社会流荡中，我看见多少梦魇一般的可怖的人和事，这些印象我至死也不会忘却：它们化成多少严重的问题，死命地突击着我，这些问题灼热我的情绪，增强我的不平之感，犹如一个热病患者。我整日觉得身旁有一个催命的鬼低低地在耳边催促我，折磨我，使我得不到片刻的宁帖。"

1935年3月8日是国际妇女节，全世界妇女争取自身解放的纪念日。

就在这一天，红极一时的中国著名电影明星阮玲玉，含冤怀恨，自杀身亡，年仅26岁。

阮玲玉是一位不幸的中国女性，出身贫寒，父亲早死，母亲靠给人帮佣为生，母女相依为命。虽然没有受过多少教育，但是阮玲玉以一个艺术家的敏感聪慧去感悟生活和人事。在不到10年的时间里，她在《新女性》《三个摩登的女性》等29部影片中成功地饰演了各种角色，以杰出的演技、以自己对她所饰演的人物的热爱，创造出了半殖民地半封建社会中被侮辱和被损害的中国妇女群像，使这些人物和她自己的思想感情达到了高度的一致，创造出了中国电影艺术史上第一批真实的妇女形象。然而，就在她艺术事业"如日中天"的时刻，在恶毒的谣言和卑鄙的诽谤中,面对着"正人君子"的冷笑和魔鬼似的凶狠阴毒的眼光,一向心地善良、无辜无权的她,抛下慈母幼女,愤而服毒自杀。在遗书中,她悲愤地写道:"我现在一死,人们一定以为我是畏罪,其实我何罪可畏?"

阮玲玉的死震惊了整个上海滩。上海万国殡仪馆内外,哭声一片。人们从四面八方涌到这里,在停灵的三天中,附近街道的交通完全断绝了。不素稔的人们所送的花圈在增加,不素稔的女学生自发为之佩戴黑纱。整天川流不息从棺前绕过的人中,妇女绝大多数都含着眼泪,很多人或因身世同悲,或因受阮玲玉的作品的感动而一见其陈尸棺中,即为之失声痛哭,致使旁人也都为之怆然泪下……3月31日,在鲜花和哭声中,竟有十万多人自发地为她送葬。

在阮玲玉死后一个月零二十三天的时候,已经沉疴在身的鲁迅先生,化名赵令仪,发表了檄文《论"人言可畏"》,对新闻界的黑暗、司法之流弊、小市民的无聊心理等进行了鞭辟入里的剖析,对阮玲玉的死表示了深深的理解和同情。先生沉痛地写道:

> "人言可畏"是电影明星阮玲玉自杀之后,发见于她的遗书中的话。这哄动一时的事件,经过了一通空论,已经渐渐冷落了。只要《玲玉香消记》一停演,就如去年的艾霞自杀事件一样,完全烟消火灭。她们的死,不过像在无边的人海里添了几粒盐,虽然

使扯淡的嘴巴们觉得有些味道,但不久也还是淡,淡,淡。

两年前,田汉作为进步电影《三个摩登的女性》的作者,对阮玲玉动人、有力而准确的表演十分满意。现在,田汉正被国民党逮捕关在狱中,在听到阮玲玉自杀的消息后,他愤而写下《悼阮玲玉女士》的诗句,抒发胸中的郁闷和对阮玲玉之死的痛惜之情:

> 狱里忽闻玲玉死,青年几辈泪滂沱。
> 又看倦鸟迷归路,绝代明姝委逝波。
> 岂恋故都春梦好,不堪人世恶魔多。
> 杏华楼上音容在,白马难来可奈何。

阮玲玉的死激起有良心的中国人的不平,也使曹禺为之激愤,因之思索。他还记得在太原所见到的那些站在笼子里被迫接客的妓女的惨状,也记得鲁迅先生的文章中提到的艾霞的自杀。而就在被称为"东方小巴黎"的天津,在那些繁华街区,他又见过多少浓妆艳抹的交际花?在天津的《大公报》《庸报》等报纸上,差不多每天都有有关妓女被毒打惨死的报道。而在他自己的生活中,在他所熟悉的亲友中,他又亲眼见过有多少女性被恶势力吞噬。

一件件不公平的血腥的事实,利刃似的刺痛着曹禺的心，激起他按捺不住的愤怒。有时曹禺会想，这是为哪一个呢？是哪一群人叫我这样呢？然而，即便如此，他还是不能平息心头的愤懑之情。"我应该告罪的是我还年轻，我有着一般年轻人按捺不住的习性，问题临到头上，恨不得立刻搜索出一个答案，苦思不得的时候便冥眩不安。流着汗急躁地捶击自己，如同肚内错投了一副致命的药剂。"

多少个夜晚，曹禺夜不能寐，像困兽似的，他在一间屋里踱过来踱过去，瞪着一双布满了血丝的眼睛，绝望地愣着神，看着低压在头顶的黑屋顶、窗外昏黑的天空、四周漆黑的世界，一切都似乎埋进了坟墓，没有一丝动静。在按捺不住的情绪爆发中，曹禺摔碎了许多可纪念的东西，内中有他最心爱的马瓷观音，那是他两岁时母亲给他买来的护神和玩物。

绝望中，曹禺低低地嘶喊着。他愤怒着，希望宇宙、生命就此毁灭。如同一只负伤的狗，曹禺扑在地上，啃着咸丝丝的涩口的土壤。宇宙似乎缩成昏黑的一团，压得他喘不出一口气。湿漉漉的，粘腻腻的，曹禺紧紧抓着一把泥土的手，划起火柴，他惊愕地看见了血。他污黑的拇指被那瓷像的碎片割成一道沟。血，一滴一滴，缓缓地流出来。

面对着黑暗的现实，苦思不得其解的曹禺在痛苦中求助于书籍。他苦读着《道德经》，希望在书中找到答案。他读着许多被人们视为洪水猛兽的书籍，流着眼泪，赞美着那些伟大而孤独的心灵。他们怀着悲哀驮负着人间的辛酸，为不肖的子孙开辟道路。然而年轻的曹禺却不能像他们那样，他憎恨着、不能容忍人群中的那些冥顽不灵的自命为"人"的这一类动物。

他想到了法国著名作家左拉笔下的法兰西第二帝国。那里如同一个硕大无比的妓院，里面充满了陷于困境的农妇、被勾引堕落的女工、与人私通的资产阶级小姐。左拉因此在他的小说《娜娜》中用一句话来概括："整个社会都向女人扑去！"娜娜，是那个注定灭亡的时代的化身，同时也是毁灭那个时代的工具……

年轻的曹禺"渴望着一团阳光。我想太阳我多半不及见了，但我也愿望我这一生里能看到平地轰起一声巨雷，把这盘踞在地面上的魑魅魍魉击个糜烂，哪怕因而大陆便沉为海。我还是年轻，不尽的令人发指的回忆围攻着我，我想不出一条智慧的路，顾虑得万分周全。冲到我的脑门上，是我在书房里摇头晃脑背通本《书经》的时代，最使一个小孩子魄动心惊的一句切齿的誓言：'是日曷丧，予及汝偕亡！'"。

一种暴风雨即将来临的感觉，萦绕在曹禺的心头。他恶毒地诅咒四周的不平。除了去掉这群腐烂的人们，他实在看不出眼前有多少光明。

然而，曹禺毕竟年轻。他坚信，总该有一点希望，总该有一线光明。他的心里满是憧憬，人毕竟是要活的，并且应该幸福地活着。腐肉挖去，新的细胞会生起来。我们要有新的血液和新的生命。冬天刚刚过去了，阳光照着田野里每一棵临风抖擞的小草。死了的人们为什么不再生起来？我们要的是太阳，是春日，是充满了欢笑的好生活，然而目前是一片混乱。于是，曹禺决定写《日出》。

曹禺认为，自己对这些生活和人物的内心并不熟悉，于是他决定在课余时间去做调查。

整整一个夏天，曹禺先跟着中国旅行社的同行一起去，后来慢慢地和有些人混熟了，就自己去。在那样肮脏污浊的三等妓院里，曹禺一个书生模样的人什么也不做，只是和妓女们聊天谈话，还做着详细的记录。这样的情况，常常让别人感到奇怪。有人问起来，他就说自己是报馆的记者。一些不明缘由的朋友看见他在这样的地方很不理解，说了许多难听的话，在朋友中造成很坏的影响和误会。对此，曹禺虽然感到十分委屈，但还是坚持着进行有关调查。

曹禺为此忍受的并不仅仅是伤害、侮辱，有时甚至是生命危险。

在那样的地方，曹禺常常能看到一些蓬头垢面，打着竹板、唱着数来宝乞讨的乞丐。为了真实地再现这种环境，曹禺决定把这些数来宝写进自己的作品。

夜半时分，曹禺穿着一件破旧不堪的棉大衣，来到天津城郊那一片荒凉的贫民区，等候着两个乞丐。这是白天说好了的，并且曹禺已经给了他们赏钱。那是两个十分醒龇的乞丐,不仅穿的破烂肮脏,而且还嗜吸毒品。他们收下了钱,答应晚上唱给曹禺听,还答应了可以让曹禺记录唱词。正是三九寒冬,北风呼啸,曹禺在寒风中焦急地等待着。可是,左等右等就是不见人来。是不是赏钱应许多了,他们把曹禺当成是侦缉队之流,不敢来?忍着刺骨的寒冷,曹禺瑟缩地踟蹰到一个"鸡毛店"的地方去找他们。"鸡毛店"是北方最破烂下等的客店,多半是乞丐住的地方。他们没钱,租不起床铺,只是在地上铺一些鸡毛和麦秸,十几个人挤在一起,蜷缩过夜。或许是因为时间太晚,或许是因为找人心切,曹禺多问了几句,口气显示有些着急。在昏暗的灯光下,忽然有一个大汉,满身酒气,摇摇晃晃、嘟嘟囔囔地走过来,还没等曹禺张口问,他抡起胳膊,照着曹禺的脸就是一拳。没等曹禺反应过来,跟着又是一拳。曹禺只觉得眼前一黑,鼻子发酸发麻,举手来挡,顿时满手沾满鲜血。

屋子里乱哄哄的,有人跟着起哄,也有好心人劝架。曹禺毫无准备,只好落荒而逃。那一次,他的脸好多天才消肿,而眼睛差一点就瞎了。

有了这一回教训,曹禺明白了,要去那种地方必须有人引路,否则,再不敢做这种无谓的冒险。于是,再去时,他先托人介绍,说好之后,自己再乔装打扮一番,跑到"土药店"(大烟馆)去和后来在剧本中出现的"黑三"一类的流氓地痞似的人物去"讲交情"。在这样的时候,曹禺在口袋里藏着铅笔和白纸，厚着脸皮，耐着性子，一次又一次地经历着那些不愉快的事情，一个字一个字地记下来，然后，躲回自己的小屋埋头写作。

曹禺和那里面的人面对面地混在一起，流着眼泪，听她们诉说着那些"掏心窝子"的话，诉说着自己的身世。曹禺的心在颤抖。这里有着说不尽的凄惨的故事，曹禺只恨自己没本事把当时那些细微的感觉记载清楚。和这些人的辛酸凄惨相比，他痛切地感到，文字是怎样的一种无用的工具。就是在这堆"人类的渣滓"里，曹禺怀着无限的惊异，发现一颗金子似的心，那是一个叫作翠喜的妇人。她有一副好心肠，同时染有在那"地狱"里生活的各种坏习惯。她认为那些买卖的勾当是当然的，她老老实实地做她的营生，"一分钱买一分货"。即便在那种生涯里，她也有她的公平。令人感动的是她无意中流露出来的对于那更无告者的温暖的关心。她没有希望，希望早死了，前途一片惨淡。为着家里的那一群老小，她必须出卖着自己的肉体麻木地挨下去。她叹息着："人是贱骨头，什么苦都怕挨，到了还是得过，你能说一天不过吗？"听着这样无奈而凄楚的话，曹禺感到从未有过的悲凉和哀痛，求生不得，求死不能，不正是这类可怜的"动物"最惨的悲剧嘛！

正当曹禺酝酿《日出》的时候，有一天，他突然接到了一封信。这封信很长，十几页的信纸都密密麻麻地写满了。无论是文笔还是字迹，都像是一个女孩子写的，落款的署名是"筠"。这是一封真诚的来信，谈她看了《雷雨》后的感受，谈她对《雷雨》的作者的敬爱和感情，还谈了她自己的感情经历。最后，她却不要曹禺回信。她说："你不要找我，我以后也不准备再写信给你。"

读着这样的文字，曹禺既感动又有些怅然若失。从中，他感受到了一种信任、一种力量和一种激励。

曹禺将愤懑和阳光、信任和激励都化为了文字。一幕又一幕，他写得非常快。怀着深深的同情，他写着翠喜的金子般善良的心。她在离开被黑三打得不成样子的小东西时抚摸着她说："苦……苦命的孩子，半夜里冷，多盖点，别……别冻着。明天再说明天的。……你自己先别病倒了……落在这个地方……病了就更没人疼了……疼了。"他写着不幸沦落为妓女的翠喜的悲哀和心声：有钱的大爷们玩够了，取了乐了，走了，可是谁心里的委屈谁知道，半夜里想想，哪个不是父母养活的？哪个小的时候不是亲的热的妈妈的小宝贝？哪个大了不是也得生儿育女，在家里当老的？哼，都是人，谁生下来就这么贱骨肉，愿意吃这碗老虎嘴里的饭？

他写着曾经青春、纯洁，被迫当了交际花的陈白露的痛苦和抗争："我没有故意害过人，我没有把人家吃的硬抢到自己的碗里，我同她们一样爱钱，想法子弄钱，但我弄来的钱是我牺牲我最宝贵的东西换来的，我没有用着方法抢过人，我的生活是别人甘心愿意来维持，因为我牺牲过自己。我对男人尽过女子最可怜的义务，我享着女人应该享有的权利！"然而，面对种种恶势力，她终于明白，"不是我们允许不允许金八活着的问题，而是金八允许不允许我们活着的问题"。她是那样喜欢春天、喜欢太阳，却只能在太阳升起的时候，含恨告别人间。"太阳升起来了，黑暗留在后面。但太阳不是我们的，我们要睡了。"总是追求在剧中创造出诗一般意境的曹禺，将自己对陈白露的珍爱和惋惜，寓意在她的名字上。她的命运，就像这个名字，仿佛是黑夜里一颗晶莹的露水。弥漫的夜气给它蒙上一层污垢，但它的内心是纯洁的、透明的，它盼着日出，向往在阳光的照耀下一展清亮的光辉。可没等上太阳出来，它就倏而消失了。曹禺将那真诚的来信者的署名用做了剧作中主人公的另一个名字"竹筠"。

在曹禺任教的女子师范学院的附近，是一个建筑工地。每天，他都能听见工地上沉重而有力的打夯的号子声。写作之余，他常常会站在窗边，眺望着那些壮实的建筑工人，既感叹着他们生活的艰难，也感受着他们的创造力量和生机。现在，他把这些也写进了剧作，并以此结束全剧：

> 窗外很整齐地传进来小工们打地基的桩歌，由近渐远，掺杂着渐远渐低多少人的步伐和沉重的石硪落地的闷塞的声音。……这种声音几乎一直在这一幕从

头到尾，如一群含着愤怒的冤魂，抑郁暗塞低哼着，充满了警戒和恐吓。

砸夯的人们高亢而洪壮地合唱着轴歌，"日出东来……"沉重的石碌一下一下落在土里，那声音传到观众的耳里，是一个大生命浩浩荡荡地向前推，向前进，洋洋溢溢地充塞了宇宙。屋内渐渐暗淡，窗外更光明起来。

巴金和靳以知道了曹禺的写作，他们鼓励着他并且催着他交稿。曹禺同时还要教书，因此，只能拼命地写，有时几天都不睡觉。从1936年5月动笔，6月1日即开始在巴金和靳以主编的《文学季刊》上分幕连载，到9月1日续完，11月即由上海文化生活出版社出版单行本。在《日出》书前，曹禺用老子《道德经》中的话，点出剧作的主题：

天之道其犹张弓欤，高者抑之，下者举之；有余者损之，不足者补之。天之道损有余而补不足，人之道则不然，损不足以奉有余。

《日出》又一次引起了轰动。茅盾读后，"渴望早早排演"。他指出，剧本"有机地围绕着一个中心轴——就是金钱的势力。而这势力的线是由买办兼流氓式的投机家操纵着，这是半殖民地金融资本的缩影，将这样的社会题材搬上舞台，以我所见，《日出》是第一回"。叶圣陶十分惊喜："前几年有茅盾的《子夜》，今年有曹禺的《日出》，它们都不是'妙手偶得之'的即兴之作，而是一刀一凿都不肯马虎地雕刻成功的群像。"沈从文也热切地发表评论：《日出》"写的是烂熟了的都市生活苦乐的对照，花钱的在一种如何空虚无聊事情上花钱，挣钱的生活在一种如何现实苦痛生活里挣钱，写人物如时髦女子陈白露，富孀顾八奶奶，白相人胡四，都凸出在纸上，呼之欲出……此外如写李秘书之狡而诈，张乔治之俗而伪，阿根、翠喜在业务上的当然本色，方达生、李太太在性格上的各有不同，都显得大手笔如一个精明的拳师，出手不凡，而且恰到好处"。巴金欣喜地说，《日出》"是一本杰作，而且我想，它和《阿Q正传》《子夜》一样是中国新文学运动中最好的收获"。

一些外国专家也参与了讨论。对中国文化有很深研究的原燕京大学西洋文学系主任、美籍教授谢迪克发表了《一个异邦人的意见》："《日出》在我所见到的现代中国戏剧中是最有力的一部。它可以毫无羞愧地与易卜生和高尔绥华兹的社会剧的杰作并肩而立。我很愿知道作者由这些西洋戏剧家究竟有意识地承受了多少影响。作者心灵里实有一个预言者的激动，他看到了当前社会机构整个的腐烂，人类的贪婪、残酷、虚伪、嫉恨、不公。这剧是对着借投机和剥削而存在的整个寄生的社会机构一个严厉的攻击……衬着并且生存在这黑暗世界里还有光明的力量。"

1937年5月,上海《大公报》公布1936年年度文艺奖金,《日出》被评为三个获奖作品之一。"文艺奖金"评选委员会这样评价《日出》的作者曹禺:"他由我们这腐烂的社会层里雕塑出那么些有血有肉的人物,贬责续之以抚爱,直像我们这个时代突然来了一位摄魂者。在题材的选择、剧情的支配以及背景的运用上,都显示着他浩大的气魄。这一切都因为他是一位自觉的艺术者,不尚热闹,却精于调遣,能够透视舞台的效果。"

面对各种评论,曹禺感到兴奋和愉快。他深深地感受着前辈、同行和朋友们对他的新作的公允评价和诚挚。他以激扬的情感和自我剖析的态度写了《我怎样写〈日出〉》,作为《日出》的《跋》。在其中,追求艺术创新、不愿重复自我的曹禺诚恳地写出了自己创作的最初愿望:

> 写完《雷雨》,渐渐生出一种对于《雷雨》的厌倦。我很讨厌它的结构,我觉出有些"太像戏"了。技巧上,我用得过分。我很想平铺直叙地写点东西,想敲碎了我从前拾得的那一点点浅薄的技巧,老老实实重新学一点较为深刻的。我……沉醉于契诃夫深邃艰深的艺术里,一颗沉重的心怎样为他的戏感动着。……在这出伟大的戏里(指《三姐妹》)没有一点张牙舞爪的穿插,走

进走出，是活人，有灵魂的活人，不见一段惊心动魄的场面。结构很平淡，剧情人物也没有什么起伏生展，却那样抓牢了我的魂魄，我几乎停住了气息，一直昏迷在那悲哀的氛围里……

于是在我写《日出》的时候，我决心舍弃《雷雨》中所用的结构，不再集中于几个人身上。我想用片段的方法写《日出》，用多少人生的零碎来阐明一个观念，如若中间有一点我们所谓的"结构"，那"结构"的联系正是那个基本观念，即第一段引文内"人之道损不足以奉有余"。所谓"结构的统一"也藏在这一句话里。《日出》希望献给观众的应是一个鲜血滴滴的印象，深深刻在人们心里的，也应是这"损不足以奉有余"的社会。因为挑选的题材比较庞大，用几件故事作线索、一两个人物为中心也比较繁难。用无数的沙砾积成一座山丘，每粒沙都有同等造山的功绩。在《日出》里每个角色都应占有相当的轻重，合起来它们造成了印象的一致。……若读完了《日出》，有人肯愤然地问一下：为什么有许多人要过这种"鬼"似的生活呢？难道这世界必须这样维持下去么？什么原因造成这不公平的禽兽世界？是不是这局面应该改造或根本推翻呢？如果真的有人肯这样问两次，那已经是超过了一个作者的奢望了。

第十七章

原野呐喊

曹禺进入了创作的巅峰期。就在完成《日出》后不久,他又投入了新的剧作——三幕话剧《原野》的创作中。

此时的曹禺,已经接受了国立戏剧学校余上沅校长的邀请,来到南京任教。他开了"剧作""西洋戏剧"和"现代戏剧和戏剧批评"等课程。他的讲课,既有扎实的理论,又有丰富的实践经验,加上他认真坦率和特殊的授课方式:不仅绘声绘色十分生动,而且常常是一边吟咏诵读,一边讲解表演。曹禺的课很受同学们的推崇和欢迎。

余上沅是中国话剧的早期创始人之一。早在五四时期,他在武昌文华书院读书时,受恽代英等革命前辈的影响,积极参加进步活动,曾任武昌文华书院学生会负责人,并约请陈独秀到武汉演讲。以后,他又作为武汉学生代表,出席上海全国学生联合会会议。1920年,他进入北京大学英文系。1923年,他和熊佛西等人去美国留学,专攻西洋戏剧。1925年,他和闻一多、徐志摩、赵太侔等人一起回国。回国后,他雄心勃勃地倡导"国剧运动",致力于"要由中国人用中国材料去演给中国人看的中国戏"。然而，"刚刚跨进国门，便碰上'五卅'惨案。6月1日那天，我们亲眼看见地上的碧血，一个个哭丧着脸，恹恹失去了生气"。经过努力，他终于在北平艺术专科学校开设了戏剧系，这是中国第一次在正规学校开设戏剧专业。但是，勉强支撑了一年，就再也办不下去了。为此，他极为感慨："啊，社会，像喜马拉雅山一样屹立不动的社会，它何曾给我们半点同情！"但他依然没有灰心，他说要像造金字塔一样，从下面造起，将来造到极峰。他相信，戏剧艺术之花一定会在中国开放。1935年，他陪同梅兰芳和他的剧团去苏联演出，并一起游历了波兰、德国、法国、英国、瑞士、意大利等国，后经日本回国。这次欧洲之旅，更加坚定了他对中国戏剧建设的信心。回来后，他离开北平来到南京，着手筹建了我国第一所专门培养话剧实用人才的国立戏剧专科学校，并于1935年10月18日正式开学。此后，在极其艰苦的条件下，他主持国立剧专整整14年。1945年，为纪念国立剧专成立10周年，教职员送他一副对联："戏剧树典型，端赖十年教训；桃李满天下，只余两袖清风。"现在，为了办好学校，他千方百计地把国内的著名学者请来任教。曹禺就是其中重要的一位。为此，他费了许多心思，发出了一封又一封的电报和书信，真心诚意地请曹禺前来执教。曹禺被他那要在东西方戏剧间"架起一座桥梁——一种新的戏剧"，创造"古今所同梦的完美戏剧"的艺术理想和执着追求，为他那求贤若渴的精神所感动,放弃了到德国留学的机会,于1936年秋来到了南京。

就是在这里,曹禺结识了著名的中国现代戏剧的奠基者和开创者、他仰慕已久的田汉先生,并在美国耶鲁大学戏剧教授亚历山大·迪安慕名来南京访问田汉先生时,为他们当翻译。当时正是白色恐怖非常猖獗的时期,田汉先生刚以爱国文化人的身份从国民党的监狱里被保释出来,常常在剧校兼课。虽然田汉先生对曹禺的作品直言不讳地提出了批评,但是田汉先生特有的人格魅力,他横溢的才华,他的豪放不羁,他那"座中客常满,杯中酒不空"的火一般的热情,以及他的开阔、开放、求真、求美的艺术视野和执着追求,都使曹禺对这位进步戏剧界的"田老大"产生了由衷的敬佩。

也是在这里,曹禺接触到了一位直接给他帮助并对他产生深远影响的进步学生。他是学校校务委员会的秘书石蕴华,也就是在新中国成立以后任上海市公安局局长的杨帆。他的真诚热情,和反动当局虚与周旋、暗中保护进步学生的干练机智,使他在同学和老师中有很高的威信。曹禺来到剧校不久,他们就互相熟悉了。虽然当时他还不是共产党员,但是曹禺很佩服他的坦诚、学识和为人。在学校的操场上,他和石蕴华一起散步。石蕴华的脸色十分严肃,轻轻地唱起了一首低沉有力的歌曲。曹禺从未听过这首歌,却深深地感到了它的悲壮的旋律。唱完了,石蕴华问他:"好听吗?"并且告诉曹禺,这就是伟大的《国际歌》。石蕴华还向他阐释社会主义原理,并且告诉他,有各种不同的社会主义,德国的纳粹党也宣称他们是社会主义,这一定要分清楚。有时他们也会产生争论。石蕴华不赞同曹禺在作品里不讲阶级,他说:"你现在写东西,至少也要讲明阶层啊!"他认真的话语,引起曹禺的思考。和石蕴华在一起,曹禺总会感到有所收获,他对现实有了进一步的深刻认识。

在南京,曹禺住在四牌楼附近。在他住所的斜对面,就是国民党第一模范监狱,又称老虎桥监狱,里面关押着许多犯人。据说,大部分是普通刑事犯人,但也有少数的政治犯人。陈独秀就曾在这里被关押过。

夜半时分,常常能听到犯人的惨叫声,那声音十分凄厉瘆人。白天,当曹禺从旁走过的时候,常常能看见那些囚徒在狱卒的看守下做苦工。他们一个个蓬头垢面,衣衫褴褛,脸色黑灰,满脸悲苦之色,眼睛里充满了愤怒。

30年代的中国,正处在剧烈的社会大变动之中,民族矛盾、阶级矛盾日益尖锐。封建的传统农业文明在资本主义工业文明的冲击下,日益衰落。九一八事变后,中华民族面临着更加严重的威胁。老天爷似乎也在助纣为虐。继1931年的特大水灾之后,1935年又一次发生了特大水灾,成千上万的农民因而流离失所。每天的报纸上,人们都能看到各种关于剿匪、灾荒、兵变等恶性事件。街头上,那些凄惨的乞丐日渐增多。

中国农民的命运引发着艺术家们的深切关注。文学作品中,有茅盾写的农村三部曲《春蚕》《秋收》《残冬》,叶圣陶写的《多收了三五斗》,叶紫创作的《丰收》,萧红创作的《生死场》,萧军的《八月的乡村》等作品。似乎是一种呼应,在戏剧界中,田汉先生先后写下了两部同名剧作《洪水》,再现灾民的悲惨生活;他还将鲁迅先生的杰作《阿Q正传》改编为同名话剧,以深刻的同情描写雇农阿Q被侮辱和被损害的情形。中国现代戏剧前辈洪深,继《赵阎王》之后,又写出了他的农村三部曲《五奎桥》《香稻米》《青龙潭》,以同情的笔墨表现着农民的苦难、愚昧,写着他们的觉醒、抗争和对生活的希冀。而始终充满激情的年轻的曹禺,此时也将他创作的目光投向了这一片苦难而又孕育着希望的原野。

应当说,曹禺对农村生活是陌生的。然而,当他面对着饥饿的灾民,当他每每听到有关农村里丰收却成灾,谷贱伤农,农民破产,不得已铤而走险、暴动革命的消息,他都会因此而浮想联翩,勾起他儿时的许多记忆:天津海河岸边,老龙头火车站,巨龙似的列车,喷吐着火星乱窜的黑烟,风驰电掣般轰然远去。那两根长长的伸向天际的乌金般的铁轨,曾引起幼小的他的多少遐思?在铁轨的尽头,那会是一个怎样的地方?他的眼前,好像又看见了段妈悲苦的脸庞,仿佛又在听段妈述说她那苦难的经历。段妈，你现在可好？你的生活又会是什么样？还有，在宣化府大堂上所见到的那些被拷打得皮开肉绽的农民，那些拷打农民却又自己出钱为他们疗治创伤的士兵……

或许，剧校的学生也给了这位年轻的教师不少的启发。这里，都是来自全国的热爱戏剧的有志青年，他们有着一腔青春的热情，有着对现实敏锐的触角。曹禺在和他们的接触中，总体会到教学相长的愉悦，激发着自己的青春激情。

来到剧专不久，几个同学自编自导了一个小品，专门请曹禺前去指导。

这是一个名叫《狱》的哑剧小品，由后来成为中国著名的电影导演的凌子风主演，只有十几分钟长，情节很简单。它描写一个犯人，在残酷的地狱般的监牢里，受着非人的待遇。铁链镣铐锁住了他的双手和双脚，但他绝不屈服。他以顽强的意志寻找着生的可能。他想砸开铁锁，逃出牢狱。但是，他的身体实在太虚弱了。寒风袭来，他找来一块布围住脖颈；饥饿袭来，他抓住一块破木头。饥寒交迫之中，虽然几乎失去了知觉和呼吸，但是他仍不甘心，仍然在坚持着生的搏斗。最后，他用尽全部的力气，大叫一声，倒地而亡。全剧除了急促的喘息、几声高叫和幅度较大的形体动作外，几乎没有一句或一个能够听得清的台词和字音。然而，这却给曹禺留下了深刻的印象。演完了，他还沉浸在剧中的氛围里。他非常欣赏凌子风的表演，也十分佩服这几个年轻人对这个人物形象的塑造和形体体现。

好多天来，这个形象一直萦绕在他的心头。他似乎有了一个想法，写这么一个艺术形象，一个脸黑的人不一定心"黑"。是的，他曾经见过一个人，脸黑得像煤球一样，但是心地非常好。他一生辛苦，可死得凄惨。就像雨果的《巴黎圣母院》中的那个敲钟人卡西莫多，虽然外表非常丑陋，但是内心十分善良。

现实生活在强烈地撞击着曹禺，激发着他的想象力和创作欲望。曹禺开始了《原野》的创作，写得非常顺利。跟写《日出》的时候一样，曹禺就像是在写章回小说，先有大致的意思脉络，然后就陆陆续续地写。这一次，还是他的好朋友靳以在不停地向他催稿。当时，靳以正在广州编《文丛》月刊，每到月中月底总要催一回稿。曹禺只能边写边交稿，白天他要教课，为赶着发稿，有时他就整夜整夜地写，从天黑写到晨曦，七八天就赶出一幕来。《原野》这个三幕剧，他只用了3个月就写完了。这是他的多幕剧中写得最快的一部。夏天到了，南京很热。写累了，就外出到街上，夜晚有卖葡萄汁、甘蔗汁的，甘甜爽口，曹禺会痛痛快快地喝上一杯。尔后，他又回到自己的那间小屋，继续他的写作。

曹禺把人们的视线引向北洋军阀执政初年民不聊生的混乱时期。那时，五四运动和新思潮还没有开始，农村里，谁有枪谁就是霸王。农民处在一种万分痛苦，想反抗而又找不到出路的状态中。和当年创作《雷雨》时一样，满怀着诗情和愤懑，曹禺要写出受尽封建压迫的农民的苦难和觉醒，写出主人公仇虎那一颗火一样复仇的心，写出人与人极爱和极恨的复杂感情交织而成的那样惊心动魄的复仇的社会悲剧。

曹禺把他的愤怒倾注于笔下的天地万物：

> 在秋天的傍晚，大地是沉郁的，生命藏在里面。巨树在黄昏里伸出乱发似的枝芽，秋蝉在上面有声无力地振动着翅翼。巨树有庞大的躯干，爬满年老而龟裂的木纹，矗立在莽莽苍苍的原野中，它象征着严肃、险恶、反抗和幽郁，仿佛是那被禁锢的普饶密休士，羁绊在石岩上。在天上，怪相的黑云密匝匝遮满了天，化成各色狰狞可怖的形状，层层低压着地面。远处天际外逐渐裂成一张血糊似的破口，张着嘴，泼出幽暗的赭红，像噩梦，在乱峰怪石的黑云层堆点染成千成万诡异艳怪的色彩。

怀着深沉的同情，就在这怪异笼罩的暮秋的原野上，曹禺将强烈的生命力赋予他笔下的主人公仇虎——"这是一种奇异的感觉，人会惊怪造物者怎么会想出这样一个丑陋的人形，头发像乱麻，硕大无比的怪脸，眉毛垂下来，眼烧着仇恨的火。右腿被打成瘸跛，背凸起仿佛藏着一个小包袱。筋肉暴突，腿是两根铁柱，身上一件密结纽襻的蓝衣褂，被有刺的铁丝戳些个窟窿，破烂处露出毛茸茸的前胸。下面围着'腰里硬'——一种既宽且大的黑皮带——前面有一块很大的铜带扣，贼亮贼亮的。他眼里闪出凶狠、狡恶、机诈与嫉恨，是个刚从地狱里逃出来的人。"

随着一声高叫："阎王，我回来了！"仇虎踏上了他的复仇之路。这是一个具有浓厚的传奇色彩和反抗精神的悲剧英雄。那阎王，抢了仇虎家的地，逼死了仇虎的父亲，又把他年仅15岁的妹妹卖到妓院，把他送进了监牢。为了报仇，他在地狱般的监牢里苦熬八载。但是当他终于逃出监牢回来报仇的时候，害得仇虎家破人亡的焦阎王却已经死了。只剩下瞎了眼的焦母，焦家老实懦弱的儿子焦大星和尚在襁褓中的小黑子。仇虎又看到了原本是自己未婚妻的金子，可现在她已是大星的妻子。

几千年的封建宗法思想流淌在仇虎这个农民的血液里。在狭隘而强烈的"父债子还""断子绝孙"的复仇意识的驱动下，仇虎打死了焦大星，并借焦母之手击杀了无辜的小黑子。为了逃避焦母的追杀，仇虎和金子逃进了原始森林。

仇恨填满了仇虎的胸膛，但他在本质上还是真挚善良、淳朴敦厚的。因此，在残酷的复仇之后，他陷入了枉杀无辜的良心谴责的痛苦中，陷入了灵魂的分裂和挣扎中。他大叫:"啊,这简直是到了地狱。"

在极度的矛盾心理中,仇虎的眼前产生了幻觉。他的眼前,出现了屈死的父亲和妹妹,出现了阎王和阴曹地府的牛头马面,他听见了大星临死前在睡梦中叹息的声音,他看见了那些和他在一起服苦役的狱中的难友。远处传来焦母凄厉的为小黑子叫魂的声音。仇虎和金子跑了一个晚上,可总在一个地方打转转,怎么也跑不出去,总能听到附近尼姑庵里传来的木鱼和磬的敲击声。

契诃夫是曹禺深深钦佩的俄国著名剧作家,他曾经这样说过:"新手永远应当凭独创的作品开始他的事业。"曹禺正是这样一位具有独创性的剧作家。他总有这种想法:一个戏要和一个戏不一样。人物、背景、氛围都不能重复过去的东西。在《原野》中,曹禺借鉴西方表现主义的手法,将仇虎的心灵矛盾展现得紧张又激烈。人们经常认为在《原野》中,能够看到曾经在1936年获得诺贝尔文学奖的美国剧作家奥尼尔的《琼斯王》的影子。《原野》的确和《琼斯王》有着许多相似的情节:黑幽幽的森林背景,催命的鼓声,主人公逃跑时的恐惧,幻觉的产生……但是在这里,所有这些手法和情节都被曹禺消化吸收在自己的审美和创作主体中。《琼斯王》中那使琼斯神思恍惚、催他性命的土人出战前的原始宗教仪式图腾舞蹈的鼓声,在《原野》中幻化为富有中国传统迷信色彩意味的破庙里的鼓声、荒野里凄厉的风声、森林里啄木鸟的声音、地狱鬼魂的尖嚎声和焦母的叫魂声。这种种声音刺激着、谴责着仇虎，使他陷入更纷乱的种种幻觉中。仇虎在幻觉中的挣扎和搏斗，恐惧和迷乱，既表现着他顽强的反抗意志，又展示着愚昧和迷信给他带来的内心悲剧性的冲突。由此，曹禺传神地营造出神秘、恐怖、阴森的戏剧氛围，准确地刻画出仇虎恍惚迷离的精神状态，深刻地暴露着以焦阎王为代表的黑暗统治者的凶暴残忍，控诉着农民所受到的沉重的压迫和苦难。

极为可贵的是，曹禺写出了人物的觉醒和向往，尽管这觉醒和向往是朦胧的。仇虎和金子向往着，要去那"金子铺的地，房子都会飞""大人孩子每天都在过年"的地方。仇虎发誓，我"死也做个明白鬼。……我死了见了五殿阎罗，我也得问个明白，我仇虎为什么生下来就得叫人欺负冤枉，打到阎罗宝殿，我也得跟焦家一门老小算个明白"。临死前，他嘱咐金子，去找自己的那些兄弟："告诉他们，现在的仇虎不相信天，不相信地，就相信弟兄们要一块儿跟他们拼，准能活。一个人拼，就会死。叫他们别怕势力，别怕难。告诉他们，我们现在要拼得出去，有一天我们的子孙会起来的。"剧终，仇虎悲壮地倒下了。但是人们看到，天空现出了曙白，天际外仿佛放了一把野火，沿着阔远的天线冉冉升起一道红光。乌云透了亮了，幻成一片淡淡的墨海，像一条火龙从海底向上翻，云海的边缘逐渐被染成艳丽的金红。浮云散开，云缝里斑斑点点地露出了蔚蓝,左半个天悬着半轮晓月,如同一张薄纸。微风不断地吹着野地,大地依然莽莽苍苍的一片。就在大地轻轻地呼吸中,那棵巨树"还是那样严肃,险恶地矗立当中,仍是一个反抗的魂灵"。

曾经,曹禺想以"云雾"作为这个戏的剧名,他一直希望取个有寓意的名字。可是在一次采访中,这让一位记者知道了。尽管曹禺曾经嘱咐他,不要对外宣布,因为自己还没有最后决定,但那位记者还是将此"炒作"公布了出去。因此就有人开玩笑:"曹禺先生是个天文学家。他写过的两个剧本,一个取名《雷雨》,一个取名《日出》,现在又来了个《云雾》,又是一个气象名字,足见他对天文是有研究的。"

曹禺对此既生气又觉得很无聊。他想,一定要换一个更适合于剧作主旨的剧名。他想起了波斯诗人欧涅尔写的一首小诗:

> 要你一杯酒,
>
> 一块面包,一卷诗,
>
> 只要你在我身旁,
>
> 那原野也是天堂。

曹禺的心豁然一亮,这新剧作就叫《原野》。

《原野》又一次轰动了文坛!从1937年4月到8月,

《原野》在由靳以主编的广州《文丛》上连载。连载结束后，即由上海文化生活出版社出了单行本。从那时到1949年2月的12年中，仅这一家出版社就累计出了15版。著名文艺评论家唐弢对此发表意见："这自然是因为《原野》是百看不厌的剧本"，"这个剧本里有戏，群众看起来过瘾，这个剧本里有生活，顾盼左右，仿佛就在身边，让人看起来恐惧和喜欢"。有一位人们不很熟悉的司徒珂的意见十分中肯，他在《评〈原野〉》中指出：《日出》体现着曹禺的创作发展到最高峰的路线，但"突然他转变了努力的方向，从最黑暗最虚伪的都市，转向到不曾被人注意的而'值得人的高贵的同情'的《原野》。这个转变不只是曹禺先生作风的转变，可以说是中国文艺风格新转变的一个契机。……如以《日出》来和《原野》比较的话，《原野》该是一部最完美的作品。作者在《原野》中还表现着一个美丽的 idea，这种 idea 颇值得深思回味"。这值得回味深思的地方，就是仇虎和金子向往的地方，是那个"金子铺的地，房子都会飞""大人孩子每天都在过年"的地方。《原野》是"代表坦白、善良、真理而向黑暗、不公、罪恶来痛击的"。

第十八章
鸡鸣欲曙

刚刚完成《原野》，没等曹禺好好感受一下又一次创作成功的喜悦，他就接到了母亲发来的大哥亡故的电报。母亲虽说不是亲生的，但待他们如同己出。自从父亲去世，一直是母亲在操持家业。一个妇道人家，实在不易。现在，大哥一死，母亲无依无靠，一定倍感凄凉。

顺长江东去，紧紧张张地，曹禺和巴金一起在上海看过《原野》的首演，就踏上了北去的列车，回家奔丧。

然而，曹禺没有想到，就在他到家的第二天，就传来了"七七事变"的枪声，日本侵华战争全面爆发。

7月8日，中国共产党向全国发出宣言，号召"筑成民族统一战线的坚固长城，抵抗日本的侵略"。

侵略的战火迅速蔓延到天津。7月21日，日军向天津进攻。除租界外，重要的城市设施惨遭轰炸。海河东岸和天津北站一带，到处都是断壁残垣，到处都是死尸，那惨状令人不忍目睹。自己的母校南开，也在轰炸中被夷为平地。

天津沦陷。曹禺亲身体会着亡国奴的屈辱。

不放心自己的好友，曹禺去看望陆以循和陆以洪兄弟。陆以循酷爱音乐，有一把心爱的小提琴，因家不住在租界区，害怕被日本兵抢走，见曹禺来了，就请他把琴带回家中，暂为保管。然而，当曹禺回到自己所住的意大利租界时，却遭到意大利巡捕的再三盘查，并一定要曹禺把琴盒打开。琴盒是上了锁的，钥匙不在曹禺手里。曹禺再三解释，意大利巡捕根本不听，最终硬是将琴盒撬开。

面对人高马大、趾高气扬的意大利巡捕，想到矮小的日本人在自己的国土上耀武扬威，肆意践踏，曹禺的心中充满了痛苦和愤怒：东洋鬼子和西洋鬼子凭什么这样沆瀣一气，欺侮中国人？！

"血债要用血来还！"曹禺憋着满肚子的气。他常常去天津《大公报》报馆，找在那里任主笔的罗隆基先生，听他分析形势，了解战况，向他抒发愤恨。

中国人民不可辱！8月7日，上海文艺界组织了有上百人参加的《保卫卢沟桥》的大型话剧，演出气势磅礴，十分壮观。9日，戏剧界进步人士在南京上演了田汉先生创作的话剧《卢沟桥》，获得了空前的成功。这两次演出，打响了中国抗战戏剧的第一炮。

然而，形势越来越严峻。8月13日，日军轰炸上海、南京。

8月14日，国民政府被迫接受中国共产党提出的建立抗日民族统一战线的主张，国共两党开始第二次合作，中国进入了全面抗战的新阶段。

面对中国人民的反抗,日本侵略者开始镇压。他们查封报馆,捕杀知名进步人士,曹禺也被列入了黑名单。有人警告他,日本人对他已严密监视行踪。他接到了国立戏剧专科学校拍来的电报:南京沦陷后,学校已迁到长沙,望他火速前往。在朋友们的帮助下,曹禺化装成商人,乘一艘外国商船,秘密离开天津,绕道香港,再乘火车至武汉,从那里前往长沙。

母亲和嫂嫂为他送行。望着她们憔悴的面容,曹禺一阵阵心酸。他不敢想,也不愿想,此时离别,何时才能团圆?!

生离死别!母亲的头上又添了几多白发?嫂嫂是哥哥的续弦,嫁给哥哥只有两年多的时间,没有自己的孩子。她只有二十多岁,就这样过下去吗?丧事之后,他曾经问过嫂嫂。可嫂嫂说,她能忍心撇下母亲,撇下两个孩子,把他们交给老妈子吗?嫂嫂的回答让曹禺半天说不出话来,她的命运和母亲是那么相似,心地也和母亲一样善良。

曹禺久久地凝视着亲人。他的心里,充满了对亲人的眷恋和敬重。

汽笛声中,轮船缓缓离岸,驶向大海。

刚刚离开被日本侵略者践踏的那一片屈辱的土地,船上就响起了激昂的歌声:

起来,不愿做奴隶的人们!

把我们的血肉,筑成我们新的长城!

中华民族到了最危险的时候,

每个人被迫着发出最后的吼声……

……

就是在这样同仇敌忾的抗战激情中,曹禺来到了长沙。这里,到处沸腾着全民抗战的热潮。曹禺很快就汇入其中,和师友们一起忙活着剧校抵达长沙后公演的筹备工作。他挑选了三个戏:《毁家纾难》《炸药》《反正》,并亲自担任导演,组织师生们排练公演。他还导演了街头剧《疯了的母亲》,在湘鄂川旅行公演了四十多场。由后来成为著名演员的石联星饰演那个因孩子被日军炸死而发疯的母亲,王大化演她的刚从监狱里出来的大儿子。他们都特别投入,每次卸装以后,都显得特别累。成千上万的观众和他们一起,流着擦不完的泪。演出不但获得了热烈的好评和欢迎,而且对曹禺来说,他还感受着中国老百姓的强烈的爱国精神,他从来没有这样强烈地意识到自己工作的意义和责任。

这一年12月11日一大早,曹禺就赶到了长沙的银宫电影院。听人说,这儿来了一个老头,抗战演讲棒极了。果然,这里人头攒动,电影院里里外外挤得满满的,大约有两三千人,都是慕名自发前来的。老头慈眉善目,留着长长的胡须,操着明显的湖南口音,有60来岁的样子。他在讲中国共产党提出的抗日救国十大纲领,批驳"速胜论"和"亡国论",讲"抗战必胜,日本必败"的道理。这是曹禺第一次这样系统地从理论上认识中国共产党的抗战方针,这样清晰地了解国际国内各政治集团和党派间的矛盾、实力和争斗……老头娓娓道来的演讲,句句都是正气长歌。会场寂静得能听得到落地针响,掌声响时却又如江潮击岸。如醍醐灌顶,曹禺感到一种从未有过的震撼和振奋,一种不容置疑的中华民族必胜的自信。在老人炯炯的目光里,流露出饱经沧桑的长者的睿智和从容……

曹禺被深深感染了,他对这老头产生了深深的敬意和浓厚的兴趣。第二天天不亮,他就来到冷清的寿星街,找到了老头的住处。可是,老头已经外出了,房间里只有他的小勤务兵。这是一间很小的屋子。小勤务兵告诉曹禺,他和老头白天同桌吃饭,晚上就睡在同一张床上,老头还给他盖被子,教他读书识字。望着眼前这个满脸通红,勤快伶俐,眼睛里闪着稚气和志气的只有十几岁的小勤务兵,曹禺简直惊呆了。这位老先生这样清贫无私,这样廉洁奉公,这是他从未见过和听说过的。人与人之间真有这样的平等、友爱的关系?他从未见过这样的兵。一种强烈的兴奋感在刺激着曹禺,他一定要写这个人,写这个老头。

曹禺终于知道了,这老头子就是为国民党所深恶痛绝的"异党分子"——一个著名的共产党人,一个被毛泽东同志敬爱和尊重的"永远都是我的老师"的中国现代教育家——徐特立先生。

徐特立,原名徐懋恂,是湖南长沙东乡五美山人,从小酷爱读书,聪明过人。早年,他曾在家乡当了 10 年的私塾教员,参与创办湖南丁家冲完全小学。校长唐贻承为此写了对联求教徐特立,表明了他们创业的艰难和志向:

创业难如果大家不畏难又有何难
校舍好还要学生肯求好才是真好

19 岁的时候,一位前清举人陈云峰老先生送他一把纸扇,上书:"读书贵有师,尤贵有书。乡村无师又无书,但书即师也。张之洞《书目问答》,即买书之门径,张之洞《猷轩语》即读书之门径,读此二书,终身受用不尽。勉哉勉哉!"受此激励,他在长沙旧书铺集中的马王街,开始了"十年破产读书"。10 年后,他在"五千八百多名湘鄂两省考生会试"中,高中第十九名,但参加复试要交一块银圆。不为五斗米折腰的他,毅然决定放弃科举首榜录取的成绩,弃官求学,并改名"徐特立"。他口占七绝一首,以明心迹:

丈夫落魄纵无聊,壮志依然抑九霄。

非同泽柳新稊弱,偶受春风即折腰。

就在这一年,他被"长沙宁乡速成师范学校"录取。这是湖南第一所进修西学的学校,校长周震麟是我国最早的留日学生。从此,徐特立立志于教育。他一向倡导并且身体力行"教师不仅是传授知识,更重要的是教人","爱祖国为人民是最高的公德"。在他身上,永远沸腾着爱国的热血和充满了激情。1909年,为了反对外国传教士在中国的专横行为,在为湖南进京要求速开国会的请愿代表送行时,他在修业中学发表演讲:"民不聊生,国无宁日。特立不才,今日只有当众写下血书,明我心迹——"他当众以刀断指,写下血书"驱除鞑虏,恢复中华"……辰州断指的壮举感动了在场的所有人。1910年春,徐特立赴日本考察小学教育。之后,他创办了长沙师范学校并担任校长。1920年,他舍弃自己的社会地位和职业,倡导并亲身参加去法国勤工俭学。去法国,即使是走在路上或上厕所的时候,他都在学习法文字母。途中经过仰光时,有一所大学的校长听说徐特立来了,特地请他去演讲。他为该校题词:

万里旅居巡井市,百年长计课儿孙。

回国后,1924年他创办了长沙女子师范学校,1925

年他担任了湖南省立女子师范学校校长。他是怎样的一位慈爱的校长啊！他从来不训斥学生，看到问题，就写成诗歌在黑板上教育大家。他的诗，同学们喜欢读，也喜欢背。晚上，他常常提着马灯，到学生宿舍查夜，给孩子们掖被子，催促他们早点休息。孩子们背地里都亲热地称呼他为"外婆"。

1927年，蒋介石发动"四一二"反革命政变，血腥镇压中国共产党。特别是在湖南地区，数十万共产党人和无辜群众惨遭屠杀。就在这腥风血雨、刀光剑影的时刻，在别人都忙于逃命的时刻，他却提出了加入中国共产党的要求。这位经历了清朝、民国两代，经历了中国最残酷的10年内战，50岁才入党的勇士，又在近60岁的高龄随着中国工农红军，参加了二万五千里长征。现在，他接受党的指派，作为驻湘十八集团军的高级参议，来到长沙。

真想不到，这位老人竟然有这样极富传奇色彩的经历！共产党竟是由这样的人组织起来的！由此，曹禺感受到了中国共产党的巨大凝聚力和吸引力。虽然日军正在步步进逼，加紧向南侵犯，国民党的抗战态度依然暧昧，但是对于中华民族必胜的前途，曹禺充满了信心。

在长沙，由余上沅校长做证婚人，曹禺和他相恋多年的女友郑秀举行了正式而简朴的婚礼。郑秀毕业于清华大学法律系，是一个大家闺秀。还在大学的时候，他们就相识相爱了。那时，他们常常漫步在清华园中的小树林里，而到深夜回到宿舍时，曹禺才发现他的眼镜不知道什么时候丢了。丢在哪里？他一点也想不起来。真可谓热恋。

抗战的烽火，打乱了多少中国人的安宁生活？让多少人处在颠沛流离之中？未等曹禺的生活有所安定，剧校就接到向重庆转移的命令。

1938年元旦，剧校师生们分别搭乘5艘大木船，别长沙，出洞庭，沿长江逆流而上，途径宜昌、万县……日寇的轰炸日益猖狂，为了保证安全，剧校的船只能在夜间航行，白天靠岸停泊。每到一地，师生们即上岸进行街头演出，演出多场抗日救亡的活报剧和短剧。此时，曹禺任剧校的教务主任，他非常认真负责地照顾着每一位学生。他穿着一身旧棉袍，只要船泊码头，哪怕只有几个小时，他也要拿上那面大锣，招呼同学们上岸；或敲着大锣在前面开道，招呼着群众来看演出。有时，日寇的飞机就贴着江面或村庄盘旋，乱扔炸弹，曹禺就忙着组织同学们隐蔽疏散，等到轰炸结束，又忙着把同学们都找齐，继续演出或平安上船。看着他那么热忱地敲着大锣、高声吆喝的样子，看着他跑前跑后紧张罗的样子，没有人会想到，他是一名教授，一位中国著名的剧作家。而曹禺自己想也没想过这样的问题。大概他只觉得，他是老师，是学校的教务主任，有责任保证同学们的安全，有义务为抗战做自己应做的和能做的工作，而且要把它们做得更好一些。是的，那时的曹禺还不到30岁，正是精力旺盛的好时候。

船到宜昌，恰逢上海业余剧人协会也由汉口前往四川，由于武汉的轮船不能直驶重庆，要在宜昌换船，他们就利用等船的机会在宜昌小住，并举行小规模的演出。这时的上海业余剧人协会是由上海业余实验剧团所组成的上海救亡演剧队第三、第四两队的大部分成员组成，实力比较雄厚。知名的演员有赵丹、顾而已、陶金、魏鹤龄、钱千里、刘郁敏、赵慧深、英茵、叶茜露、章曼萍等；编导人员则有章泯、沈西苓、陈鲤庭、贺孟斧、宋之的、陈白尘等；舞美人员有汪洋、朱今明、张超群等，可谓人才济济。其中，很多是曹禺的老朋友。因此，曹禺一到宜昌就兴致勃勃地赶过来看演出、会朋友。

这一天晚上演出了好几个独幕剧，其中有一出是《黄浦江边》。不知是什么原因，那些著名演员都没有登场，而是让一些编导人员登台。如其中的一个重要角色我军的一位团长，偏要由贺孟斧扮演。他虽说是位出色的导演，可一上台却手足无措，老是背对着观众，面向黄浦江的布景作瞭望状。急得提示者在幕后不断地提醒他："转过身来！"可他刚转身面对观众，一转眼又转过身去了。

而奉命扮演四个日本兵的人本来没有什么戏，只要叽里哇啦乱吼一阵，穿台而过就行了。但这四个日本兵演得异常认真，极尽穷凶极恶之能事，颇受观众欢迎。原来这四个扮演者也是编导人员，一个是宋之的，一个是沈西苓，一个是陈白尘，再一个居然就是闻讯前去看戏的曹禺。他被临时抓差上了台,友情客串。当天晚上,当地招商局在一艘江轮上宴请全体演职人员,曹禺也被邀请参加。他和老朋友相会,开怀畅饮,喝了个酩酊大醉。这一夜,全体人员被招待在船上过宿。曹禺和陈白尘同宿一间船舱,他们虽然是初次相识,但相见恨晚,畅谈了一个通宵,把心底的苦闷和美好的向往都和盘托出,彼此都留下了深刻的印象。后来,曹禺邀请陈白尘去国立剧专教书,就是这一夜深谈的结果。

就这样,曹禺和他的师友们,整整23天,一路上喝遍了长江、湘江、嘉陵江、金沙江的水,饱尝艰辛,终于在1938年2月抵达重庆。

大后方的重庆,中国优秀的戏剧家们都聚集在此。现在,曹禺担负起为剧校网罗人才的重任。得知黄佐临、金韵之夫妇从英国留学归来,张骏祥从美国留学归来,就像当年余上沅给自己写信那样,曹禺分别给他们写信,诚恳地邀请他们前来执教。

说来也巧,张骏祥是曹禺在清华时的高班同学,当年余上沅请曹禺到剧校任教,最早的邀请信就是请张骏祥写给曹禺的。曹禺很爽快地就去了剧专。也就是在那时,即将赴美国留学的张骏祥答应余上沅,一旦学成,就回到祖国,到剧专执教。现就在他学成之际,曹禺专门写信将张骏祥请来剧校。

怀着投身抗战、报效祖国的激情,怀着激扬的艺术理想，刚刚拿到硕士学位的张骏祥放弃了继续求学，如约回国。他乘船由海路回到祖国。一到上海，好友兼校友的李健吾热情地接待了他，并介绍他与于伶相识。于伶正在创办上海剧艺社，不仅马上请他前去演讲，还希望他能够加盟。但这被张骏祥婉拒了。张骏祥渴望着尽快和好友曹禺会面，更渴望着尽快去大后方，投身抗日戏剧救亡运动。然而正值战乱时期，时局艰难，民生凋敝，他辗转托人买票，绕道越南经昆明再去重庆。光等船票，就等了六个星期。而当他经由长长的海路一路颠簸到达北部湾，从海防老街跨过国境线，入境中国时，那里竟遭到日军二十多架飞机轮番轰炸。长到三刻钟的狂轰滥炸，让这个才从和平快乐的美利坚回来的年轻人切实感受到战争的恐怖，也激起他无比的义愤和战斗的激情。而这一天，恰是 1940 年的元旦。

他终于到达了当时的"陪都"重庆。曹禺在第一时间赶来接他。同来的还有已经在《雷雨》《日出》中担任主演的女演员凤子。曹禺一进门，来不及寒暄，就嚷嚷着快走快走，有人请吃饭。张骏祥感到奇怪，初来乍到，人生地不熟，谁请吃饭？曹禺顾不上解释，只说不要紧，都是戏剧界的朋友。拖了他就走。去了饭店，那里已经满满坐了一桌人。在这里，张骏祥第一次见到了郭沫若、阳翰笙、夏衍、司徒慧敏、马彦祥等他久闻大名的文化界的进步文化人士，感受到了亲切的欢迎气氛。

从重庆到江安，还要走川江航线。船票十分紧张，曹禺想尽办法，也只弄到两张统舱票。所谓"统舱"，就是只要你能找到地方摊开铺盖，你就可以睡下。曹禺领着张骏祥好不容易挤上了"长虹号"，但等到他们上船时，"统舱"已经无处下脚。足智多谋的曹禺又想办法花了点钱，才被允许在只摆得下两张桌子的餐厅里的一张八仙桌下面睡觉。他们两人共盖一床被子，还要等所有的人吃完饭后他们才能钻进去睡觉。白天这张桌子从早到晚开着流水席，他俩就在船尾蹲着聊天。江轮逆流而上，他们全然忘记了这里的嘈杂拥挤、肮脏混乱，有着说不完的话。曹禺关心着国外的戏剧发展和美国百老汇的情况，而张骏祥则急着想知道国内的政局和戏剧界的现状。他们促膝论道，"合被"谈心。张骏祥后来回忆，他和曹禺的友谊"可以说就是从那张八仙桌下面开始的"。

黄佐临、张骏祥从国外回来，都有为祖国的戏剧事业大干一番的抱负。曹禺虽然一直在国内，但和他们的心思是一样的。为了共同的艺术理想，他们常常在一起切磋商讨。那时，黄佐临和曹禺的住处不在一起。常常在晚间，他们谈戏入了迷，两人互相送，你送我回来，觉得还没说清楚，我又送你回去……就这样来回送，来回说，直到深夜。最初，他们都想把获得诺贝尔文学奖的美国著名剧作家奥尼尔的《悲悼》搞出来。尤其是曹禺，他刚刚在《原野》中运用了奥尼尔的剧作中的某些艺术技巧，很有些着迷,想进一步钻研。他甚至已经开始翻译这个剧本,并且让学生叶子帮他抄写翻译好的章节。这个戏很长,有13幕,全搬上舞台,大概要演9个小时。可惜这个戏无论剧情和基调,与中国当时抗战的氛围太不协调了,因此,曹禺和他的朋友最终放弃了将《悲悼》搬上舞台的念头。

这一期间,剧校里名人汇集、人才济济,如梁实秋、戈宝权、陈白尘、陈瘦竹等,由此人们称这一时期是剧校的"黄金时代"。当然,这里还有着另一层寓意,即指黄佐临和金韵之夫妇。

这一时期,不仅是剧校的"黄金时代",而且是中国现代戏剧发展历程中的黄金时代。当时,在成都和重庆聚集了郭沫若、夏衍、阳翰笙、曹禺、老舍、于伶、陈白尘、宋之的、吴祖光、丁西林、熊佛西、沈浮、杨村彬、余上沅、徐讦等著名剧作家,洪深、贺孟斧、陈鲤庭、应云卫、史东山、郑君里、张骏祥、马彦祥、章泯、焦菊隐、司徒慧敏等著名导演,金山、陶金、顾而已、施超、蓝马、金焰、耿震、江村、沈扬、魏鹤龄、谢天(即谢添)、项堃、石羽、舒绣文、白杨、张瑞芳、秦怡、路曦、吴茵、黎莉莉、章曼萍、凤子等著名演员,还有其他许多优秀的舞台艺术家。这里,已经成了全国抗敌戏剧运动的中心。

在上海、南京相继失守后,全国各地大批的戏剧工作者相继流亡汇聚在武汉三镇。为加强团结,有计划、有组织地开展戏剧运动，在中国共产党的领导下，中华全国戏剧界抗敌协会于1937年12月31日在汉口成立。曹禺等91人被选为协会理事。全国18个戏剧团体，包括不同阶级、阶层、剧种、流派的数千名戏剧工作者，新兴的话剧和传统戏曲的平剧（即京剧）、汉剧、楚剧、湘剧、桂戏、川剧、粤剧、滇剧、评剧、陕西梆子、山西梆子、河南梆子等剧种，以及各种民间曲艺（如大鼓、相声等）和杂技、武术团体，都汇集在协会。这是中国戏剧艺术界在组织上空前的统一和团结，也由此为中国各戏剧品种在艺术上、美学上的互相渗透和影响提供了条件。不久，武汉沦陷，中华全国戏剧界抗敌协会决定的每年10月10日举办的首届中国戏剧节，就改在了重庆举行。

根据周恩来同志的指示，重庆话剧界力量比较雄厚，并且话剧易于表现现实斗争，能产生深广的社会影响。因此，文艺界要以话剧作为击败国民党文化高压政策的突破口。由于日本侵华战争的爆发，日寇封锁了外国影片和胶片的进口，重庆的电影院大多十分冷落，这正是话剧大显身手的好时机。

为了迎接首届中国戏剧节，曹禺和宋之的接受了一个创作多幕剧的任务。当时全国戏剧舞台上的优秀演员大部分集中在重庆，这些演员参加"戏剧节"的热忱是无可比拟的。因为在全国，这是戏剧界的第一次"戏剧节"。因此在接受创作任务的同时，曹禺和宋之的还接受了一个奢侈的演员名单。为这样奢侈的演员名单来写剧本,实在是一件不容易的事情,它需要庞大的题材和细心的安排。

经过反复斟酌,他们决定将宋之的等人一年前集体创作的《总动员》改编为《全民总动员》,主题确定为肃清汉奸,变敌人的后方为前线,动员全民服役抗战,打破日寇灭亡中国的迷梦。剧作描写一个代号为"黑字二十八"的日本间谍,打入我抗日后方基地,企图盗取抗日机密文件,收买汉奸沈树仁,谋杀抗日将领。我方经过激烈而机智的斗争,终于粉碎了"黑字二十八"的阴谋,汉奸沈树仁也畏罪自杀。剧作通过为前方将士募集寒衣的游艺会,巧妙地将前方和后方、舞台场景和现实生活、舞台人物和现实人物结合起来,戏中串戏,热情歌颂了在前方浴血奋战的爱国将士和热血青年,鞭笞了日本间谍和汉奸卖国贼的卑劣行径,并且对那些在抗战中"前方吃紧,后方紧吃"的醉生梦死之徒进行了揭露和嘲讽。

《全民总动员》的演出成为轰动山城的盛事,整个演出阵容十分庞大,全部演职员上百人,舞台上有名有姓的角色就有41人,不仅白杨、赵丹、江村、舒绣文、张瑞芳等著名演员参加了演出,剧专的校长余上沅,剧作者宋之的、曹禺,甚至国民党最高文化官员张道藩等也都"粉墨登场"。这充分体现了抗日民族统一战线政策的号召力量,也反映出全国抗日救亡的炽热氛围。

余上沅饰演一个剧场的看门人。张道藩则特地为此定做了全套马裤、将军服、高筒马靴和黑斗篷，饰演从前线负伤来到后方的爱国将领孙将军。他每天准时来到后台等待化装大师辛汉文为他化装。不过，也许是因为他的这身酷似蒋介石衣着的扮相，或许是因为他和进步演员在一起照了相，被人告到蒋介石跟前，张道藩不久被免去了教育部次长的官职。最有趣的是宋之的，他演的是摄影记者，只有一句台词："孙将军，您能不能允许我给您拍一张照片？"这是他自己写的剧本，他却连这一句台词也记不住，每次上场他都要颠三倒四地大吃"螺丝"，总是忘词，打磕巴。等到演出结束也没有人发觉，他把一个笨拙的记者的心理演活了。曹禺在剧中饰演了主要人物之一的夏晓仓。总导演应云卫对他的表演赞叹不已："到底是万家宝，老经验，连一点子戏总被挤足了出来，抓得住观众。"

《全民总动员》的演出长达4个小时，可在演出中观众始终没有中途退场的。在当时，重庆的观众还没有看话剧的习惯，一般的话剧只能演两三场，这个戏却连演7场。演出的票价为3角、6角、1元、1元5角，还有高达50元一张的荣誉券。这票价在当时是相当高的，那时，重庆一个普通的公职人员一个月的伙食费才4元钱。但是，所有的预售票和荣誉券在演出前一天全部卖完。7场演出收入达10964元，除去演出开支，剩余8000多元，全部捐献给前方将士用以购买寒衣，表达了进步的戏剧工作者高昂的抗战热忱。

7场演出，场场满座，场场都有观众在门口要求买站票看戏，因此又加演了3个日场。最后这一天，因为要买票的观众仍然拥挤不堪，前台人员在剧场设了5道防线，重庆国泰大剧院的院门几乎仍被涌如潮水的观众所挤破，表现出重庆观众对抗战的热情和对话剧的喜爱。重庆的一家报纸以"剧界空前盛举，美满的《总动员》。观众挤破了国泰（指演出场地国泰大戏院）"报道了此次演出盛况，文中还说"这个戏的演出，在渝剧人全体参加，在中国戏剧史上可谓空前盛举，观众之拥挤，亦破国泰从未有过的纪录"。

曹禺对这个剧作并不满意。1940年，在这个剧本出版的时候，他将剧名改为《黑字二十八》。他说："因为写作匆忙，并不能如我们所拟想的那么满人意。所以现在就以《黑字二十八》这一剧名，与诸君相见。而把《全民总动员》这个丰富的剧名，留给下一次的机会。"

曹禺的创作永远是严肃的，他的工作态度永远是认真的。火热的抗战生活给了他新的创作灵感，也使他对戏剧艺术与生活的关系等问题有了新的思考。

他把这些思考都融入了1938年暑假期间剧专举行的"战时戏剧讲座"中，他讲了第一讲《编剧术》。不久以后，他又应他的母校，因抗战从天津迁到重庆的南开中学而更名南渝中学的怒潮剧社的邀请，作了《关于话剧的写作问题》的讲话。他把自己对话剧创作现状的思考、话剧创作的甘苦、心得和意义跟剧社的小朋友们坦诚相谈：

现在一般的话剧创作者，都有一种共同的缺憾，便是创作态度不严肃，认识力不够，故其作品不深刻，不使人感觉亲切有味，与现实生活的真象距离太远。我们看外国作者，他们对创作态度的认真，实可为我们的模范。近来茅盾从事某项著作，想先写8万字的内容提纲，后再行下笔，此中精神实为作家应有秉具。

过去话剧创作又多趋于公式化、类型化，今后描写人物务要代表一独特的完全的人格。

由于态度的欠严肃，中国话剧作者对于材料的收集也不够，大都在报纸上偶见一则新闻，触起灵感，便欣然下笔，此种作品必定浮泛不实。创作材料不但收集上要多下工夫，所得材料更应经过孵化作用，使材料充备时下手才可谓精心结构。从事文艺工作，尤其是话剧，材料收集的习惯必须养成。我日常生活中，随身常有一小册，对各阶层人物的说话及其行动特点，每每记下，以备写作时应用。

还有现在的抗战戏剧，故事往往太离奇，反使人不置信，所以选材上应力求平凡，再在平凡中找出新意义。譬如说现在抗战剧本写的多是汉奸和英勇士兵，但是现存作品中就很难找出有恰如其分的真实。

写士兵写不出真能代表中华民族的士兵，而大都趋于传奇式的神话化了。写汉奸也把汉奸写成无恶不作的人物，这其实在观众中的效果是很低微的……

话剧创作还应有一个戒条，就是不要走别人已经走过的路，避免因袭造作，要有耐心地严肃地去找出一条路。

曹禺强调："伟大的思想，也是深刻观察体味人生的结果。"他不否定灵感，但认为"应该设法使灵感悠然而生"，应"随时随地心内都蕴藏着一种'鸡鸣欲曙'快要明朗的感觉。这种心理的准备，就需要材料的囤积了。创作的初期过程，正如母鸡孵卵一样。母鸡是每天伏着不动，不见工作的形色，而在蛋壳里小鸡却逐渐形成，终于到一天，破卵而出。……文艺作品的产生，正有同样的'孵化作用'"，"'材料的囤积'便是作品孵化中的母鸡工作。积多了各种记忆，它们便会互相影响，激起变动。潜移默化中，稍一触念，有时恍惚若灵魂顿至，充满了生趣的人物和图画，蓦然一幕一幕现在眼前，又亲切，又熨帖的真实，毫不吃力地在笔下涌出，这就是我们的形将成形的小鸡了"。

曹禺在最后再次强调："我们的文艺作品要有意义，不是公子哥儿嘴里哼哼的玩意儿。现在整个民族为了抗战而流血牺牲，文艺作品要有时代意义，反映时代，增强抗战的力量,在这样伟大的前提下,写戏之前,我们应该决定剧本在抗战时期的意义。具体地讲,它的主题跟抗战有什么关联。"

曹禺谈的是话剧创作,在他的心里却涌动着热切的期盼,"鸡鸣欲曙"啊!是的,黑暗终会过去,抗战必将胜利!

第十九章

桐油灯下——江安岁月（一）

1939年的春天来了。

然而，山城重庆依然经常处在日本飞机的狂轰滥炸之中，山城老百姓时时处在危难之中，特别是惨绝人寰的防空洞惨案的发生，使得剧校的安全也受到了极大的威胁。为此，校长余上沅多方考虑，几经周折，在地下党和有关进步人士的帮助下，学校再一次奉命疏散，迁到了川南的江安县城。

江安地处四川泸州和宜宾之间，紧挨在长江边上。这真是一座小城，城里只有一个"十"字形大街，站在交叉路口，几乎可以望见东西南北城门。淘气的同学说，站在这里大吼一声，东西南北全城的人都听见了。小城给人的感觉很有些异样，仿佛与世隔绝，很有些清末遗风。江安和重庆虽然有川江轮船可通，但是南门外的码头上经常挂着"上下水无消息"的牌子，因此重庆的报纸要过五六天才能到达江安。在这里，几乎很难找到像重庆或其他大城市当时所特有的激动情绪和紧张气氛。偶尔有几架敌机沿着长江高空而过，才会使人想起现在正是抗战时期。小城里还保留着一些古老的习俗，每逢中午和晚上起更时分，总要放一声炮报告时间。县政府有事情要通告百姓，差役一边敲锣一边叫喊"鸣锣告白"，都是催缴捐税、枪毙罪犯、保甲开会以及谨防盗贼之类。每三天赶一次集，买卖双方在衣襟的掩盖下捏着手指讨价还价。

校址设在孔庙。这所古老的孔庙现在变成剧校，大概和孔子讲究六艺多少有些因缘。走进大门，绕过泮池，有一个大院子，左右两边的厢房改为学校办公室。第二进的大院，正面是五开间大殿，现在改成礼堂和教室，演戏时又变为舞台和后台。院子中间摆着许多长凳，可坐几百名观众。大殿后面还有几进正房和厢房以及一些跨院，分别作为教室、宿舍、排演场和图书馆等。

让曹禺没有想到的是，就在这样偏僻、闭塞的地方，依然活跃着党的工作，依然进行着抗战宣传。在党的组织下，小城的人们以演出《原野》来欢迎剧校，欢迎曹禺。而演出，是那样的富于地方特色和创造精神。当大幕拉开，眼前就出现了原始森林，那原始森林竟是用新鲜树枝做出来的。那灯光，是用打足了汽的汽灯照出来的。更让曹禺意外而又高兴的是，演员一出场，竟然将剧中人物的台词都改为了用方言说白。虽然演员们的演技一般，但是他们的感情十分真挚，因此，整个演出充满了生气，台下的观众也报以热烈的掌声。

曹禺的心里满是感动、亲切和温暖。他又一次感受着戏剧艺术的力量和民众的力量，感受着戏剧工作的意义。

江安的生活是清苦的。尤其是在抗战时期，像曹禺他们这些学校里的所谓"公教人员"，只能"吃平价米"，"穿平价布"。生活中可笑的事情也很多，就抽烟来说，买不起高价的"大英牌"或"老刀牌"，只能抽土产的杂牌香烟。这种烟里杂质很多，有时像湿柴草一样点不着，有时忽然又像放花炮一样，"砰"的一声着起火来。这里没有电灯，老百姓在没有月光的晚上都是提着灯笼或打着火把走在街上，煞是有趣。这里的老百姓对话剧也很陌生。剧校刚到江安的时候，人们常常会把"导演"说成"刀具"，把戏剧当成"器具"，闹出了一些笑话。

初春时节，春寒料峭。曹禺和大家一样，成天穿着他那件灰旧的长袍，清苦度日。对于生活的艰苦，曹禺似乎毫无反应，好像沉浸在另一个世界里。

是的，在曹禺的心里，有着两座煌煌火城，那是红岩村和曾家岩。曹禺，他这个被吸引、被温暖的人，永远记得那个温暖的冬日。

那是去年年底，一位年轻的女士走进他的住处，递给他一封信，"周先生请你去做客"。

周先生就是周恩来同志。曹禺对他仰慕已久，更何况他们还是南开的校友，而且，周先生还是南开剧社的前辈。周恩来同志亲笔给曹禺写信，以老校友的身份，用十分亲切的口吻问候他，邀请他到八路军办事处去做客。

曹禺又惊又喜，百感交集。几年来，他随着学校的师生们一起从南京撤退到长沙，又撤退到重庆。一路上，他看见了多少老百姓颠沛流离，又看见了多少国民党军政官员的腐败无能。愤慨和苦闷郁积在心底，中国的前途将会怎样？抗战的情景又会怎样？现在，读着周先生的来信，他的心境豁然开朗，仿佛找到了精神上的依靠。

曹禺来到了曾家岩50号。

走进一间朴素的屋子，曹禺迎面碰上的就是周先生炯炯有神的目光，亲切而又睿智。握住周先生温暖的手，曹禺忘记了国统区阴沉的天，他感到周先生所在的地方像阳光一般明丽。

第一次见到周先生，在这位著名的政治家面前，年轻的曹禺难免有些拘谨腼腆。然而周先生和蔼亲切，谈笑风生，言谈话语中流露出对曹禺作品的由衷喜爱和对曹禺的艺术才华的赞赏，尤其是他对生活与艺术的关系的看法，让曹禺感到少有的心灵相通。他深深地为周先生待人的真诚和渊博的知识、过人的智慧所折服，有一种一见如故的感觉。就像是多年不见的老朋友，他们无话不谈。

谈话进行到一半的时候，防空警报响了。周先生让曹禺跟他一起出去躲一躲。从曾家岩沿石阶而下，在山路上，就看见日本侵略者的飞机在山城上空盘旋，扔了许多炸弹，只见一团团火光，一片片火海，一股股浓烟。这样的轰炸曹禺经历过多少次?!

像疯了似的，日本帝国主义对重庆进行狂轰滥炸。有资料表明，1940年，仅在五六月间几乎每天有60架次到120架次的日机轮番日夜轰炸，以致在闹市发生过惨绝人寰的隧道大惨案。重庆有许多繁华街道两边的商店住户的楼房被炸成废墟焦土，除烧焦的人尸外，便是熊熊燃烧着的倒塌的梁木。人们只能躲在防空洞里。多少次，当空袭警报之后，曹禺在灼热的火道中穿行，他觉得，这里就是《神曲》中所描述的地狱，烈火中他如同一个游荡的孤魂。国破家亡，他相信，面对此情此景，每一个有良心的中国人的心头，都会有一种难以言说的民族义愤。

现在，曹禺又感到了这种郁闷和愤怒，他说不出话来。周先生的面容愤慨而又严峻。指着火光起处，周先生痛斥日本帝国主义的凶残。针对当时人们思想的混乱和寄希望由英国人出面议和的倾向，他沉痛而坚定地指出："国难当头，我们中华儿女必须团结一致，抗战到底。否则，国家必然灭亡！"

周先生的话一字一句地落在曹禺的心头。一股巨大的力量产生在他的身上。中国共产党一定会抗战到底的！他感受到了中国共产党的坚强，认识到中国共产党是领导全国人民抗战的主心骨。从那个时候起，曹禺觉得自己和党更近了。虽然在当时的重庆听不到反击的炮声，但是，他觉得，就在他的手中也有反击日寇的武器，那就是他手中的笔。

曹禺又开始动笔了，他要把所见所思诉诸笔端。

初到江安，这里的民风民情让大家觉得新鲜，然而时间长了，师生们还是对现实产生了强烈的焦虑情绪。更何况，前线的战况令人十分丧气。国民党军队节节败退，两三天就丢失一个城市。而后方，大大小小的各级政府贪污腐化成风，大大小小的官员都在鬼混。抗战好像跟他们毫不相干，他们只想凭"抗日"贪污捞钱。在伤兵医院里，竟有官员贪污抗日将士的医药。甚至就在小小的民风古朴的江安，不仅有人酗酒打牌，也发生着种种腐败苟且的事情。国民党的腐败无处不在。曹禺在参观江安伤兵医院时就得知，有些官员利用自己的权力和关系跟地方上的商人合伙做生意，囤积居奇，昧着良心发国难财。而和这些形成强烈反差的，是他亲眼见到的普普通通老百姓的那一片爱国的赤诚。在天津、重庆，他亲身感受到日机轰炸给人民造成的巨大灾难。在天津，他亲眼看见一个普通百姓在白天赤手空拳怒打一个日本兵的英勇行为。在国立剧专，不少教师都放弃了优裕的生活条件，奔向重庆，投身抗日救亡运动。像黄佐临和金韵之夫妇，他们都出生在很阔气的家庭，在上海有花园洋房，都曾留学国外，但是他们毫不留恋这些。他们来到重庆后，就住在潮湿的地下室里，他们两人还将手中的订婚戒指捐献了出去。张骏祥也是如此。为了参加抗日，他坚决从美国回来，住在江安这样的穷乡僻壤，拿着一个月没有几个钱的薪水，毫无怨言。他们都是自己的好朋友，因此，曹禺在与他们的交往中更多了一份敬重。

在长沙见到的徐特立老人的形象，总是萦绕在他的心头。在长沙，他还看到有关加拿大的白求恩大夫不远万里来到中国，支援中国抗战的报道。他对这位异国友人充满了钦佩。由此，他看到中国的抗战是世界反法西斯战争的重要组成部分，在全世界正义人民的同情和支持下，抗战终将获得胜利。

江安的生活非常清苦。学生们每天能吃个大半饱就很不错了。那饭里，除了糙米什么都有，沙子、小石子，甚至是老鼠屎，被大家戏称为"八宝饭"。那下饭的菜，就是辣椒加盐。偶尔加餐，有点黄豆芽什么的，调皮的同学们会清晰地数起来，一共也就14根豆芽。然而，年轻的学生们并不以此为苦，在祖国危难的时刻，在经历了流亡西南、重庆轰炸之后，在江安，他们有了生命的安全，他们有着众多国内一流戏剧大师的教诲，有着年轻学子的相互砥砺，该有多么幸福。特别是那些才华横溢的进步学生，在江安，他们忘我、刻苦地学习着，那不可抑制的朝气、激情和蓬勃的创造精神，给了曹禺极大的感染和激励。在学习之余，或在偶尔的空袭警报响起的时候，他会和同学们一起来到城外的红佛寺。在青山环抱之中，在那条曲折的山间小道上，大家嘻嘻哈哈，仿佛是郊游一般，一边走道，一边还在练功。一会儿，这边的男生跳着空翻，大叫道："我们练的是和尚功！"一会儿，那边的女生转着旋子,大喊着冲过来:"看我练的这尼姑功!"同学们清脆欢乐的叫声、笑声,在这片青翠欲滴的山谷间久久地回荡着,让这里充满了生气。还有的时候,刘厚生、方琯德、许绥曾等同学来到曹禺的家里,在他们敬爱的老师面前高谈阔论,大谈奥尼尔或易卜生或现代派戏剧。这几个学生,曹禺特别喜欢和器重。曹禺的确很具慧眼,这几个学生后来都为中国的文化艺术事业做出了出色的贡献。比如刘厚生,后来成为全国戏剧家协会主席;许绥曾,则成为著名的编辑家、电影艺术评论家;方琯德,成为著名的戏剧导演,担任了北京人民艺术剧院的副院长。而现在,他们还正处在血气方刚、充满幻想、精力无限的青春期,此刻,不顾自己的幼稚,居然敢在万先生面前说奥尼尔是美国当代资本主义堕落时代的作家,他追求原始生命力是唯心主义或者是二元论的。他们之间的观点互相冲突,各不服气,又吵又闹的,各种名词、帽子横飞。每当这样的时候,曹禺会痴痴地呆看着这些年轻的学子们。他微笑着,静静地待在一旁,那眼镜后面的大黑眼珠透着异样的神情。他一动不动地站在那里,而他的左手会习惯性地捻着自己左耳朵上的肉瘊子,就这样久久地、目不转睛地看着这些大孩子。当孩子们感觉到老师异样的目光,会调皮地叫起来:"万先生!"他依然不作答,只是喃喃自语地感叹着:"这么年轻,真好!真年轻,真羡慕!"他觉得他们之间没有谁对谁错,只是觉得在这一片幼稚的吵闹中,有着青春的、向上的气息，使他感到特别愉快。

这些进步的学生曾经冒着被土匪抢劫、被日寇枪杀、被深山里的瘴气和毒虫侵害的危险，参加救亡抗敌演剧活动，到极为边远、艰苦的大别山腹地进行抗敌救亡宣传。他们的牺牲精神和爱国热情，让曹禺直接感受着青春的激情和力量，感受着中国不灭的希望。这些年轻人，也受到党组织的委托，常常把一些进步书刊和党的宣传小册子，送给曹禺阅读。如毛泽东的《论持久战》，曹禺读得热血沸腾。他对送给他读物的方琯德同学兴奋地连声说道："好文章，真是好文章！要是还有这类书，再找点给我看。"而方琯德，其实已经是江安地下党的县委青年委员兼剧校支部书记。

传道、授业、解惑，曹禺把教师的职责看得很重，他把自己对艺术和中国未来的希望都放在了这些孩子们的身上，对他们的期望很高，因此对他们的要求也很高，特别不能原谅他们荒疏学业。方琯德因为担当着地下党的工作，而随着环境的恶化，他的工作任务也越来越重，常常不能按时完成功课。有一次，曹禺要求大家做一篇戏剧分析和感想的作业，方琯德就没有来得及做。曹禺不知道真实的情况，他不能原谅这种行为。他很客气而认真地说："方琯德同学，如果你不在三天之内交作业，你就不必来上课了！"这可把方琯德吓坏了，他连忙找同学帮忙，连夜突击苦干，果然在三天之内交了作业。曹禺高兴地笑了，体谅地说："你着急了吧?"然后就像大哥哥对小弟弟那样说："好，今晚到我家吃饭，补一下吧!"

皖南事变爆发后，国民党加紧了反共行动，剧校的地下党学生受到宪兵的抓捕。一个深夜，方琯德翻过又湿又高的院墙，来到曹禺所住的院落，轻声敲门。曹禺吃了一惊："啊，这么晚? 有什么事?"方琯德进去后把门关上，他问曹禺："许绥曾已经被宪兵抓走，你知道吗?"曹禺说："知道，他真是共产党吗?"方琯德回答："万先生，事情紧急，请你也一定要注意安全。还要请你帮忙，我相信你会帮助我们的，天一亮我们必须走。""什么?"曹禺睁大了眼睛，"你们也是?"一会儿，曹禺说道："我也想到了，你们这么年轻，这么能干，这么勇敢。你们是我的学生，有这么多的共产党学生，我感到很骄傲。你们要求我做什么?"方琯德说："明天一早我们走，学校一定会出布告开除我们五个人。请你一定把布告压三天再出，不然他们就会及时追捕。当然，从现在起已经有被捕的可能，但那样也许可以麻痹敌人。""我一定办到!"曹禺毫不犹豫地说道。方琯德十分感谢，而曹禺却说："不! 感谢你们这样信任我。我没有想到党在危难的时候会来告诉我，我觉得身上也负着和你们一样的重担，但我惭愧，我不如你们。"说着，他拉着方琯德的手，激动地流下了眼泪。此时此刻，方琯德也无限地留恋和感慨。突然，他想起来："那请你给我改个名字吧!"曹禺更加激动了，他来回地在屋子里走动着,用手捻着他耳朵上的瘊子,沉思了一会儿后若有所得地说:"那就改叫沈松,愿你做一棵高大的松树。"方瑄德激动不已,他紧紧握住老师的手:"好,从此以后方瑄德就不存在了,只有沈松了!老师,再见!"他们两人相对无言,彼此紧紧地拉着手,眼睛都模糊了。

站在楼梯边上,曹禺看着方瑄德翻身上墙,消失在黑夜里。春天的细雨飘洒在他的脸上和身上,可他久久没有离去。就在雨夜里,在细雨中,满脸上不知道是雨水还是泪水。

江安艰苦的生活、青年学生的爱国热情和牺牲精神给了曹禺新的激情和创作动力。桐油灯下,八仙桌旁,曹禺在奋笔疾书。灯光昏暗,可曹禺的心里却豁亮一片。他在辗转湖南、四川的奔波途中,所见到的各色各样的人:秘书、公务员、官太太、战士和真正的革命工作者,都出现在他的笔下。由徐特立,他写了梁专员;由白求恩,由丹尼,他写了丁大夫。他也写了徐特立的那个脸蛋红红、满脸稚气和志气的小勤务兵,还给小勤务兵取名朱强林。朱者,赤也;林者,多也;强者,强盛。曹禺以这样的寓意,表达着他对党的敬佩和祝愿。他还引用了《游击队之歌》,他非常喜欢这首歌的旋律和昂扬乐观的精神,虽然他明知道这首歌在国统区是被禁的。他也把他喜爱的学生们的形象和他们昂扬向上的精神情感融入笔下的人物中。

他写得很快,也很顺利,大约只用了四个星期就基本完稿了。这是他写得最快的一出戏,也是最紧张的一出戏。有一个叫季紫剑的同学跟着曹禺,他们同吃同住,夜以继日地干。曹禺写好一部分,季紫剑就刻一部分蜡纸;写好一幕,就交演出队排一幕。由于准备到重庆演出,因此大家日夜兼程,好像急行军一般。

曹禺给新的剧作取名《蜕变》。对此,他这样阐释:

> 生物界有一种新陈代谢现象,多少昆虫(听说有些爬行的多足动物也如此)在生长的过程中需要狠狠地把昔日老腐的躯壳蜕掉,然后鲜嫩的生命才逐渐长成。这种现象我们姑且为它杜撰一个名词,叫作"蜕变"。
>
> "蜕变"中的生物究竟感觉如何虽不可知,但也不难想象。当春天到来之际,一种潜伏的泼剌剌的生命力开始蕴化在它体内的时候,它会觉到一种巨大的变动将要到来之前的不宁之感。这个预感该使它愉快而痛苦,因为它不但要生新体,而且又要蜕掉那层相依已久的旧壳。"自然"这样派定下那不可避免的铁律:只有认同蜕掉那一层腐旧的躯壳,新的生命才能降生。
>
> 在抗战的大变动中,我们眼见多少动摇分子、腐朽人物,日渐走向没落的阶段。我们更欢喜地望着新的力量、新的生命已由艰苦斗争里酝酿着,育化着,

欣欣然发出美丽的嫩芽。这一段用血汗写成的历史里有无数悲壮惨痛的事实，深刻地道出我们的民族战士在各方面奋斗的艰苦同那被淘汰的腐朽阶层日暮途穷的哀鸣。这是一段需要"忍耐"但更需要"忍心"的艰苦光荣的革命斗争。我们对新的生命应无限量地拿出勇气来护持，培植；对那旧的恶的，应毫不吝惜，绝无顾忌地加以指责，怒骂，掊击，以至不惜运用各种势力来压禁，直到这帮人、这种有毒的意识"死"净了为止。

这本戏固然谈的是行政问题，但这种高深的专门学问绝非如此（简）陋的作品能在三个小时的演出时间内谈得透彻明了。戏的关键还是我们民族在抗战中一种"蜕"旧"变"新的气象。这题目就是本戏的主题。

在剧中，借女主人公丁大夫的口，曹禺道出他对种种腐朽丑恶的愤然大喝："我恨不得能立刻发明一种血清，打到每个人的血管里，把你们心里的毒汁，'懒'毒、'缓'毒、'无耻'的毒、'自私'的毒、'过分聪明'的毒、'不负责任'的毒，一起洗干净，这样，抗战的前途才有办法！"

然而，就是因为这个主题，这出戏被国民党统治当局视为"洪水猛兽"。蒋介石在看了戏的内部排演后大发雷霆，把手下的潘公展找去训斥了一顿。而潘公展这位国民党的文化官员，也不敢否认剧中所揭露的国民党各级政府中的腐败，只好对曹禺说："委员长看过这个戏了，有几处没看懂，请你解释一下。"他提出了四个问题：一、剧中一再提到的那本《抗战必胜》究竟是本什么书？二、既然是国家的医院，为什么不挂委员长的相片？那个医院院长小老婆的外号为什么叫"伪组织"？三、剧中丁大夫的儿子为什么要唱《游击队之歌》？那是共产党的歌。四、全剧结束前，为什么要让丁大夫手里摇着红旗？红色不是"赤化"的标志吗？

曹禺又一次领略着黑暗和专制。他压制着心头的愤怒，不卑不亢地将潘公展的问题一一驳回。如挂像问题，曹禺说人家医院不挂，有什么办法。结尾的摇旗问题，曹禺说，那是误会，那是一个小伤员送给丁大夫儿子的一个小红肚兜。在我国北方，肚兜都是用红布做的。结尾时丁大夫送她的病人李营长等人出征，总要有点表示，她就将红肚兜摇了摇。听了这些解释后，潘公展还是希望曹禺能做些改动。但这一回，曹禺委婉而又毫不客气地说："委员长只知打仗一类的事，写戏，还是我们内行，这样的事还是我们自己来搞吧。"

剧校的师生们原以为"宣传抗日是天经地义因而是理直气壮的"，现在面对着种种无端干涉，他们从天真的幻梦中清醒过来，认识到了国民党当局镇压进步力量、投降卖国的真面目。聪明的艺术家们，采取了消极抵抗的办法来对付又一次的审查。

见过这样的演出吗？没有布景，不穿服装，也不化妆。在一间空空如也的大房间里，空地上放几张桌椅、台阶和一些简单的道具，就算是舞台。演员们毫无表情地在那里上场下场地走地位、背台词。这是什么演戏？连彩排也不是，甚至连连排也算不上。没有戏的气氛，没有戏的情调，更谈不上艺术的想象和情感的交流——演员的心里，充满了气愤和反抗的怒火。

在演出场地的对面，是一张长条木桌，上面放了几个杯子和烟灰缸，长桌的后面是剧本审查委员会的老爷们。他们有的似笑非笑地带着油腔滑调的样子，有的板着脸一副假正经的样子，有的从戴着的眼镜的镜边后面骨碌骨碌地斜着眼睛看人。

在那里坐久了，他们感到疲倦，假正经的模样没有了，无精打采的。他们开始打呵欠，呆头呆脑的，有的忍不住下意识地咂咂嘴，仿佛是吃了什么苦药似的。就这样，对《蜕变》的"三堂会审"就算是结束了。

几经周折，《蜕变》终于上演了。一时间，好评如潮，在抗战时被称为"孤岛"的上海，由黄佐临导演，作为"苦干剧团"的第一个剧目，每天日夜两场，竟连续客满35天。在11月12日孙中山先生诞辰这天，观众的爱国热情达到了最高潮。当剧中的丁大夫向抗战将士们说"中国,中国,你应该是强的"的时候,观众席里响起了爱国口号,整个剧场都沸腾起来了。剧终以后,观众还在不断地鼓掌,久久不肯离去。这引起了上海租界当局的注意,第二天,租界当局就横暴地对《蜕变》发出了禁令。

在重庆,演出也是大获成功。12月28日,重庆《新华日报》特地开辟专栏加以评介,并在"编者的话"中说:"因为《蜕变》的公演引起了几乎普遍的赞美,所以今天的篇幅几乎全部奉献给这个戏了……"评论称赞曹禺在创作道路上向前迈出了坚实的一步。"五个钟头的长戏,能够始终如一地抓住观众的情绪,这实在不是易事。那天看《蜕变》,可真是没有一个观众抽签出走的,就从这点看,即可证明这次演出着实是不错的。""第一是结构的严谨,头绪的分明。一部戏里32个人物上场,但来有来路,去有去脉,令人没有丝毫眼花缭乱的感觉,而且剧情是一步压一步地发展,绝不模糊,如第三幕,那样复杂的场面,人像穿梭似的上来下去,可是事情是一清二楚的……第二是人物的活现。每个人的性格都和他的出身身份为一致。孔秋萍的欺软怕硬,卑躬屈节,夸张事实;况西堂的老成持重,小心谨慎,面面俱圆;马登科的趾高气扬,媚上苛下;丁大夫的严肃切实,工作第一,疾恶如仇;李铁川的豪爽粗鲁。没有一个人物不是活生生的。第三是语言的自然。每一句话都是说话者自己的语言,最好的便是小号兵的'长命百岁'的祝词,真是惟妙惟肖,入骨三分。

人物的真实，全在这些自然的语言里表现出来。"洪深在《抗战十年来中国的戏剧运动和教育》的文章中说，"如果我们打算推荐十部必须阅读的抗战剧本的话——如果自己限制数目，不使超过十部的话"，那么，《蜕变》就是其中的一部。

和曹禺以前的作品不同，《蜕变》中没有任何神秘色彩，没有爱情的浪漫和纠葛，完全是现实生活的写照和升华；在艺术风格上，从以前的浓烈沉郁一变而为明朗流畅，充满了理想、憧憬和英雄主义。这的确是他的一部值得重视的新作。

周恩来先生也观看了这部被称赞为抗战戏剧中"最成功的一部作品"。看过演出之后，他非常高兴，立即约请曹禺去八路军办事处吃饭。那是一顿延安式的粗茶淡饭，主旨是祝贺《蜕变》演出成功。周先生还亲切地鼓励曹禺："歌颂抗战是艺术家的良心，我们只有保护和引导的责任，没有挑剔和损伤的权利。"

在昆明西城角寄寓的住所，在昏暗的电灯下，巴金摊开油印的稿本，一口气读完了《蜕变》。忘记了深夜，忘记了疲倦，巴金的心里充满了快乐。在他眼前闪烁着光亮，他欣喜又感动："作者的确给我们带来了希望。""《雷雨》是这样地感动过我，《日出》和《原野》也是。现在读《蜕变》，我也不禁泪水浮出眼眶。但我可以说这泪水里已没有悲哀的成分了。这剧本抓住了我的灵魂。我是被感动,我惭愧,我感激,我看到了大的希望,我得着大的勇气。"巴金又一次高兴地把曹禺的剧作介绍给广大的读者,"让希望亮在每个人的面前"。

又一个春天即将来临的时候,在曹禺居住的张府里,江安的大士绅张乃赓家的小孙孙出生了,张乃赓高兴地请万先生这个大作家给孩子取名。曹禺思忖许久,最后给孩子取名为"张邦炜",寄寓着他对多难的祖国必定会再度强盛勃兴的深情希望和无限憧憬。这是一个幸福的孩子,他还在襁褓中就得到了曹禺的祝福。而他,在孩童时期,在他还不怎么记事明理的时候,就在《雷雨》的作者的怀里观看了剧校学生们演出的《雷雨》,接受了中国现代戏剧最初的启蒙和洗礼。

第二十章
桐油灯下——江安岁月（二）

就在江安的桐油灯下，从 1939 年 4 月到 1942 年初，曹禺度过了难忘的三年。

抗战时期，江安的生活比之南京、长沙、重庆，是最艰苦的，可曹禺并不抱怨。倒是江安的民风民情，让他产生了浓厚的兴趣。常常在教书创作之余，他来到江安的茶楼上，要上一壶茶，在那里坐上大半天，细细观察来往茶楼的各种人物。街头巷尾，看到有些特殊形态的人，他会尾随其后老半天，观察人家的做派，弄得别人既奇怪又紧张。他和那些卖豆腐的老婆婆，和那些迂腐的老秀才，相处得很好，常常跟他们说长道短。比如说，豆腐是怎么做出来的？向他们打听有关婚嫁的习俗、迎娶的规矩，说得高高兴兴、热热闹闹。一次，他和当地的一位士绅聊天，双方都很高兴。这位士绅就告诉他，他已经准备好了自己的寿木，已经油漆了好多道，而且还要继续油漆下去……说者无意，听者有心。后来，这个细节就化入了《北京人》里曾皓的形象中。

三年中，曹禺辛苦育人。他爱年轻人。在这里，他和学生们朝夕相处，就像是对待兄弟姐妹那样体贴。他为学生提供担保，和他们一起散步谈心，还和他们一起锻炼，在运动场上一起争抢篮球。因为个子矮，他还被同学们起了个外号"万Dwarf"。他爱学生，爱他们那一双双明亮的眼睛。他对学生，循循善诱，他上课就像他的为人一样热情认真。对学生，他从不直呼其名，总要在名字前多称呼一个"密司脱"；对于学生的疑问，他总是耐心地讲解，直到学生完全理解为止。他备课非常认真，授课从不迟到，也不拖堂。听他讲课是一种令人陶醉的艺术享受，特别是"剧本选读"课程，从没有艰涩枯燥或高深莫测的长篇大论，而是鞭辟入里、细致入微的戏剧结构、人物心理分析。他常常不是讲解，而是将自己化为角色，进入角色深情诵读。那诵读，声情并茂，时而像山涧泉水淙淙流下，时而如微风吹竹轻轻拂响，而在诵读中又常常插入金圣叹似的点评。有时候，一篇名著要花上好几天的时间细读。有的名剧，是没有翻译过来的外文原版，精通英语的他就抑扬顿挫地用英文诵读，依然把那些并不懂得英文的同学深深地吸引在剧作的艺术氛围里。而在他讲课讲得高兴的时候，他会不自觉地用右手不停地去揪自己右耳垂上的一个小肉瘤。那小肉瘤，被同学们称为"灵感包"。每到这时，只见万先生眨着眼，神采飞扬，全神贯注，完全进入了剧中的规定情境。有时候，讲到入神处，他会不自觉地解开他那件破旧的长衫的纽扣。下课的钟声响了，他就那样飘然而去。在场的同学无不因此而被感染、被吸引。他的课,是最受同学们欢迎的。

在讲《罗密欧与朱丽叶》中凉台幽会一场戏时,他把罗密欧的独白念得深情动人,仿佛在月光下对着凉台上朱丽叶的就是站在讲台上的万先生,他已经是彼情彼景中的罗密欧了。讲罗斯丹的《西哈诺》中西哈诺面对敌人边斗剑边讽刺对方时,只见曹禺手拿剧本,像握着宝剑一样比画着,嘴里一边念着:"怎么,你在欣赏我的大鼻子吗?它是不是大得像只烟囱?也许上面还爬着一只苍蝇吧!也许还……"同学们都被引得哄堂大笑,他却仍在一本正经地继续念着,比画着。他手里拿着的是英文和法文的对照本,口里却是用普通话边翻译、边念、边讲,黑板上写的将近一半是英文和法文,大家就这样记笔记。多少年过去之后,同学们还记得曹禺当时不止一次语重心长地告诫:"诸位,一定要学好洋文啊!"

曹禺是谦虚的。他上课的时候,从不提及自己的作品,也从不诋毁别人。一次,他在讲"什么是悲剧"的时候,同学举出了《雷雨》。他连连摇头:"不不,那不是悲剧,那是 Melodrama(情节剧)。"又一次,讲到如何给剧中人起名字,同学们都说繁漪这个名字起得好。曹禺不回答,只说:"生活中人叫什么都可以。戏剧中的人名,要体现人物的身份、性格。比如我这名字,不能入戏,这个名字是祖母给我起的,叫'万家宝',万家人的宝贝。我哪里是什么宝贝?"他的话,引得教室里一阵哄堂大笑。

曹禺对自己的治学、教学都严格要求。他经常挤出时间去听张骏祥的课，常常是学生们没有到，他已经端端正正地坐在教室里了。他还专门到排练场去观摩张骏祥给学生排戏，向他学习导演方面的知识。在讲到闹剧的时候，由于找不到合适的、真正可以作为闹剧看的剧本，曹禺说，我给你们写一个。这就是写于1939年的后来曾经使许多人迷惑不解的一个剧作——《正在想》。这是根据墨西哥剧作家约瑟菲纳·尼格里的剧作《红丝绒的山羊》改编的独幕剧。剧作脱稿后，曹禺亲自给学生们排演，使他们弄清了各类喜剧之间的区别。

曹禺的虚心好学、永不自满、全身心投入教学的精神给同学们树立了一个标准极高的榜样，他也因此和同学们结下了深厚的友谊。

他的那一双慧眼，不仅在发现、提升着生活的诗意，而且在发现、造就着艺术新人。他为每一个有才华的青年的努力和成绩感到由衷的高兴，并尽可能帮助、提携他们。后来成为四川谐剧创始人的王永梭记得，他刚进校不久，在一年一度的迎新会上，他献上的一段表演《卖膏药》，引起了全校师生的极大兴趣。曹禺尤其感到兴奋。他高度评价了王永梭的艺术创造才能。他说，《卖膏药》的表演是白描手法，朴素而准确地塑活了一个流浪者。王永梭这个刚进校的"土包子"，由此受到了极大的鼓舞。他后来因为交不出伙食费，不得已申请退学。曹禺和校长余上沅一起商量后,决定王永梭的伙食费由学校代交,使他得以继续求学。在一次班级茶会时,同学们特地请来了校长余上沅、教务长曹禺和科主任杨村彬。会上,王永梭指着黑板上斗大的"茶会"两个字即席发言,他说:"为啥叫茶会呢?今晚,我们的会上不仅要喝茶,更主要的是和我们的三位师长相聚在一起,因而叫茶会。请看!茶字当中的这个'人'字,就是指余校长;茶字上面的草头,就是指万(繁体)先生;茶字下面的这个'木'字,当然就是指杨村彬先生了。"这番话,王永梭自然是用他那独特的四川方言说的,引起了大家的阵阵欢笑,表达了他对学校和师长的由衷感激。

还有一个有趣的故事。

吴祖光是学校的秘书和教员,是一个勤奋、聪慧、富有朝气的年轻人,当时只有20岁。他在北方长大,虽然没有学过戏剧和文艺理论,但是凭着一口纯正的北京话,凭着年轻人初生牛犊不怕虎的闯劲和努力,他这个年龄可能比有的学生还要小的教员,居然把"国语(发音)""文艺概论""中国戏曲史"等课程都教得很好。

有一天,吴祖光忽然交给曹禺一摞稿纸,说自己写了一个剧本,请曹禺看看。曹禺知道他没有正经学过剧作,很有些奇怪,但像平时对待其他人一样,很认真地答应立刻细看这个剧本。

这是吴祖光的处女作,是他奉父亲的命令而写的。他父亲是古文物鉴定专家,当时在张学良那里工作,他把东北义勇军领袖苗可秀的有关材料寄来,希望吴祖光能就这个题材写个戏。

苗可秀原是东北大学的毕业生。"九一八"事变后,他带领一群年轻人组织了"少年铁血军"和日本鬼子顽强战斗,屡建战功。最后被俘,被关押了很长时间。日寇多方劝降,苗可秀宁死不屈而殉国。

在父亲寄来的材料中,有苗可秀的传略,有他给老师的信、给妻子的信,还有他和日本鬼子斗争的情况,可歌可泣,十分感人。吴祖光以此为基本素材,用了四个月晚上的时间,写成了四幕剧《凤凰城》。

剧本终于写好了。四个月中,吴祖光的写作没有告诉过任何人。现在,他很兴奋,高高兴兴地拿着手稿给他的表姑丈、剧校校长余上沅看,希望听到这位戏剧前辈的意见。余上沅校长既感到十分意外,又很高兴,连说"真没想到"。还夸了吴祖光勤快,说一定会赶快为他看看,便打开书桌抽屉把稿子放了进去。

从这一天开始,吴祖光时刻注意着校长是否阅读他的剧本。他虽然做了教员,可是还管着校长室的事情,仍在校长室和校长一起上班。每天吴祖光都很失望,校长每天都很忙,看来他已经把那个剧本完全忘记了。转眼一个星期过去了,校长一眼也没有看过那个稿子。

吴祖光十分失望。可校长是长辈,吴祖光也不敢冒犯他。终于有一天，他的忍耐达到了极限。趁校长不注意的时候，他把这个剧本从校长的抽屉里取了出来。到了晚上，他找到了同住在校园里的另一个人，也就是曹禺。

显然，曹禺觉得很有些意外。他对吴祖光说，会立刻细看这个本子。

不过，有了上一回的教训。这次，曹禺看不看，吴祖光将信将疑。因为，校长也做过同样的许诺；因为，曹禺是学校的教务长，他也忙得很；因为，曹禺虽然只比自己大几岁，但是他已经是作品等身的国内著名的大作家了。

没想到，几天后的一个早晨，曹禺找到了吴祖光，很认真地对吴祖光说："你呀，真不易！"

"真不易！"这是曹禺出了名的口头禅。他总是这样，无论是看演出，还是看作品，他总是这样几个字的评价，弄不清他到底是欣赏还是一种不便直说的批评。

不过这一次，吴祖光却在这几个字里感受到了曹禺诚恳的欣赏和鼓励。"你头一次写就能写出这样一个戏，真不易！"曹禺还说，这个本子有戏，每一幕都有戏，这很不容易。这个戏有人物，有情景，剧情强烈感人，正是目前抗战形势下最需要但还没有产生的剧本……

是的，曹禺不仅仔细看过这个剧本，还写了详细的修改意见。后来，吴祖光从听过曹禺讲课的学生那里得知，曹禺还把这个剧本的写法列为一种编剧方法，在讲编剧课的时候，给同学们举了《凤凰城》的例子。他说，以前还没有这么一个剧本，除了主角贯穿到底以外，每一幕戏都出现一个新的主角，而且都是女主角。他认为，这是一个特殊的例子。

正好，学校第一批毕业生组织了校友剧团，找校长要能够演出的剧本，而且内容是要配合抗战的。校长被他们逼急了，就想起了吴祖光的剧本，就又让吴祖光找来剧本。其实，他始终没看过这个剧本。

校友剧团的几个年轻的负责人十分喜欢这个剧本，《凤凰城》就排练演出了。恰好在此期间，东北大学校长王卓然先生流亡到重庆，剧中人物之一、苗可秀死后的接班人赵侗也到了重庆，他们都参加了首演式。演出特别成功，轰动了重庆和全国。学校因此特别振奋，在第二次演出的时候给予了特别重视，配备了强大的导演阵容，由四位大导演进行加工。这四个导演分别是曹禺、黄佐临、黄佐临的夫人金韵之和老戏剧家、老导演阎哲吾。他们每人排一幕。这对刚刚学习写戏的吴祖光，用他自己的话来说，"真是碰上了最好的运气"。

事后，余上沅校长曾对吴祖光表示歉意，说他当时没有想到这是一个可用的剧本，因为事忙竟忘了看。吴祖光也对校长表示道歉，说没有通知他，就从他的办公桌抽屉里偷回了剧本。校长说："你偷对了！"

这是吴祖光的第一部剧作。这也是全民族抗战以来第一部以抗战为主题的多幕大戏。剧本于1938年由重庆生活出版社出版后,曾再版十余次。由此,吴祖光从此开始了他的编剧生涯,成为一个专业剧作者,一个著名的戏剧艺术家。

就是因为这特殊的友谊,吴祖光和曹禺成为艺术上的知音,成为终生的朋友。

也因此,吴祖光最清楚,在江安,曹禺最有一怕。那,便是江安的耗子。

四川的耗子是有名的,被称为"川耗子"。江安的耗子,是不是该为"川耗子"之最?又大又多,无处不在。

两年了,曹禺一直在酝酿着一个历史剧,连剧名都想好了,叫《三人行》。他想通过赵构、岳飞、秦桧三人之间对入侵宋朝的金兵,是战是和的矛盾冲突,歌颂岳飞的精忠报国精神并进而针砭现实。为此,他已苦心收集了整整一大本的有关材料。可是有一天,当他打开抽屉的时候,却发现那本册子已经被耗子啃得粉碎。

看着满抽屉里肮脏的纸屑,其中还混杂着那黑乎乎的小小的老鼠屎疙瘩,想着自己这么长时间的心血化为乌有,曹禺对耗子的愤恨真可以说是咬牙切齿。

可是,耗子对曹禺依然"一往情深"。

一个寒冷的早晨,吴祖光在上班的路上碰到曹禺,就一起同行去学校。只见曹禺的脸色不好,右肩上时时发抖,说胃病犯了,看那样子病犯得不轻。

教完了课,吴祖光回到休息室,见曹禺已经坐在那里了，肩头依然抖得厉害。他告诉吴祖光，说自己胃病犯了，心里不好过就早点下了课。说着说着，他又抖起来了，而且特别厉害。他用手一按。"哎呀！"他脸都白了，大喊道："耗子！"

在大家惊奇的目光中，曹禺手忙脚乱地把棉袍脱下扔在地上，掩着脸，一溜烟跑到墙角。只见棉袍里子上爬着一只大耗子，已经精神不振，近乎瘫痪状态。原来，因为天冷，耗子钻进棉袍取暖，恰巧棉袍里子破了，耗子一直钻到里面出不来，不巧棉袍被曹禺穿在身上了。

耗子"删"掉了曹禺的文章，又闹到了曹禺的身上，曹禺因此和耗子结下了不共戴天之仇。

然而，曹禺是艺术家，这可恶的耗子引起的，是他新的创作灵感，使他对生活的感受和体会得以形象化了。对耗子，用什么贬斥之词都不过分，自私、卑鄙、鬼鬼祟祟，是那么下作的东西，不正是那些不肖的子孙们的象征么！

这一时期，有一个女孩悄悄地走进了曹禺的生活。这个白净的女孩子穿一身浅蓝色的旧旗袍，眉清目秀，文静大方。她叫邓绎生，是来这里看望妹妹邓宛生的。她们是安徽怀宁人，出身于书香门第，是清代著名书法艺术家邓石如的后代。父亲邓仲纯毕业于日本帝国大学医学专业，曾经和陈独秀、苏曼殊同居一室。她的叔叔邓以蛰历任北京大学、清华大学的教授，曾是曹禺的老师。她的母亲姓方,是清代桐城派古文家方苞的后代。邓绎生具有典型的东方传统女性之美。她温婉文雅,天资聪颖。虽然没有上过大学,但有着很深的文化素养,吟诗作画,写字读书,都别有一番风味。父亲邓仲纯曾是青岛大学的校医,他们一家都住在青岛大学,与很多文化界的著名人士多有交往,像胡适、陈独秀、杨振声、陈源、闻一多等。当时青岛大学的校长是杨振声,是中国现代文化教育史上资深的文学家和教育家,他和邓家多有交往。在青岛大学期间,像杨振声、赵太侔这些教授,都建议她的父亲不要送她上大学,就在家里读书,把她培养成中国最后一名大家闺秀。方瑞的名字是后来曹禺给她改的。曹禺见到方瑞,不知不觉就被她那沉静的气质和浑身散发出的书卷幽香吸引住了。当方瑞请曹禺帮她补习英文时,曹禺不假思索地一口答应了。很快,他们彼此深深地相爱了,曹禺把他对方瑞的情感写进了《北京人》中愫方的形象:"见过她的人第一个印象便是她的'哀静'。苍白的脸上宛若一片明静的秋水,里面莹然可见清深藻丽的河床。她的心灵是深深埋着丰富的宝藏的。在心地坦白人的眼前,那丰富的宝藏也坦白无余地流露出来,从不加一点修饰。她时常忧郁地望着天,诗画驱不走眼底的沉滞。像整日笼罩在一片迷离的秋雾里,谁也猜不透她心底压抑着多少苦痛的愿望与哀思,她是异常的缄默。"

其实,在她柔弱贤淑的外表下,有着一颗异常坚强的心。皖南事变之后,国民党加紧对共产党人的迫害,到处是一片白色恐怖。剧校的进步学生遭到追捕和通缉。早春料峭的寒意中,鸡鸣欲曙的清寂中,是她勇敢地站出来,冲出由国民党卫兵守护的城门,在崎岖湿滑的小道上,送她的妹妹邓宛生、表哥方琯德和其他同学登上江边的小船,逃离远去。小船顺着东流的长江水急驶而下,江安小城渐渐远去。可是,方瑞依然站立在江边,默默地送别自己的亲人,全然不顾江风凛冽。在很多年以后,曹禺饱含深情地谈起愫方形象的塑造,他说:"愫方是《北京人》的主要人物。我是用了全副的力量,也可以说是用我的心灵塑造成的。我是根据我死去的爱人方瑞来写愫方的。为什么起名叫愫方,'愫'是取了她母亲的名字'方愫悌'中的'愫';方,是她母亲的姓,她母亲是方苞的后代。"

转眼,1940年的冬天到了。江安的冬天阴冷阴冷的,煞是难过。

但是,这个冬天对曹禺来说,却是温暖而又难忘的。

风尘仆仆地,巴金来到了江安这个偏僻的小城。

曹禺多么高兴!自他开始创作以来,巴金一直在默默地关注着他,支持着他。他的每一部剧作,都是巴金把它们送到了读者的手里。巴金对他,是那样的真诚、热情。即使是在全面抗战爆发以来,他们困守西南不能相见的这几年中,巴金也一直在关注着他的创作,关注着他的情况。这次，他是为了出版他的《蜕变》而来到重庆，还特地专门前来看望他的老朋友曹禺。

整整六天。这是难得的六天，也是安静的六天。每天晚上，他们相对而坐，促膝谈心。自全面抗战以来，整整三年他们没有见面，三年的流离颠沛，三年的奋争努力，三年的苦闷与思索，此刻，他们有多少话要说！

桐油灯下，隔着一张写字台，在那如豆的摇晃的微光下，他们谈了多少事情！从《雷雨》谈到《蜕变》，巴金又想起了六年前在北平三座门大街14号南屋那间用蓝纸糊壁的阴暗小屋里，翻读《雷雨》原稿的往事。就是从《雷雨》，他知道了曹禺，了解了曹禺，并且相信，曹禺会有新的更多更好的作品问世。

巴金特地给曹禺带来了由上海作家吴天改编的《家》的剧本。曹禺看了，觉得太"忠实"于原著了。读着这样的改编本，一种老朋友之间的信任，一种责任感油然而生。曹禺觉得，应该由自己来改编《家》。

"让我来试试。"曹禺向巴金表示了自己的想法。巴金十分支持。

曹禺早就读过《家》，他对巴金笔下的封建大家庭及其人物，有一种十分熟悉和亲近的感觉。但是，他也觉得，还不是很懂得觉慧。

巴金向他谈起了自己创作《家》的情形，谈起了觉慧、觉新、觉民，还谈了他觉得应该怎么改。

短短的六天很快就过去了。巴金离去了,他回了昆明,而他给曹禺带来了友谊,留下了信任。这久久地让他感到温暖,也感到鞭策。

曹禺重新捧起了《家》,细细阅读。他回味着巴金有关《家》的谈话,心里充满了激情和感激。巴金的愤怒和自己的憧憬完全是一致的,他的《家》对自己现在的创作有着怎样的启迪啊!

又一次,曹禺紧张而又兴奋地投入了创作之中。他把对生活的感触、忧愤和思考又一次倾注于笔端。封建家庭沉闷凝滞的生活、青年人的痛苦与希望,都被他写进了《北京人》。

像以前一样,曹禺是那样深刻地感到时代的苦闷,又是那样强烈地憧憬着未来。但他的思想已不仅仅是停滞在憧憬里,而是看到了和懂得了在北方,那些为着幸福生活斗争的人们。

此时,他的"诅咒已经比较明确了,那种封建主义、资产阶级是早晚要进棺材的!他们在争抢着棺木。而这个人世,需要更新的血液和生命"。

在靠近江安古城墙边上的一幢房子里。

窗外,梧桐秋雨,巡夜人的木梆更锣声在夜空中回荡。

屋内,一灯如豆。

桐油灯下,曹禺奋笔疾书。

每写好一段，曹禺都会读给他的学生们听。桌上铺满了稿纸，曹禺以真挚的感情述说着剧中人物的命运，感叹着充满生命力的古代人与自然的争斗。在他的周围，满是青年学子。这些都是剧专的学生，他们无拘无束，有的席地而坐，有的靠在桌边或椅子上，被曹禺的讲述和剧作的魅力所深深吸引。

在这绵绵秋雨的深夜，在昏暗的桐油灯光下，曹禺的那双眼睛闪闪发亮，那时他正有病，但是此刻他早已忘了病痛。这情景，本身就构成了一幕深沉的渴求光明的动人诗章。

曹禺说，他写的是一出喜剧，就像《罗密欧和朱丽叶》是喜剧一样。他说："《罗》剧中不少人死了，却给人一种生气勃勃的青春气息，所以是喜剧。……说《北京人》是喜剧，因为剧中人物该死的都死了，不该死的继续活下去，找到了生路，这难道不是喜剧吗？"

在《北京人》中，我们看到了一个没落的北平曾氏士大夫的家庭：翁媳钩心斗角，姑嫂互相倾轧，夫妻性情不和。家道日趋败落，债台高筑。老太爷早已徒有家长虚名，却还梦想着子孙能够重振家业。当他视为生命的寿材被暴发户杜家抬走的时候，他还惦记着抬法不对，不要磕碰掉漆，他失声痛哭："要这群耗子似的儿孙们干什么哟！"儿子已成为"懒于动作，懒于思想，懒于用心，懒于说话，懒于举步，懒于起床，懒于见人，懒于做任何严重费力的事情……懒到他不想感觉自己还有感觉"的"一个生命的空壳"。我们看到了愫方:"她真是一枝空谷中的幽兰。我们仿佛看见过她了。看见过她的画幅,她的娟秀的字迹,那苍白的哀静的脸,那高雅的笔致……可是她为什么苦心地把自己的青春和热情都消耗在无望的情爱上?为什么他们不能多走一步,难道真的就那么等到日子的尽头,以为'活着不是为着自己受苦,留给旁人一点快乐,还有什么更大的道理'!……"然而,要经受多少痛苦,才能迈出一个"明白"!终于,愫方迈出了这个门槛,走向了那个等着她来充实的世界,而她也将在无所不见的真实的世界中坚强起来。借人类学研究学者袁任敢的口,曹禺述说着他的感慨与向往:"北京人!这是人类的祖先,这也是人类的希望。那时候的人要爱就爱,要恨就恨,要哭就哭,要喊就喊,不怕死,也不怕生,他们整年尽着自己的性情,自由地活着,没有礼教来拘束,没有文明来捆绑,没有虚伪,没有欺诈,没有阴险,没有陷害,没有矛盾,也没有苦恼,吃生肉,喝鲜血,太阳晒着,风吹着,雨淋着,没有现在这么多吃人的文明,而他们是非常快活的。"

深深热爱着契诃夫的曹禺登上了自己戏剧创作的巅峰,他把对契诃夫戏剧艺术的喜爱和领悟融入了自己的新作。《北京人》不再像《雷雨》那样具有通常所有的戏剧事件和强烈的戏剧高潮、悬念和矛盾冲突,曹禺在平淡的生活中去开掘生活的诗意,开掘那些生活中和人的心底里吸引人的东西。他写得很深很深;着力写人的醒悟,写人在命运中悟到的东西,写人的思想感情的升华,写人在把许多杂念都荡涤干净后而显得更加美好。像契诃夫那样,曹禺"在悲哀中孕育着希望,用对黑夜的挽歌来迎接光明"。在这个剧作里,实现着自己"走向契诃夫"的夙愿。

1940年深秋,《北京人》写成了,10月在香港《大公报》上连载。12月,重庆文化生活出版社出版了《北京人》剧本单行本。

就在这一年的10月24日,由张骏祥导演,由剧校毕业生组成的中央青年剧社在重庆抗建堂进行了《北京人》的首场演出。

《新华日报》为《北京人》的首演登载了演出广告,在角色和演职员介绍后面,还特意写了几句耐人寻味的广告词:

> 具有柴霍哺的作风
>
> 对古旧衰老的社会
>
> 唱出最后的挽歌
>
> 以写实主义手法
>
> 从行将毁灭的废墟
>
> 绘出新生的光明

《北京人》的首演获得了极大的成功,又一次轰动了重庆。演员阵容十分齐整。张瑞芳饰演愫方,江村饰演曾文清,耿震饰演江泰,沈扬饰演曾皓,赵蕴如饰演曾懿,吕恩饰演瑞贞。而张骏祥的高超的导演艺术,将整个剧作协调得犹如一首宏伟磅礴的交响曲。之后,重庆倾城争看,《北京人》一连演了近四十场。《北京人》演出时间之长和演出场次之多,在中国话剧史上都是十分少见的。

著名的作家、文艺理论家茅盾先生写下了热情的评论:"曹禺先生的光荣和努力,依然是值得钦佩的。曾家一家人的无色彩的贫血的生活,就像一个槌子,将打击观众的心灵,使他们战栗,当然亦将促起他们猛省,用更深刻的一点眼光看看他们周围的社会和人生。不,绝不能低估《北京人》的价值,低估它的社会意义……"

著名词人柳亚子以诗歌形式写了《〈北京人〉礼赞》,刊登在1941年12月13日的《新华日报》上。他对《北京人》的内容和主题作了激情的评介:

> 旧社会,已崩溃;新世界,要起来!
> 只有你,伟大的北京人呀,
> 承继着祖先的光荣,还展开着时代的未来!
>
> 破碎的大家庭,已面对着不可避免的摧残;
> 老耄的白发翁,还依恋着古旧的棺材。

长舌的哲妇,自杀的懦夫,都表现着旧社会的不才!

只有你,伟大的北京人呀!

一分力,一分光,正胚胎着时代的未来!

多情的小姐,洗净她过去的悲哀,

被压迫的小媳妇,冲破了礼教的范围,

跟着你,伟大的北京人呀!

指点着光明的前路,好走向时代的未来!

第二十一章
春秋鼎盛——雾之重庆（一）

1941年1月，震惊中外的皖南事变发生了，白色恐怖笼罩了大后方。

江安的环境也日益险恶。

曹禺本来想继续《三人行》的创作，虽然自己苦心搜集的资料被耗子啃坏了，但是他总想通过这个剧本抨击扼杀进步力量、欺压奴役老百姓、卖国求荣的国民党当局。但是，时局的发展已不允许他这样做了。

江安的夏天湿热难挨。而对曹禺来说，这个夏天更让他感到郁闷和愤怒。

一天清晨，一群全副武装的宪兵冲进了他的家。他们野蛮地对他的住所进行大搜查，翻箱倒柜，劫走了他的全部文稿、信件和一切他们认为可疑的东西。

这是一帮愚蠢而又无知的暴徒，他们每翻到曹禺授课讲稿上的一些文字，还会煞有介事、如获至宝地断喝一声："啥子叫'第四堵墙'？这是啥子暗号？说！"

真是让人哭笑不得，曹禺简直没办法和他们对话。

尽管没有搜到曹禺任何的"通匪罪证"，但是敌人仍然不放过曹禺。他的门前，常常晃动着陌生人鬼鬼祟祟的身影。

后来才知道，这是因为江安宪兵队截获了延安鲁迅艺术学院向曹禺发来的《日出》在延安演出成功的报喜电报。

1940年1月1日，陕甘宁边区剧协组织戏剧公演。由延安鲁艺和抗大的演员以工余剧人协会的名义演出四幕话剧《日出》，导演王滨，主要演员有李丽莲、张成中、王达一、干学伟、韩冰、林白、颜一烟、范景宇、田方等，演出反响很大。1月17日，延安《新中华报》报道："《日出》自元旦演出以来，八天内观众近万人。演出效果甚佳，获一致好评。中央领导毛泽东、洛甫等对于原作者曹禺先生备予赞扬。"

这次演出是由毛泽东同志亲自提议的。1939年冬天，毛泽东同志约请鲁艺戏剧系主任张庚同志谈话。他指出，延安也应该上演一些国统区作家的作品，比如《日出》就可以演，并指示应当集中一些延安的好演员来演。在组成有关演出的筹备组后，毛泽东同志又指示，这是由几个单位联合演出的，一定要团结互助，搞好合作关系。他还指示要成立临时党支部，以保证任务胜利完成，把戏演好。整个排练演出都受到了毛泽东、周恩来等中央领导同志的特别关怀。演出十分成功。至今，老戏剧工作者严正同志还清楚地记得，演出时"盛况空前，观众上万人次。在中央大礼堂舞台上公演闭幕时，我们以陕甘宁边区工余剧人协会名义（在二月初）致电曹禺先生表示敬意"。

曹禺没有想到他的剧作在延安也受到了观众的欢迎，他更没有想到，就因为这，他受到了国民党反动派进一步的恫吓。

曹禺的人身自由受到限制，他被盯梢和软禁。他的《三人行》创作被迫中断。

形势在进一步恶化，坏消息陆续传来：曹禺所喜爱的那些进步学生中，有一个被捕，有五个逃亡，江安的党组织遭到了破坏。

国民党当局还发出了文件："禁演曹禺所著《雷雨》剧本，并不准刊行该剧本。"该文件称："曹禺所著《雷雨》剧本，不独思想上背乎时代精神，而情节上尤有碍于社会风化。此种悲剧，自非我抗战时期所需要，即应暂禁上演。该剧本之印刷品，亦不准再版。"

愤怒中，曹禺毅然辞去了国立剧专的教职，来到了重庆。

为了生计，曹禺在复旦大学开了"外国戏剧"等课程，还教授英文。

正值抗日战争最艰苦的时候，曹禺在重庆的生活十分清苦。

就在这清苦之中，曹禺依然在思考着话剧创作。他碰到了张瑞芳，他还记得这个年轻的面容里常常含着羞涩的女孩子在《全民总动员》和《北京人》中的出色表演。在

《全民总动员》中,她饰演一个和父亲走失的小难民芳姑,她的戏不多,却充满了激情,特别真诚投入,以至于下了场她又在布景片的后面哭了许久才喘过一口气来;在《北京人》中,她饰演柔弱而坚强的愫方,极有光彩。

曹禺记着这一切,他特别欣赏张瑞芳的气质和表演才华。他对张瑞芳说:"我要给你写个角色。要让你当新娘子,从结婚那天演起,一直演到死。"

曹禺说的是《家》中的瑞珏。他已经开始在授课之余,紧张地为《家》的改编做着准备。

张骏祥知道了他的创作计划,特地为曹禺找了一个清净的地方。

1942年的盛夏。

在重庆东边十多公里的地方,长江边上的一个小码头——唐家沱码头。

这里,江水奔腾东流,两岸高山耸立。满山碧绿,清风扑面,显得十分幽静。

就在这里停泊的一艘轮船上,曹禺冒着酷热如蒸的炎暑,整天俯趴在一张餐桌上写剧本。

曹禺光着脊梁,打着赤膊。那背上渗出了一颗颗汗珠,它们渐渐汇聚为一条条、一串串的细细的小溪流,顺着曹禺的脊梁往下流。

曹禺顾不得热,顾不得满身的汗水,只是低头昼夜不停地写。

在这间不大的餐厅里，早晚显得格外清净，只有中午和黄昏时有一些拖船的水手也来到这里，和曹禺一起进餐。

看到书生模样的曹禺，也像他们这些穷苦的劳动者一样光着膀子，也像他们那样流着汗水，这些水手们非常惊讶。一个中年模样的水手特别感慨，他诚恳地说道："真是！你们写戏的原来也很辛苦啊！"

这诚恳的话语说到了曹禺的心里，他有一种知音之遇的感觉。在以后的许多年中，他都没有忘记这句话。

一轮皓月当空，两岸的高山上不时传来杜鹃的声声啼鸣，江上小船的桨声也隐约可闻，让人更觉得这里宁静、清幽。

就在这里，整整三个月，曹禺终于完成了《家》的改编。

巴金的《家》几乎让曹禺给读烂了。原本，他很想以觉慧为中心，虽然他并不很懂得觉慧，但是他每写一个新的作品，总想有一些新的东西。他想把觉慧写好，写他的出走，写他对封建大家庭的彻底反叛，并且还为此和巴金交换过对觉慧的看法。然而，真正动起笔来，写着写着，他的重心转移了，他把在生活中感受最深的东西倾注在笔端，倾注在他最钟爱的人物身上。他写着觉新、瑞珏和梅表姐这三个人在婚姻上的不幸和痛苦，他写着封建家族和封建婚姻给年轻人带来的毁灭性的灾害和痛苦。然而，和以往的剧作不同，在曹禺诗一般的语言中，在他的人物身上，都带着一股明朗的青春的清醇的激情，给人们带来了青春和爱情的美好和憧憬。

曹禺将改编后的《家》的剧本交给巴金，请他审阅的时候，心里十分忐忑不安。他觉得自己对巴金的这部作品的改编，更多地依照了自己对生活的认识和理解，而不是那样原原本本地忠实于原作。他对自己所熟悉的那些人物，有较多的发挥和充实丰富，而对有些虽然很有意义的事件，如兵灾等，他不是十分熟悉，就做了割舍。他很有些担心巴金不同意他的改编。没想到，巴金在读了剧本之后，非常欣然地对曹禺的改编予以完全肯定，这真让曹禺感到高兴，而他更感受到了巴金的那种宽厚博大的胸怀和对他的真挚友情。

得知曹禺又创作了新的剧作《家》，重庆的进步戏剧团体都争着要演这个戏。曹禺为此还专门找了个代理人和剧团办理交涉。瑞珏这个角色，有很多人想演。这时，曹禺说："哪个剧团演这个戏都可以，但瑞珏这个角色，非由张瑞芳演不可。"为了这个条件，各剧团间还有些争执。最后，首演权给了中国艺术剧社。

1943年4月18日，根据巴金的同名小说由曹禺改编的《家》，由中国艺术剧社在重庆首演。章泯导演，金山和张瑞芳主演。金山扮演觉新，张瑞芳扮演瑞珏，凌馆如扮演梅小姐，沙蒙饰高老太爷，舒强饰觉慧，蓝马饰冯乐山。

这的确是曹禺的又一部创新之作，它以觉新、瑞珏和梅小姐三人的关系为主线，既刻画了善良的青年男女在封建社会里的悲惨命运，又充满了青春的激情和美好。剧作以强烈的抒情风格和浓郁的四川地方特色征服了观众。演出盛况空前，一连演了3个月。半年之内，又数度公演了近百场。

《家》的魅力经历了时间和历史的考验。1984年4月，在距离《家》的第一次演出约40年之后，我国著名翻译家、话剧表演艺术家英若诚应邀到美国执导《家》的排演。为此，他发表了《从美国排演〈家〉想到的》。他说，《家》在美国密苏里州堪萨斯城的演出获得很大成功。美国评论界认为："《家》的演出使美国人深刻地理解了20年代的中国社会，这是理解后来发生的伟大的中国革命的钥匙。"当然，这是后话了。

这一年的12月30日，恰逢中国话剧运动的前辈，著名的导演、剧作家、翻译家和戏剧理论家洪深的50寿诞。自皖南事变发生以后，左派人士的集会经常遭到国民党当局的破坏。周恩来同志领导和团结一切进步民主力量，为冲破敌人在政治上和文化上的法西斯统治，开始以祝寿的形式开展一场特殊的文化斗争。一年多以前，1941年的11月，重庆文艺界就以郭沫若创作25周年暨50周年诞辰为由举行了隆重的庆祝活动，拉开了这场文化斗争的序幕。现在，重庆戏剧界、电影界300多人在百龄餐厅为洪深祝贺寿辰举行了盛大的茶会，到会的不仅有郭沫若、茅盾、老舍、夏衍、应云卫、阳翰笙、宋之的等文艺界名人，还有周恩来、沈钧儒等政坛要人。曹禺也出席了茶会，他恭恭敬敬地向洪深，向中国话剧的命名者献上了自己的祝词："能编、能导、能演，是剧坛的全能；敢说、敢写、敢做，是吾人的模范。"

1943年1月，"曹禺要登台演戏了"的消息在山城重庆不胫而走。怒吼社在重庆国泰大戏院上演表现音乐家莫扎特生平的三幕剧《安魂曲》，这是匈牙利作家贝拉·巴拉慈的名剧。焦菊隐翻译，张骏祥导演，曹禺扮演主人公莫扎特。三位戏剧大师合作排演，这大概是绝无仅有的一次。其他的角色是：沈扬饰演莫扎特之父，赵韫如扮演莫扎特之姐，张瑞芳扮演莫扎特之妻，耿震扮演剧场经理。

这是曹禺最后一次登台演出。这个角色是曹禺主动要求的。大音乐家可歌可泣的一生深深地感动了曹禺，他的主动请缨，不仅让怒吼社的同仁兴奋不已，也使当时重庆戏剧界为之注目。在剧中扮演莫扎特的爱人阿露霞的张瑞芳至今还清晰地记得："当时担任化妆的是辛汉文。曹禺坐在一面大镜子前，辛汉文用自制的黄色、金色、土黄色、褐红色的粉来染他的头发，用口香糖的嚼片给他粘洋鼻子。你看，高鼻子，黄头发，蓝缎带，多潇洒，多英俊！"

排练是在一个大仓库里，演出是在国泰电影院。那里以放映电影为主，等到开演时已是夜里十点多钟，山城重庆坡陡巷深，行路多有不便，但剧场里依然挤满了热情的观众。

舞台上，曹禺拉着用两根绳子当弦的小提琴，实际在幕后拉小提琴的则是著名音乐家马思聪。曹禺曾经学过琴，他在台上的指法，与后台的伴奏效果完全一致。剧中的钢琴演奏、四部合唱都是当时音乐圈的一时之选。"为了传播莫扎特那美好的声音，大家一心扑在艺术上，从来没有谁提过什么待遇和报酬。"

曹禺的声音特别迷人，如同清脆的铜钟。他是用自己的全部灵魂去感受莫扎特，拥抱莫扎特，创造了一个别的演员所难以完成的伟大天才的形象。是的，曹禺是那样崇敬莫扎特——他对着那仅仅把他当音乐的工具的大主教，绝不低下他高贵的头："可是大人，我不是别人随便弹弄的一架琴，音乐是从我的心灵里发出来的，是我的心的声音。"他是那样喜欢莫扎特，在他，生命是那么的欢乐、动人，充满了诗意。他说："生命——是天上的云彩，是有月亮的夜晚；是秋天的树叶，快乐地披上了灿烂的衣裳；是拉斐尔的图画，是巴拉士坦的合唱。美呀，美呀，生活是多美啊！不过在它上面，都压了许多沉重的锁链。多少妖魔鬼怪，吸尽它的血，折磨它，压迫它。但是我的音乐是从生命的最深源泉发出来的，这些怪物没有法子靠近它。生命在歌唱，不顾一切地在歌唱。总有一天它从脚镣手铐的捆绑中解放出来。那时候，它就自由了，充满了快乐，像音乐一般地光明起来！……"曹禺又是那样惋惜莫扎特，年仅35岁，他就被贫困、病魔夺去了生命。"我不过才35岁呀……在我最后的一刻，我不知道是否真把我才能里可以给人快乐的都拿了出来，不过生命的价值不是拿寿命的长短来估量的。有这种时候，人们在一刻钟把一生都活了，我有过这样的时候，我有过的。如果我的生命再延长100年，它的快乐，它的满足，也不会因为这个而更深刻的，就这样生命已经很充实了，我是满足的……"就在生命的最后时刻，莫扎特还在指挥着人们唱他的《安魂曲》："啊！可怜的朋友们……你们的心太沉重了，那是唱不好的呀。我这些调子，有一天会给自由快乐的人们唱的。那么为什么哭呀？这不过是音乐呀！过去的一切，也都是'音乐'啊。无论如何，生命是美丽的……"

许多年后，曹禺还记得他的这次演出。他谦逊而深情地说："演到莫扎特生命的最后时刻，似乎连自己的生命和灵魂都来了一次升华。我喜欢这个戏，我喜欢莫扎特这个形象。写一个角色和演出一个角色都要用自己的心灵去创造。我演得不够理想，但我确是用我的全部心灵去拥抱这个角色。演过这出戏之后，我再也没有演戏了。"

曹禺的演出是极为成功的。著名的评论家刘念渠写下了这样的评论："曹禺不仅表现了音乐家莫扎特的形象，而且表现了一个受难者的灵魂。……在莫扎特这个人物中，他注入了自己的感受与体验，注入了自己的生命与灵魂，水乳交融地流泻着，迸发着。是这样的，他使这个人物有了深度。"

《安魂曲》的演出成功而又令人难忘。

由于国民党当局有意干扰，《安魂曲》的演出每次都被安排在剧场演完四场电影之后，那时已是夜里十点多了，而等演出结束，就是午夜两点以后了。重庆那时只在白天才有公共汽车，午夜以后不仅没有公共汽车，甚至连人力车也没有。即使这样，上座的情况还是一天比一天好。因此，演职人员的激情更为高涨，他们从观众的热情中看到了这次演出的意义。

一天，演出结束后，外面正下着滂沱大雨。重庆的街道坡多，小巷多，下雨后道路泥泞难行，观众和演职员都被困在剧场里。冬夜寒意逼人，大家又困又累，只能你靠我、我靠你地挤在一起取暖。已经是夜半两点多钟了，可大雨还是没有停止的迹象。导演张骏祥在舞台上踱来踱去，很是无奈。忽然，他眉头一皱，计上心来，他对东倒西歪、困乏不堪的演职员们说，与其这样静坐着难熬，不如拉开大幕和观众联欢等天亮，那时雨不停的话再想办法。平时仪表堂堂、不苟言笑的张骏祥，此刻谈笑风生，他带领着演职员和观众一起拍手唱歌，一起讲故事、拉家常，一起玩抢椅子游戏。笑啊，闹啊，剧场成了欢乐的海洋。

这天晚上的观众大多是从沙坪坝特地走进城来看演

出，然后又准备走回去上课的大学生。他们特别热爱话剧，节衣缩食地省下钱来买戏票。他们是话剧的忠实观众。现在，他们向演职员敞开心怀，倾诉《安魂曲》给他们的感受。他们说，王公贵族利用权势夺走了莫扎特最后一页作品，榨干了他生命的全部精华。"历史有时会开玩笑，出现惊人的重复或者是惊人的相似。我们决不允许剧情中的历史在我们生活的时代相似地出现！"

《安魂曲》完美的演出博得了重庆文化知识界的普遍好评。方琯德也参与了演出，主管道具兼做群众演员。每次演出，他都激动得不得了。此前不久，方琯德经刘厚生介绍，在伟大的教育家陶行知所创办的育才学校任教，当了一段戏剧组主任，对那里的孩子们和陶行知老先生有了深厚的感情。一次演出之后，他带着愉悦而又激动的心情来到育才学校的重庆办事处，找到了陶行知，把自己参与演出的感受告诉了他。陶行知那副凝思的眼睛几乎是含着泪水地问："真的?!"方琯德回答说："不信你今晚自己去看！""当然我去！"陶行知一面说，一面叫来一位工友吴大哥，对他说："你立刻起身去赶回草街子，连夜紧急集合大家，全体跑步来重庆，限明晚七点以前到达。"

那位吴大哥听了，立即头也不回地走了。

当他坐上公共汽车到达北碚时天已经暗了，像个传令兵似的，他也不去找木船了，就自己翻山越岭，连跑带爬地走着，水没喝一口，饭也没吃，终于在深夜两点多钟到了育才学校的所在地古圣寺。他没有找任何人，走到庙门口的大钟下猛烈地撞击起来。

钟声，惊醒了所有的人。

所有的老师都到齐了，所有的孩子们也都到齐了。

吴大哥宣布了陶老先生的命令，于是，这些孩子立刻跑步起程了。

夜间的山路崎岖不平。跌跌撞撞地，他们跑着，喘着，同样没有水喝，没有饭吃，步行了一百多里路。下午六点半钟孩子们和老师都准时出现在国泰电影院对面的茶馆里，陶行知亲自在那里等候着孩子们，给他们倒了水，还发了面包，这才告诉他们是来看戏。

这已经是最后一场演出了。没有座位，这些孩子就坐在剧场后面过道的台阶上。他们屏息静气，全神贯注地观看演出，每到感动处，他们就鼓起热烈的掌声。消息传到了后台，全体演职员无不激动。张骏祥、刘厚生、方琯德、任德耀等都到前台来热烈欢迎他们。陶行知先生的精神、育才学校的孩子们的精神，深深地感动和教育着艺术家们。这一天晚上，台上和台下的激情在互相激励着，交融着，回荡着。而《安魂曲》的演出和陶行知先生命令夜半敲钟集合孩子们来看《安魂曲》的事情，不仅在重庆传为佳话，也成为中国话剧史上的一段佳话——这是一曲永世难忘的《安魂曲》。

第二十二章

春秋鼎盛——雾之重庆（二）

从1941年到1945年，每年的10月到次年的6月，是中国话剧史上著名的"雾季公演"。在这段时间里，重庆这个只有几十万人口的城市，就有中华剧艺社、中国剧团、中国万岁剧团、中央青年剧社、中国艺术剧社等众多话剧团体，每年都上演几十部话剧。在党的领导下，进步的戏剧艺术家们团结一致，利用文艺的形式，向黑暗的国民党反动统治发出正义的反抗。

在这一时期，曹禺的《蜕变》《北京人》《正在想》《镀金》《雷雨》《日出》《原野》和陈白尘的《升官图》、郭沫若的《屈原》等剧作都成为"雾季公演"中最有光彩和个性、最有艺术感染力、最受观众喜爱的话剧剧目。

曹禺对国统区的黑暗丑恶感到十分苦恼，他曾经向周恩来先生提出，要去延安。周先生循循善诱，要他留下。周先生说，这里需要人，国统区也一样有重要的工作要做。周先生对他关怀备至，知道像他这样的知识分子，常常穷得吃不饱饭，就邀请他到曾家岩吃饭。见曹禺在寒冷的冬天穿得十分单薄，特地送给他一块延安纺的灰色粗呢，让他缝衣御寒。周先生还让曹禺和他一起去看望南开的老校长张伯苓先生，向老校长宣传中国共产党的主张。在一起回来的路上，周先生让曹禺提前下车，他说："你不半路下车，叫国民党特务看见，就把你当共产党抓了。"

周先生无微不至的关怀让曹禺深为感动。而在现实的磨砺中，曹禺的思想境界、艺术追求都有了新的拓展。

1943年2月19日晚，曹禺应邀去上清寺储汇大楼重庆储汇局同人进修服务社发表讲演《悲剧的精神》。他讲的是戏剧美学问题，但渗透了他对现实的思考和对理想的追求。他提出："悲剧的精神，应该是敢于主动的。我们要有所欲，有所取，有所不忍，有所不舍。古人说：'所爱有甚于生者，所恶有甚于死者。'这种人，才有悲剧的精神。不然，他便是弱者。……不想轰击现实，一再忍受无理的摧残，不想举起刀剑反击，那是一只躲进洞里、永不见阳光的耗子，是令人厌恶的动物。活着，像一条倒卧的老狗，睡下去不起一点反应，从这里怎能生出悲剧？"

曹禺认为："悲剧人物，首先要有火一样的热情。'晚来唯好静，万事不关心'，一味恬淡、超脱的人不会有什么悲剧。聪明自负，看破一切，是可鄙的人，这种人可以'不滞于物'。自命修养上'可贵'，但这种人多了，一个民族也就可悲了。"

曹禺推崇屈原、诸葛亮那样的悲剧人物。"他们有热情，有'至性'，有真正男子汉的性格。他们有崇高的理想，追求着，奋斗着，愿为这理想的实现而抛弃一切。屈原说：'余固知謇謇之为患兮，忍而不能舍也，指九天以为正兮，夫唯灵修之故也。'他又说：'长太息以掩涕兮，哀民生之多艰。'唯有热情、至性的人才能演悲剧；为公众的高尚的热情和'至性'才是构成悲剧精神的要素。"

曹禺认为，"悲剧人物为实现理想，舍开一己的利害，是超出了小我的范围的"，"悲剧的人物大都是失败者。但'失败'的人物中有不少是伟大胜利的灵魂。'成者王侯败者寇'的观念应该推翻。……伟大人物，常常在悲剧中才能看见。理想是推动的力量，失败尽管失败，但绝不妥协。悲剧人物有一种美丽的、不为成败利害所左右的品德，他们的失败不是由于他们走错了路，而是由于当时种种环境的限制。艰难苦恨的道路，早晚有走通的一天，他却勇于承担真理的责任，追求到底，这就是古今中外的革命家、文学家、科学家，使人永远敬仰的力量。悲剧的精神，不是指成功的精神，如果能从坚持不懈、勇往直前的气魄去体会悲剧的精神，中国的将来便会脱离混沌的局面，成为一个自强不息、独立富强的中国"。曹禺坚信："民族要存在，中国要立足于世界，我们要救亡，要反抗，自来中国人是吹着雄风的。"

带着这样的信念，当又一个酷热的夏天来临的时候，曹禺来到北碚附近的农居，自己背着米下乡，自己做饭，开始继续《三人行》的历史剧创作。他想试一试，用新诗写成一个诗体剧，歌颂岳飞这样的英雄。自然，这是一个悲剧人物，但是难度太大了，也缺乏足够的资料，只写了第一幕就不得不放弃了。不久，他又想写《李白与杜甫》。为此，他还在当时任国民政府资源委员会负责人、著名爱国人士钱昌照的关照和安排下，争取到了一个机会，有了一次难得的西北之行。

西安、兰州、嘉峪关、玉门关、祁连山、敦煌、千佛洞、三危山……在漫天的沙土中，曹禺沿着丝绸古道追寻着前辈先贤的足迹，沉醉在中华五千年文明的瑰丽、灿烂和辉煌中。茫茫戈壁，苍凉沉郁；大漠雄关，撼人心魄。在玉门，他看到了中国第一代石油工人、第一个石油基地。

曹禺最后还是没有写成《李白与杜甫》，这在他的创作道路上是很少有的。他有激情和素材，但始终未能如愿。不过，西北之行是他一生中最难忘的一次旅行，他深深地体会到了古人说的"读万卷书，行万里路"的意义。

1944年3月，应张骏祥的请求，曹禺在重庆改译了莎士比亚的《罗密欧与朱丽叶》，由重庆文化生活出版社出版。莎士比亚是曹禺最推崇的外国戏剧大师，他说过："莎士比亚的变异复杂的人性，精妙的结构，充沛的人道精神，浩瀚的想象力，是任何天才都不能比拟的。莎士比亚的诗，就像泉水那样喷薄而出，每个人物，哪怕是一个乞丐，一个流氓坏蛋，一个王侯，说出来的台词，时如晶莹溪水，时如长江大海，是宇宙与人心的歌颂，是用利刃解剖人心的奥秘，是寻常却永恒的珠玉，是阳光灿烂的人道主义精华。"对《罗密欧与朱丽叶》，曹禺实际上是十分欣赏的，特别是其中洋溢着的青春的激情和美好，那充满了诗意的细腻的爱情。他也努力使自己的翻译更符合莎士比亚的原有意境和意蕴，更富有诗意。然而，此刻的曹禺更偏爱莎士比亚的悲剧。在前言中，曹禺写道："应当说，我不推荐这个戏！我觉得它并不能代表莎士比亚。我一直认为，莎士比亚的艺术高峰，是他的'四大悲剧'（《哈姆雷特》《李尔王》《麦克白》《奥赛罗》）和《雅典的泰门》。那才是壮丽、深邃而浩瀚的。"

在曹禺的心里，涌动着要为抗战做出更大的也更直接的事情的激情。随着生活阅历的增多和视野的开阔，他也希望能够把笔触伸向更广阔的领域。又是在著名的科学家钱昌照的关照和安排下，曹禺到重庆的一家私人钢铁厂去了两个星期。那里只有老掉牙的贝斯麦炉。他仔细观察了解钢铁生产的全过程，也了解到我国年轻而弱小的民族工业在官僚垄断资本的倾轧下艰难生存、惨淡经营的状况。他联想到在玉门看到的我国第一代石油工人，那些为我国石油工业而艰苦工作的爱国知识分子和工程技术人员。这时的曹禺，已经听到过有关毛泽东同志的《在延安文艺座谈会上的讲话》。他因此想到要写我国的爱国知识分子是如何渴望着把自己的知识献给伟大的抗战事业，献给贫弱的祖国。他觉得这是他的责任，他应该反映现实斗争，应当去写工人。

曹禺开始进入了一个从未进入过的领域，开始了在我国戏剧创作上很少有人涉足、表现工业题材的创作。他希望在剧中表达他对当时控制着中国经济命脉的官僚资本集团"四大家族"的愤恨，表达他对爱国知识分子的敬意。

他把自己的新作取名为《桥》。他想把桥作为一种象征，如要达到彼岸的幸福世界，就需要架起一座桥来，而人们不得不站在水中修建桥梁，甚至把自己变成这桥的一个组成部分，让别人踏在他们身上走向彼岸的世界。

剧中的沈承灿，这个尊重知识、尊重科学的血气方刚的年仅 26 岁的炼钢厂副厂长，就是这样一个形象。他是那么率真，那么憨气，"在心灵的深处蕴藏着一种永不磨灭的爱自由、爱真理的天性"。在资金不足、技术标准不够、管理人才缺乏，帝国主义工业与买办银行压迫，国内商业资本跋扈，国民党政府无保障民族工业的决心，官僚们从中兴风作浪，帮着洋人来摧残，以及在种种艰难的竞争条件下，同业们不择手段的短视等等严重的困难面前，他认识到，"工业化不仅是要应用近代工业化的技术来改变我们落后的生产，同时也要有决心，运用近代工业化的精神，潜移默化地改变我们整个落后的政治、经济同社会制度"。因此，在他"不提办工业则已，要规规矩矩地办，我们就非有一种只认事实，不认情面，只讲效率，不讲人事的精神不可"，"古往今来，科学家为着他的科学、真理，真是从容就义，不知牺牲多少生命。死，为真理，为人民，是应该的、快乐的。但是，糊里糊涂，因为自己的疏忽死掉，对于一个学科学的人，那是绝对可耻的"。

剧中，曹禺运用了大量的技术性术语来展开戏剧矛盾冲突，显示出他对这个题材的深入思考和把握。不过，当剧作写完前二幕时迎来了抗战胜利，很快，因为有新的工作，这个剧作只好中途停止了。

在发表时，曹禺引用了英国诗人弥尔顿的诗句：

给我自由去认识，去想，去信仰，
并且本着良心，自由地去讲，
关于一切其他的自由。

这在读者可能会感到难以理解，但在曹禺，却在表达着他对当时那个不自由的社会的批判，表达着他对自由和信仰的追求。和以前的剧作一样，他在通过剧中的人物表达着他的美好的社会理想。

1945年8月15日，是中国人民永远不会忘记的日子。这一天，山城重庆沸腾了。

抗战终于胜利了，正义终于战胜了邪恶，中国人民终于赢得了胜利！

不久，毛泽东来到了重庆，与国民党进行和平谈判。在周恩来的精心安排下，毛泽东在重庆上清寺会见重庆文化界人士。曹禺应邀出席，这使他终生难忘。

二十多位进步文化界人士参加了这次会见。这是曹禺第一次见到毛泽东。他没有想到，毛泽东的身材是那样的魁梧，态度是那样的和蔼可亲，对他们每个人的情况都那样的熟悉。电影导演沈浮向毛泽东表示希望去延安，国统区太黑暗了。毛泽东微笑着回答："欢迎你们去延安。不过，延安只有小米招待大家。"毛泽东还对巴金说："我从前也相信过无政府主义，也是个无政府主义者喽。"毛泽东谈笑风生，使曹禺原来的拘谨都消失了。当周恩来把曹禺介绍给毛泽东后，毛泽东用温暖的大手握住了曹禺的手，并且风趣而语重心长地赠言曹禺："足下春秋鼎盛，好自为之。"

一股暖流从曹禺的心底涌起。也许，曹禺自己都不是很清楚，他的作品究竟上演过多少场，有多少艺术团体演出过。他的剧作，不仅受到国统区人民的欢迎，在解放区和敌后的各个抗日根据地，在华北、华中的偏僻农村，也受到了广泛的好评，多次被搬上舞台。在延安，上演了《日出》《雷雨》《蜕变》《北京人》，《日出》还是由毛主席提议演出的；在晋绥根据地，一二〇师战斗剧社演出过《雷雨》；在晋冀鲁豫根据地，一二九师先锋剧团演出了《雷雨》，先锋剧团和抗大总校文工团联合演出了《日出》；在山东根据地，一一五师战士剧社 1941 年演出了《雷雨》，1943 年演出了《日出》；在新四军，苏中地区几个分区差不多都演出了《雷雨》和《日出》；在晋察冀根据地，西北战地服务团演出了《雷雨》，军区抗敌剧社演出了《日出》和《雷雨》，冀中火线剧社演出了《日出》；抗大二分校文工团、平西挺进剧社都演出过《雷雨》。因此，曹禺的剧作为国民党当局所深恶痛绝，曹禺的《雷雨》《原野》多次被查禁，《日出》也被查禁或修正。

就在这一年的10月21日晚上，中华全国文艺协会在张家花园举办联欢晚会，庆祝抗战胜利。曹禺参加了。周恩来应邀参加，并发表了《延安的文艺活动》的讲话。讲话中，他热情地肯定了曹禺的创作："许多作家过去对于城市生活人物比较有把握去体现，憎爱也极分明，所以对旧社会的认识很深，产生许多优秀的作品，如曹禺先生的《日出》《北京人》这样的作品。"

是的，曹禺以自己独特的艺术创造赢得了人民的爱戴和尊敬。因此，也才有毛泽东的"春秋鼎盛"的赞誉。

曹禺的心里充满了幸福感，不仅是因为毛泽东、周恩来的鼓励，还因为他深深地感受到了中国的光明前景。他相信，他强烈地呼唤和憧憬的"中国，你应该是强的"的那一天为时不远了。

第二十三章
大洋彼岸

1946年3月4日,上海吴淞港码头。

汽笛长鸣,美国运输舰"史格托将军号"缓缓起锚,向浩瀚的太平洋驶去。

甲板上,曹禺和老舍并排站立着。依依不舍地,他们挥手向亲友告别,向祖国告别。久久地,他们贪婪地凝望着那渐渐远去的祖国的土地。

此时的曹禺,和往日大不相同,他的那件总不离身的长袍脱去了,换上了西装,打着整齐的领带,皮鞋上面不但不见了平常惯有的泥污,而且擦得锃亮。平时不修边幅的曹禺像是换了一个人。

望着湛蓝的、辽阔的水面,曹禺的心绪是多么复杂!

舰船驶出了黄浦江,驶进了长江入海口。

舰船前进激起的那一朵朵的浪花,都仿佛击打在曹禺的心坎上。

再见啦,陆地!
轮船驶向大海,
连海鸥的痕迹也都消失在船尾之外……

一首古老的英国水手歌浮上曹禺的心头。

"一叶飘摇扬子江,白云深处是苏洋。"文天祥的诗句也浮上曹禺的心头。

1946年1月1日,在全国民众庆贺胜利的和平欢乐的气氛中,美国国务院宣布邀请中国著名作家老舍、曹禺赴美讲学,为期一年。1月14日的延安《解放日报》载中央社10日电:"美国国务院决定邀请曹禺、老舍二氏赴美讲学,闻二氏已接受邀请,将于最近期内出国。"

接到赴美邀请书的曹禺,感到很突然。他该不该去美国?到了美国该讲些什么?曹禺拿不定主意,有事就找八路军办事处的他,现在又开始向那里打起了电话。可是,真不巧,找吴玉章同志,不在;找董必武同志,也不在。于是,他专程前往请教茅盾先生。

茅盾先生被文化界的人们尊敬地称为"茅公"。茅公热情地接待了曹禺,他的夫人孔德沚还为他做了一桌丰盛的菜。

茅公和曹禺娓娓交谈,他为曹禺分析了当前的局势和美国这次邀请中国作家前去访问的背景。因有苏联邀请中国著名作家郭沫若访问在先,美国政府感到被动,想摆平天平秤,争取在世界势力范围上的均势。恰好老舍先生的《骆驼祥子》被翻译成英文在美国出版,虽然结尾的地方被改得走了样,变成了美国式的"大团圆",老舍和中国文艺界都对此表示了不满和批评,但在美国,反响极为轰动，立刻被评为"每月佳作俱乐部"的"选书"和当年的"畅销书"，各种印本多达百万册。美国方面想借此机会，争取中国进步知识分子的好感，换得一些有利于美国的宣传。当时的世界民主舆论，反对中国国民党及蒋介石内战政策和独裁统治的呼声很高，美国政府顾及于此，不得不做出一些姿态，以掩饰其支持蒋介石发动内战的真面目。邀请中国进步作家访问就是其姿态之一。

茅公和曹禺谈了许久，有两点曹禺记得特别清楚：一是一定要实事求是，有什么说什么；二是谈到文学时，茅公强调，文学是有社会意义的，而不仅仅只是娱乐。

这是抗战胜利后第一次送文化使者出国，为此，中华全国文艺协会专门举行酒会，为曹禺和老舍送行。1月20日晚，重庆张家花园灯火辉煌，茅盾、巴金、胡风、阳翰笙、杨晦、何其芳、刘白羽、陈白尘、冯雪峰、邵荃麟等五十多位文艺界知名人士都来到了这里。

茅盾先生热情致辞。他说："我们的官方曾经派了不少人到外国去，这些人到外国去替官方做宣传。这一回美国政府来请中国作家出国，老舍先生和曹禺先生是我们民间文化人第一次出国的两个……吃黄牛油的洋人对于中国的小辫子和三寸金莲未免太隔膜了。现在要让美国人知道，中国人如今不仅在形式上没有了小辫子，在精神上也没有小辫子了。这样对于真正中美两国文化的沟通，才会有真正的帮助。"

老舍先生亲切地和大家道别,他把自己比喻成一匹骆驼,每年春天到张家口外,去吃青草,去换毛,然后马上就回来,作更长的跋涉,驮更沉的负重。这次赴美,他就是去"放青儿"。

曹禺悄悄地坐在大家中间,在热情的掌声中他也发了言。在发言的最后,他幽默地说:"带了哈巴狗去周游世界,回来仍然是条哈巴狗。我不知道我回来后是不是条哈巴狗。"老舍和曹禺风趣的谈笑引起了会场上一阵阵欢乐的笑声和掌声,也引起着一股股的别愁离绪。别了,整整八年,他们共同度过的艰难的日日夜夜;别了,山城重庆,他们共同奋斗创造的中国戏剧运动的辉煌;别了,巴山蜀水的父老乡亲;别了,患难中的朋友和同志们!

根据美国方面的安排,他们将从上海乘船去美国。曹禺从重庆稍作休息后飞到上海,住在老朋友黄佐临家里。2月18日,中华全国文艺协会上海分会为他们在金联食堂举行集会,并邀请费正清及中外记者参加。费正清曾任清华大学教授,当时是美国驻华大使馆新闻处文化部主任,就是他介绍老舍、曹禺赴美讲学的。

曹禺又见到了张骏祥、郑振铎、李健吾、凤子和从重庆、厦门来到上海的戈宝权、宋之的、叶圣陶、吴祖光等老朋友。

和在重庆一样,上海的欢迎会上的气氛十分热烈。

有人提议,要留一个纪念。叶圣陶当即挥毫题写:

"文协上海分会欢送舒舍予、万家宝两先生赴美讲学,宣扬我国新文艺,到会者咸签名于此纸,永留纪念,时为三十五年二月十八日下午四时,会场为金联食堂。叶圣陶书端。"

在叶圣陶端端正正的签名后面,大家都签了名。老舍也接过笔,写了一个极小的名字。他幽默而谦逊地说:"大人物写大字,小人物写小字。"

郑振铎在致辞中说道:"我们希望真正的中国人到美国去,也希望真正的美国人到中国来。我们希望他俩把真正的中国情形讲给美国人听,不受制定日程的限制,宣传抗战文艺和事迹,并且是真正的中国民间代表。"

叶圣陶的发言兴奋而又语重心长:"今天真是太高兴了。幸亏我还能约束感情,否则我真要流泪。……新文艺从开头就不曾和政治分离过,这是五四运动开始的,现在自然是以民主运动为最大潮流和倾向——老舍、曹禺——他们所表现的是真正的中国人的生活——希望他们告诉外国朋友们,中国文艺界有这样的趋势和精神。"

曹禺情真意切地讲了话:"想不到新老朋友在这儿见面,真是愉快。八年来的心情是没有法子讲的。朋友们都在追寻唯一的真理……我们所受的折磨、痛苦和物质上的灾难是值得骄傲的。我们心中的火不曾熄,一天一天地热起来。写文章的人许多年来用各种方式替老百姓说话,使得高高在上的人知道他们的痛苦。谁能够替老百姓做事,谁就能在中国组织里存在。现在离这目标还远，还必须从各方面去努力。目前各地的老百姓离文艺运动还很远，生活都维持不了，更谈不上文化。我们要使老百姓生活安定，要他们懂得他们的责任重大，他们是将来新组织中的主人。以后我如再写作品，与其谈太大的问题，不如谈与老百姓接近的具体问题。这一次我们到美国去，老舍说是向美国作家学习，自然我们可以从美国得到一些东西。另外，我们还有一个使命，就是如何把现代变化中的中国告诉美国民众。老舍的《骆驼祥子》英译本封面拉车的人还有一根猪尾巴，可见美国人对中国还认识不够。……我们新文艺运动的时间不长，像挤牛乳一样，总还挤出一点来。像茅盾的《子夜》、老舍的《骆驼祥子》，不敢太自夸，即使放在外国第一流的作家同列，也不觉得惭愧的。我们要让美国人知道我国人民的生活。怎样选择真能代表中国的作品？外国人读中国作品不大方便，我们应该自己选择，把它介绍出去，这是值得做的一件事。"

费正清以个人名义发表了讲话。他说："中美文化应该联络交换，不但将文化书籍交换，人也要交换。中国人到美国去，美国人到中国来，这是我以为十分要紧的。"他还说："原子弹要是弄得不好，也许十几年后，大家都破坏了。……老舍、曹禺二位不但作了中国代表，也帮助了美国人。美国人一定要负责，可惜美国人对中国的学问情形还了解得不够。美国人不懂得中国事情，那是有危险的。美国对别国事情办得不好，就要失败。这虽是我个人的意思，却知道好多美国人也有此感想。"

最后，凤子宣读了苏北作家致中华全国文艺协会上海分会的热情来信，带来了解放区的消息，传达了解放区作家对国统区作家的亲切问候。"我们虽在敌后的战争环境中，但是人民军队、人民政府，不顾一切长期封锁和农村落后状态的极端困难的物质条件，无微不至地爱护我们，帮助我们的工作，使我们得为抗战为人民尽了最大的努力。特别是享受到我们从来没有享受过的自由空气，及毋须为生活而奔忙的人最大的愉快。愈是我们工作得自由，愈是我们怀念你们所受过的不自由和不愉快的日子。"信上还说："我们应该加强团结，互相取得联系，建立华中解放区与社会及各大城市的文化工作上的交流。……欢迎你们到解放区来参观，你们的被禁止出版的书籍和被禁止上演的剧本，解放区愿替你们出版和上演。……这儿有你们广大的读者……"

此刻，这一切都清晰地浮现在眼前，曹禺好像又听到了凤子充满感情的声音，好像嗅到了"山那边"的清新的自由空气，看到了那些打起腰鼓、欢庆解放、满脸欢笑和喜气的老百姓……

那是他多么向往的地方……

汽笛声将他从记忆中惊回，眼前，蓝天、大洋，水天一色，浩浩荡荡。

海风扑面,阳光灿烂。水面在阳光的照耀下,一朵朵浪花,像是一个个披金挂银的快乐的小精灵在跳跃欢腾。曹禺的心也随之快活起来。他想到了自己此行的任务,想到了欢送会上那么多的热情的眼睛,他的心也被那热情烧得像一团火。

经过近半个月的漫长航行,曹禺和老舍于3月20日抵达美国西海岸的西雅图。

作为中国民间文化的使者,他们受到了美国各界友好人士的热烈欢迎。在美国首都华盛顿,美国国务院专门设宴为他们接风洗尘。在历时9个月的时间中,曹禺和老舍走马观花,访问了美国的11个城市、14所大学。

逐渐地,他们了解到,美国政府请世界各国的名人来美国讲学或访问,希望这些人长期在美国居住和工作,以便通过这些人来为美国做宣传。自然,美国政府也希望曹禺和老舍能够留下来。当然,这是绝对不可能的。

曹禺和老舍十分惊叹美国在建国不到200年的历史中所取得的成就。但是,他们也看到了在新墨西哥州的那些流入美国的墨西哥人和当地印第安人居住的所谓的"保留地"的荒芜凄凉的景象,由此,他们对美国建立在血腥的掠夺和种族歧视上的"民主、自由"的本质有了清醒、深入的认识。

他们在纽约停留了较长时间,观看了许多舞剧、音乐剧、广播剧和话剧。其中,最让曹禺高兴的是有幸在世纪剧院看了英国的老维克剧团的著名演员劳伦斯·奥利维主演的莎士比亚的历史剧《亨利四世》和奥尼尔的名剧《送冰的人》。劳伦斯·奥利维不愧为著名演员，他的表演极有气势和人物的深度。而《送冰的人》作为1936年获得诺贝尔文学奖得主的美国著名剧作家奥尼尔的晚期作品，则向人们展现了20世纪美国人民的生活与他们的迷惘和追求，特别是物质贪欲对人的品质的侵蚀，剧中充满了绝望和悲哀的情绪。奥尼尔是美国现代戏剧的创始人，他以孜孜以求、锲而不舍的探索精神，勇敢而坚决地反对美国商业剧院的演出传统，以单纯质朴的现实主义和具有大胆创新精神的表现主义技巧相结合的严肃戏剧为美国现代戏剧开创了一代新风，也为世界剧坛作出了重要贡献。曹禺对奥尼尔十分推崇，他的《原野》就受到奥尼尔的《琼斯王》的多方面的影响。奥尼尔认为："美国不是世界上最成功的国家，而是一个最失败的国家。之所以说它是最失败的国家，因为它是世界上最富有的国家。虽然它发展迅速，但却没有真正的根。它的基本信念是通过占有灵魂之外的财富从而占有你的灵魂——进行这么一场永无终止的赌博。……'一个人即使占有全世界，却丧失了自己的灵魂，又能有什么好处呢？'……我们……走的是一条自私、贪婪的道路。我们大谈特谈美国梦，并向全世界宣扬我们的美国梦，但就大多数人而言，这场梦难道不就是一场追求物质财富的梦吗？……我们美国人用我们的灵魂换来了很高的报酬——恐怕是有史以来最高的报酬……人生幸福的全部秘密都概括在我刚才提到的那句话里,佛陀、老子、穆罕默德的教导里也说过同样的话。如果人类竟愚蠢到如此程度,经过两千年的时间还认识不到那句连小学生也都能懂、都能说的话里所包含的人生幸福的秘密,那么,我们现在真该把人类就近扔到阴沟洞里让蚂蚁去啃去。"

对于曹禺,奥尼尔的关于如何才能学会写剧本的话,特别让他感到亲切:"搞点木材、帆布、铁钉和其他材料,给自己造一所剧院,搭一个舞台,再配上灯光,学着先把这些做好,也许你就会知道怎样写剧本了——我的意思是,如果你真有这个本领的话。"

这次访问美国,曹禺很希望能会见奥尼尔。但是,奥尼尔身体不好,未能见到,这当然使曹禺感到有些遗憾。

不过,在纽约,曹禺意外地会见了德国著名戏剧艺术家布莱希特,并同他进行了愉快的交谈。

会见是由中国著名的话剧、电影演员王莹引见的。王莹受周恩来的委派,自1942年就来到美国学习,同时开展中美友好工作。

当时,布莱希特正在准备写《伽利略传》。

在王莹的引见下,曹禺和老舍一起前去拜见布莱希特。没有想到,布莱希特这样一个知名的大人物,竟然是那么的和蔼可亲,没有一点架子。曹禺和布莱希特用英语交谈，谈得十分投机。布莱希特向曹禺和老舍表达了他对中国戏剧的喜爱，表示很希望有一天能到中国去。曹禺和老舍表示非常欢迎他。曹禺问他："您为什么现在不到中国去？"布莱希特回答说："我想去，但现在还不是时候。"布莱希特解释说，战后的德国千疮百孔，德国民族戏剧的建设也面临着许多困难和机遇，有大量的工作需要做。因此，现在还不是他去中国的时候。

建立自己民族的、民主的、大众的、进步的戏剧，这不也是中国戏剧界进步人士的重要任务和工作吗？曹禺感受到了一种鼓励和激励。

和布莱希特会谈是曹禺访问美国的意外收获，也是重要的收获，是他这次访问美国"最难忘的大事"。

在纽约，老舍和曹禺还会见了美国著名女作家、诺贝尔文学奖获得者赛珍珠。她受美国国务院的委托，为曹禺和老舍安排了丰富多彩的活动，同时邀请曹禺就中国戏剧发表演讲。

在纽约市政厅，曹禺发表了《中国戏剧之历史与现状》的演讲。他在演讲中介绍了中国戏剧发生、发展的历史进程，介绍了中国戏剧与中国古老漫长的历史文化的关系和重要作用，它和世界戏剧的相同与不同；介绍了20世纪以来中国现代戏剧在外来文化的作用下发生的巨大变化；中国话剧的产生、发展，甚至还介绍了当前中国戏剧的状况，包括在伟大的抗战期间，中国话剧团结民众、鼓舞民众的杰出贡献；还介绍了在中国的解放区为广大民众所十分欢迎的秧歌剧……

曹禺利用一切机会来宣传介绍中国戏剧。他把带去的许多资料展示给美国朋友，其中有《罗密欧与朱丽叶》和《夜店》两个戏的舞美设计图。

曹禺的介绍和材料展示让美国人大为惊奇。他们原以为中国的话剧完全是模仿欧美的，现在才发现中国人有着自己独特的审美方式，有着完全不同于欧美人的艺术思维方式、表演形式和审美体系。美国人对中国人的想象能力和创造精神赞叹不已，他们对中国戏剧文化的悠久历史和中国戏剧工作者的献身精神表示了由衷的敬佩，而他们对中国文化、对中国戏剧实在是所知太少。

为此，曹禺和老舍深感欣慰和骄傲。

很快，已经是夏天来临的6月了。此时，南开大学的老校长张伯苓正在美国治病。恰逢老校长七十大寿，中国自古以来就有"人生七十古来稀"的说法，因此，在纽约的七十余名南开校友准备为他举行隆重的庆贺活动。老舍和曹禺听说了这些情况，也感到亲切和兴奋。曹禺对老校长向来十分敬佩，在重庆的时候，他还随周恩来专程前去看望过老校长，老校长对他向来也十分器重；老舍曾在南开中学任过教，自然也应向老前辈表示心意。

于是曹禺和老舍连夜就在住所里，兴致勃勃地你一句、我一句地创作了一首长篇贺诗，并由老舍手书成条幅。诗是这样的：

张校长七十大庆

知道有个中国的，
便知道有个南开。
这不是吹，也不是夸，
真的，天下谁人不知，
南开有个张校长？！

不用胡吹，不要乱讲，
一提起我们的张校长，
就仿佛提到华盛顿，
或莎士比亚那个样。
虽然他并不希罕做几任总统，
或写几部戏剧教人鼓掌，
可是他会把成千上万的小淘气儿，
用人格的熏陶，
与身心的教养，
造成华盛顿或不朽的写家，
把古老的中华，
变得比英美还要棒！

在天津，他把臭水坑子，
变成天下闻名的学堂，
他不慌，也不忙，
骑驴看小说，走着瞧吧！
不久，他把八里台的荒凉一片，
也变成学府，带着绿柳和荷塘。

看这股子劲儿，
哼！这真是股子劲儿！
他永不悲观，永不绝望，
天大的困难，他不皱眉头，
而慢条斯理的横打鼻梁！

就是这股子劲儿，
教小日本恨上了他，
哼！小鬼子们说："有这个老头子，
我们吃了天津萝卜也不消化！"
烧啊！毁啊！
小鬼儿们连烧带杀，
特别加劲儿祸害张校长的家！
他的家，他的家，
只是几条板凳，几件粗布大褂，
他们烧毁的是南开大学，

学生们是他的子女，
八里台才是他的家！

可是他有准备，
你们把天津烧毁，
抹一抹鼻梁，
哼！老子还有昆明和沙坪坝！
什么话呢？
有一天中国，便有一天南开，
中国不会亡，南开也不会垮台！
沙坪坝，不久
又变成他的家，
也有荷塘，也有楼馆，
还有啊，红梅绿栀，
和那四时不谢的花。

人老，心可不老，
真的！可请别误会，
他并不求名，也不图利，
他只深信教授青年真对，
对，就干吧！干吧！
说句话：有本事不干，简直是装蒜！

胜利了，他的雄心随着想象狂驰，

他要留着沙坪坝，

他还要重建八里台，

另外，在东北，在上海，

到处都设立南开。

南开越大，中国就越强，

这并不是他一个人的主张，

而是大家的信念和希望。

他不吸烟，也不喝酒，

一辈子也不摸麻将和牌九，

他爱的是学生，

想念的是校友，

他的一颗永远不老的心，

只有时候听几句郝寿臣，

可永不高兴梅博士的"贵妃醉酒"。

张校长，

你今年七十，还小的很呢！

杜甫不是圣人，

所以才说"人生七十古来稀"！

我们，您的学生，

和您的朋友，

都相信,您还小得很呢!
起码,这并费不了多大的劲,
您还有三四十年的好运!
您的好运,也是中国的幸福。
因为只有您不撒手南开,
中国人才能不老那么糊涂。

张校长!
今天我们祝您健康,
祝您快乐!
在您的健康快乐中,
我们好追随着,
建设起和平的和幸福的新中国。

学生　曹禺
后学　老舍敬祝

曹禺和老舍满含深情而又幽默乐观的贺诗,赢得了所有到场的嘉宾和校友的欢呼和鼓掌。老校长喜上眉梢,他的脸上满是笑容,眼睛却湿润了。张校长为了中国的现代教育呕心沥血,历尽艰辛,但是,有这样的学生和这样的后学,他骄傲,他知足了。

在美期间,曹禺和老舍访问参观了好莱坞,结识了许多美国的著名演员，如海伦海斯、雷蒙玛赛、蓓蒂黛维丝、考尔门、约翰迦菲尔等。这些著名的艺术家，热情地举办了私人酒会，来欢迎曹禺和老舍。华纳影片公司将他们的活动情况拍摄为新闻短片，在美国各地放映。

在美国，曹禺和老舍的收获和感触实在是太多太多，他们因此对祖国的民族戏剧也有了更为深刻的认识和自信。老舍从国外写信给当时正在上海《清明》杂志做编辑的吴祖光，在信中，老舍自豪地说："由西雅图到华盛顿，再到纽约，一路上走马观花，已共看过两次舞剧、三次广播剧、两次音乐剧和八次话剧，曹禺兄看得更多些……老实说……中国话剧，不论在剧本上还是在演技上，已具有很高的成就。自然我们还有许多缺陷，但是……我敢说，我们的话剧绝不弱于世界上任何人。……请把上面这几句话告诉剧界诸友，请他们继续努力吧！"

第二十四章
扬帆归航

在美国，曹禺和老舍朝夕相处，形影不离。

他们的日程安排得很紧，除了美国国务院委托美国文化界安排的有关访问和交流外，还有许多华侨朋友也相约和他们座谈。他们和美国有关方面还有一些具体的艺术合作活动的安排，比如，美国戏剧界的朋友专门为曹禺的到来排演了《日出》。加拿大政府在得知曹禺和老舍访美的消息后，还专门给他们寄来了邀请函。于是曹禺和老舍在访美期间又去了加拿大，在一个月中，他们从东到西游览观光了一番。

在加拿大的访问，老舍尤为高兴，因为这里到处都是花的世界。在城市街道的每根电线柱的柱顶上，都挂着一对花盆，里面种着各种各色的鲜花，美不胜收。还有专门的车辆来来回回给柱顶的花盆浇水，这让嗜花如命的老舍感到十分新鲜。一路行程中，他笑逐颜开，不住地说："不虚此行！不虚此行！"

最让曹禺佩服的，是老舍在这样紧张的日程安排下，还挤出时间来坚持他的写作。一有空闲，老舍总是伏案笔耕，抓紧完成他的《四世同堂》的第三部《饥荒》。他还打算写另一部长篇小说《鼓书艺人》,并且准备参与将《四世同堂》从中文翻译为英文的工作。

和老舍在一起,是不会发愁的。他的谈吐十分俏皮幽默,赢得了许多外国朋友的鼓掌声。他走到哪里,笑声就跟到哪里。曹禺觉得,老舍是一个受欢迎的人。

但是,老舍先生也有不幽默的时候。

那是他们到美国的新墨西哥州做客的时候。女主人请来了很多客人,招待得十分殷勤。忽然,她问老舍:"现在美国如何可以帮助中国?"那时,美国军队正在中国横行霸道。老舍先生说:"你们政府帮助我们的最好的办法,就是立刻撤军回国。"老舍先生的一番话,语惊四座。他的神色严肃,再不说话。这时候,人们看见的,是一个高大的中国人,一个高大的中国作家。

在美国行程紧张,生活也很紧张。开始,刚去不了解情况,住的是15美元一间的房子,让狡诈的美国人给狠狠地宰了一刀,用曹禺的话说是被"捉了大头"。后来,钱不够用了,他们就住进了1美元一间的房子,有时就干脆躲起来不见客人了。

毕竟是在异国他乡,随着时间的推移,曹禺和老舍一天比一天更思念故乡。一到星期六,他们就买回一瓶酒,两人对喝起来。几杯酒下肚,他们俩就开始唱起京剧来了。老舍先生最擅长的是京剧的须生和老旦。他唱得有板有眼,很是得意,仿佛就是在故国,是在北平的戏台上,而周围就是他的亲人和好友。平常外出，他们一天到晚都要讲英语，真是别扭。到了晚上，回到这间小屋，他们两人洗个澡，就痛痛快快地说祖国的语言，讲起祖国的话题。他们用北京话大聊一阵，大笑一阵，对白天所看见的一些看不惯的事情，对美国的所谓的文明，对那些虚伪和残酷的现实，甚至还大骂一阵，真是打心眼里感到畅快无比。

老舍常常会谈起他的朋友，谈得最多的，是著名的音韵学家罗常培先生。罗先生是他的发小，他们都是满族人，两个人的关系好得不得了。当老舍只身在大后方重庆从事抗战文艺工作时，罗先生曾去重庆看望他，还代表西南联大邀请他到昆明为师生们演讲。罗常培先生是一个可亲可敬的人，他为人诚恳，性情爽直，谈锋颇健，是很受朋友们欢迎的人。他和男主人颇有兴致地探讨语言文学，和女主人眉飞色舞地鉴赏诗词曲赋，和保姆如数家珍地大侃北方小吃，还和孩子们一起特别投入地在池塘边上捡碎石打"水漂"。他是孩子们兴奋至极没高没低乱叫的"罗奶奶"。谈起这样的往事，老舍会快活地流泪。是的，他们是多么想念在祖国的朋友啊！

他们聊啊，唱啊，又痛饮又碰杯，真是尽兴尽致，好不快活。用自己祖国的语言谈话，总使他们想到祖国的一切。想沏碗酽酽的北京的花茶喝，兴头上来，他们还会后悔没有带一点祖国的咸菜来嚼嚼。面对美国的繁荣，他们会想到祖国还是那么困苦,他们是多么想回去。回去,哪怕只为祖国母亲做一点点的事情。

祖国,在每一个中国人的心中!中国著名电影艺术家司徒慧敏当时正在美国,知道曹禺和老舍来了,特地请他们到百老汇大街的一家饭店聚餐。老朋友相见,格外亲切。司徒慧敏点了一桌丰盛的中国菜,盛情款待他们。而当最后付账的时候,饭店老板却坚持不收,原来,这是一位来自中国广东的客家人。他说:"你们能来我这里,就是我的荣幸,怎么能要你们的钱!"一番话,说得曹禺心里热乎乎的。他感到了祖国在每一个海外同胞心中的分量。

记不清那是哪一天了,但是,那是黑暗的一天。

祖国天空上的重重阴霾浓云卷了过来。

因惦记祖国,关心时事的曹禺和老舍,每天照例从一位华侨朋友那里借一张报纸,从头到尾仔细阅读,寻找着有关祖国的消息。

这一天,看着看着,一条消息把他们惊呆了——7月15日,"昆市警局讯:今日下午五时三十分,联大教授闻一多,偕子闻义和,由府甬道十四号民主周刊社外出。北向行进之际,突被一穿青色衣服,一穿灰色衣服之暴徒两人开枪狙击。闻氏父子当即应声倒地……当即将受伤之闻氏父子,送云大医院救治。闻一多腹部中弹多发,于送医院途中毙命。"

许久许久，曹禺不能相信眼前的文字；许久许久，曹禺仿佛又看见了闻一多那清癯的面庞，看见了他的那个大烟斗。这是一个满怀热情，用自己的激情去生活，快活时可以疯狂、痛苦时立即流泪的伟大志士啊！

曹禺的眼前出现了，出现了燃着火一般热情的诗集《红烛》。那一篇篇充满了激情，那一句句是那么的有力。你听，《我是一个中国人》：

> 伟大的民族！
> 伟大的民族！
> 五岳一般的庄严正肃，
> 广漠的太平洋底度量，
> 春云底柔和，秋风底豪放！
> ……
> 我们将来的历史是一滴泪，
> 我的泪洗尽人类底悲哀；
> 我们将来的历史是一声笑，
> 我的笑驱尽宇宙底烦恼。
> ……

曹禺看见了，看见了在抗日战争最艰难的时候，闻一多给他的来信，演出《原野》就是要斗争要反抗，"现在应该是演《原野》的时候了"。那是多么难忘的日子！闻一多亲自担任《原野》的舞台美术设计。当曹禺说明了创作意图后，闻一多总是叼着他的大烟斗，在反复思索后，提出焦家堂屋的桌椅必须给人以 massiness（就是沉甸甸的意思）。曹禺十分敬佩他对这个戏的整体氛围的准确把握。闻一多是那么的一丝不苟，他经过曹禺的认同后，把自己的构思画成平面图，还要再次征求曹禺和大家的意见，经修改后做成模型，再做修改，最后才正式投入制作。他的《原野》的设计，虚实结合，并运用了某些抽象手法，在灯光下形成焦点透视，增强了大森林阴森恐怖的神秘氛围。此刻，闻一多好像就在曹禺的眼前，一个著名的学者、诗人、艺术家，亲自为这个戏画布景。他，长袍一撩，就蹲在地上，熬胶水，调颜料，守着一张大画布，一画就是几天的工夫。《原野》的演出"在云南话剧运动史上可算是破天荒的第一次"。

而现在，这位和他默契合作的伟大志士倒下去了！

没有什么能比这消息更让曹禺感到沉重，感到郁闷，心上的暗影再也抹不掉了。

祖国的消息一天天地传来，也一天天地更让他失望、愤怒。

曹禺觉得他不能再在美国待下去了，当祖国正处在内战的战乱痛苦中，当朋友们正在坚强地战斗时，他怎么能在大洋彼岸袖手旁观？

曾经，曹禺满怀着希望踏上了这片新大陆，他愿意将中国伟大的抗日战争和中国现代戏剧的成就介绍给这里的人民；他还希望能够在这里募集到一笔钱款，以便在抗战胜利后的新中国，作为中国话剧艺术新的进步的经济基础。然而，近一年的奔波之后，他逐渐认识到，自己的想法太天真，中美两国人民、两国艺术家的心是相通的，是友好的，是要和平的。但是，在某些政治家的眼里，文化艺术常常只是他们达到目的的手段。在美国，在这个贫富极端悬殊、种族歧视极为严重的国家，在这个"上帝的宠儿"白种人的世界，在这片新大陆上，美国自己的进步的文化人也在艰难地生存挣扎，他们的进步戏剧也是举步维艰，中国的进步文化事业怎么能够指望在这里得到支持？而且，国民党的驻美大使，还有领事馆的那种官僚作风让曹禺讨厌之极。

希望淡了，阳光遮没了。在这样的心境里，曹禺是那样强烈地感受到了一个海外游子对祖国的思念，他的心仿佛在流血，犹如闻一多在他的《太阳吟》里所吟唱的血泪之声：

> 太阳啊，刺得我心痛的太阳！
> 又逼走了游子底一出还乡梦，
> 又加他十二个时辰底九曲回肠！
>
> 太阳啊，火一样烧着的太阳！

烘干了小草尖头底露水,
可烘得干游子底冷泪盈眶?

太阳啊,六龙骖驾的太阳!
省得我受这一天天底缓刑,
就把五年当一天跪完又何妨?

太阳啊——神速的金乌——太阳!
让我骑着你每日绕行地球一周,
也便能天天望见一次家乡!

太阳啊,楼角新升的太阳!
不是刚从我们东方来的吗?
我的家乡此刻可都依然无恙?

太阳啊,我家乡来的太阳!
北京城里底官柳裹上一身秋了罢?
唉!我也憔悴同深秋一样!

太阳啊,奔波不息的太阳!
你也好像无家可归似的呢。
啊!你我的身世一样地不堪设想!

太阳啊,自强不息的太阳!
大宇宙许就是你的家乡罢。
可能指示我我底家乡底方向?

太阳啊,这不像我的山川,太阳!
这里的风云另带一般颜色,
这里鸟儿唱的调子格外凄凉。

太阳啊,生活之火底太阳!
但是谁不知你是球东半底情热,
同时又是球西半底智光?

太阳啊,也是我家乡底太阳!
此刻我回不了我往日的家乡,
便认你为家乡也还得失相偿。

太阳啊,慈光普照的太阳!
往后我看见你时,就当回家一次;
我的家乡不在地上乃在天上!
……

曹禺是一天也不愿多待了。他原先还想像老舍那样,在美国把他那没有写完的、老朋友李健吾一直在催的剧作

《桥》写完,现在,完全没有了这种可能和必要,"此地绝无灵感可言"!

"我要回家!"

原定的访美时间还未到期,曹禺的回乡还只是一个梦。痛苦中,他常常关起门来,闷着头听巴赫和莫扎特的唱片,沉醉在那忧郁和伤感的情调中,或是走进小酒吧,借酒浇愁。在自己的小屋子,曹禺也会这样,有时会喝得酩酊大醉。

终于,曹禺找到了要求回国的借口。他谎称母亲患病,要提前回国,获得从旧金山出境的批准。

在9个月的朝夕相处中,曹禺和老舍之间的真挚友情与日俱增。现在,他们却要分别了。老舍暂时还走不了,他的写作正处在关键时候。

老舍帮助曹禺打点行装,不住地嘱咐着曹禺。望着这位文学前辈、这位老大哥、这位好朋友,曹禺的心酸酸的。他知道,自己一走,老舍就更孤单了。老舍更会觉得自己是"丧家之犬","受洋罪"会更难熬了。

老舍为了能回到祖国,他是那么拼命地干,拼命地赶。他的工作节奏是那么紧张,晚上也拼命写。这让和他一起翻译《四世同堂》的外国友人都甚为赞叹佩服:"他是个忙人。"他们明白:"他着急回家!"

在纽约,曹禺见老舍常和几位中国商人密切来往。曹禺有时候会觉得纳闷,这几位并不很像商人,他们有文化,对时局变化特别敏感。老舍常说,他早晚要拿这几位写一篇小说,叫《不是商人的商人》。当时的曹禺和老舍都不知道,他们是中国共产党党员,是在暗中帮助他们,为他们传递祖国的消息。

要分别了,曹禺和老舍有说不完的话。他们相约:在大洋的两岸共同奋斗,在胜利的时刻,在祖国的土地上重逢。

汽笛长鸣。

迎着太阳,迎着如山的海浪,迎着浩荡的海风,曹禺回家了。他将要脱去他的这身西服,重新换上他那件旧长袍,站到为祖国战斗的行列里。

此刻,一颗颗,像珍珠一样的眼泪,悄悄流下。

一首诗,一首朋友的诗,一首战士的诗,悄悄地出现在曹禺的脑海里,那是艾青的《我爱这土地》:

> 假如我是一只鸟,
> 我也应该用嘶哑的喉咙歌唱。
> 这被暴风雨所打击着的土地,
> 这永远汹涌着我们悲愤的河流,
> 这无止息地吹刮着的激怒的风,
> 和那来自林间的无比温柔的黎明……
> ——然后我死了,
> 连羽毛也腐烂在土地里面。

> 为什么我的眼里常含泪水?
> 因为我对这土地爱得深沉……

蓝天,白云,浩瀚的海洋。

曹禺的眼前,似乎出现了祖国的土地。他觉得,他就像一只风筝,终将会落到那一片辽阔、湿润、贫瘠而又富饶、美丽、广袤的原野。曹禺的心里充满了对祖国的深情。这深情比这湛蓝的海水还要深广。

曹禺的眼睛,似乎看见了,那新中国航船的桅顶已经冒出地平线了。

海风扑面,曹禺沉醉在这无边无垠的辽阔境界之中。

他相信,在祖国的土地上,将会是春的世界,花的世界。而他,将会像一只勤劳的蜜蜂,振起金色的翅膀,为这一天献上最甜的蜜。